流浪の英雄たち

シャフタール・ドネックはサッカーをやめない

アンディ・ブラッセル［著］
高野鉄平［訳］

KANZEN

シャフタールが長年にわたって成功を収めてきた中で、ブラジル人たちは重要な部分を占めており、クラブがドネツクを離れたあともそれは変わらなかった。2018年ウクライナカップ決勝でディナモ・キーウを下して優勝を飾り、タイソンがトロフィーを掲げた。左から順にイスマイリ、ドドー、タイソン、デンチーニョ、オラレンワジュ・カヨデ、フレッジ、マルロス（© FC Shakhtar Donetsk and Michael Maslovskiy）

ダリヨ・スルナ（左）は、シャフタールでプレーした歴代選手の中でもおそらく最も重要な存在。2003年にハイドゥク・スプリトからやって来て以来、選手として、アシスタントコーチとして、そして現在はスポーツディレクターとしてクラブに仕えてきた。ドウグラス・コスタ（手前）と、現在主将を務めるようになったタラス・ステパネンコとともにゴールを祝う場面（© FC Shakhtar Donetsk and Michael Maslovskiy）

クラブCEOであるセルゲイ・パルキンは、シャフタールに来てから2023年で20周年。移転を強いられるようになったクラブを前進させてきた原動力であり、雄弁なスポークスマンも務め続けてきた。写真は2009年にドンバス・アリーナ前で撮影（© FC Shakhtar Donetsk and Michael Maslovskiy）

リナト・アフメトフ会長（左）は、欧州の他のビッグクラブとの競争を制してロベルト・デ・ゼルビ監督との契約に成功したことを喜んだ。デ・ゼルビの大胆な哲学はシャフタールを欧州で次のレベルへ引き上げることが期待されていた。写真はデ・ゼルビのキーウ到着初日に新監督を迎え入れたアフメトフ（© FC Shakhtar Donetsk and Michael Maslovskiy）

ДОНБАСС
АРЕНА
DONBASS
ARENA
ШАХТАР
ДОНБАСС
АРЕНА

ドンバス・アリーナはシャフタール、スタッフ、選手たちの誇りであり喜びだった。ドンバスで戦争が勃発し、クラブが2014年5月に脱出を強いられたあと、使われなくなったスタジアムは損傷を受け、紛争とクラブの苦境を象徴する存在となった（© FC Shakhtar Donetsk and Michael Maslovskiy）

ミルチェア・ルチェスクは12年間にわたって指揮を執り、その大半の期間で、ほとんど誰も夢にすら見ていなかったほどの成功へとクラブを導いた。だがすべてが変わり始めたのはこのとき。2014年に勃発したドンバス戦争についてクラブが声明を出すにあたり、ルチェスクとアシスタントのアレクサンドル・スピリドン（右）、セルゲイ・パルキンCEO（左）が記者会見を開いた（© FC Shakhtar Donetsk and Michael Maslovskiy）

2017年、ハルキウでマンチェスター・シティに勝利したシャフタールはUEFAチャンピオンズリーグ16強進出を果たした。パウロ・フォンセカ監督はチームマネージャーのヴィタリー・フリヴニュクとの賭けにより、ゾロに扮した姿で試合後の記者会見に登場。「ヴィタリーはこう言ってきた。『監督、賭けをしよう。もし明日我々がマンチェスター・シティに勝ったら、ゾロの格好で記者会見に出てくれないか?』。私は『もしシティに勝てたら何でもやってやる!』と答えた」(© FC Shakhtar Donetsk and Michael Maslovskiy)

PEACE МИР

ロシア軍の本格侵攻後、ウクライナのクラブはUEFA主催大会の試合を国外で開催することを余儀なくされ、シャフタールにとってはワルシャワのスタディオン・ヴォイスカ・ポルスキエゴが欧州でのホームとなった。写真は2022年10月11日に行われたレアル・マドリード戦のキックオフ前にポーランドとウクライナの連帯を表した観客のコレオグラフィー（© FC Shakhtar Donetsk and Michael Maslovskiy）

アカデミー出身のミハイロ・ムドリクは2022―23シーズンのUEFAチャンピオンズリーグでシャフタールのスターとなり、23年1月に移籍金1億ユーロでチェルシーに売却されたことでクラブの苦境を救う資金がもたらされた。写真は22年9月14日、ワルシャワにスコットランド王者セルティックを迎えた試合でヨシプ・ユラノヴィッチをかわしてシャフタールの同点ゴールを決めた場面（© FC Shakhtar Donetsk and Michael Maslovskiy）

オーナーのリナト・アフメトフは2014年以来、ドンバスやその他地域の恵まれない人々や避難民のため大規模な人道支援活動を推進し、資金提供を行ってきた。22年の侵攻後、シャフタールはアリーナ・リヴィウに難民を収容することに協力した。写真はDFヴァレリー・ボンダルが、UEFAチャンピオンズリーグの試合のため訪れたポーランドの首都ワルシャワで避難所に滞在する人々を訪問した場面（© FC Shakhtar Donetsk and Michael Maslovskiy）

5万2000人を収容し、熱狂的な大音量の壁を生み出すドンバス・アリーナへ移ったことで、シャフタールのUEFAチャンピオンズリーグでのホームゲームはそれまでとは別次元のものとなった。ウクライナ王者としてこの会場にチャンピオンズリーグを迎えた最初のシーズンには、シャフタールはここでアーセナル、ブラガ、パルチザン、ローマを撃破した（© Arup and J Parrish）

ドンバス・アリーナはドネツクにワールドクラスのスタジアムをもたらしただけでなく、伝統的に労働者階級の工業都市であった街の全体を再生し、近代化させた（© Arup and J Parrish）

シャフタールの「流浪の道」

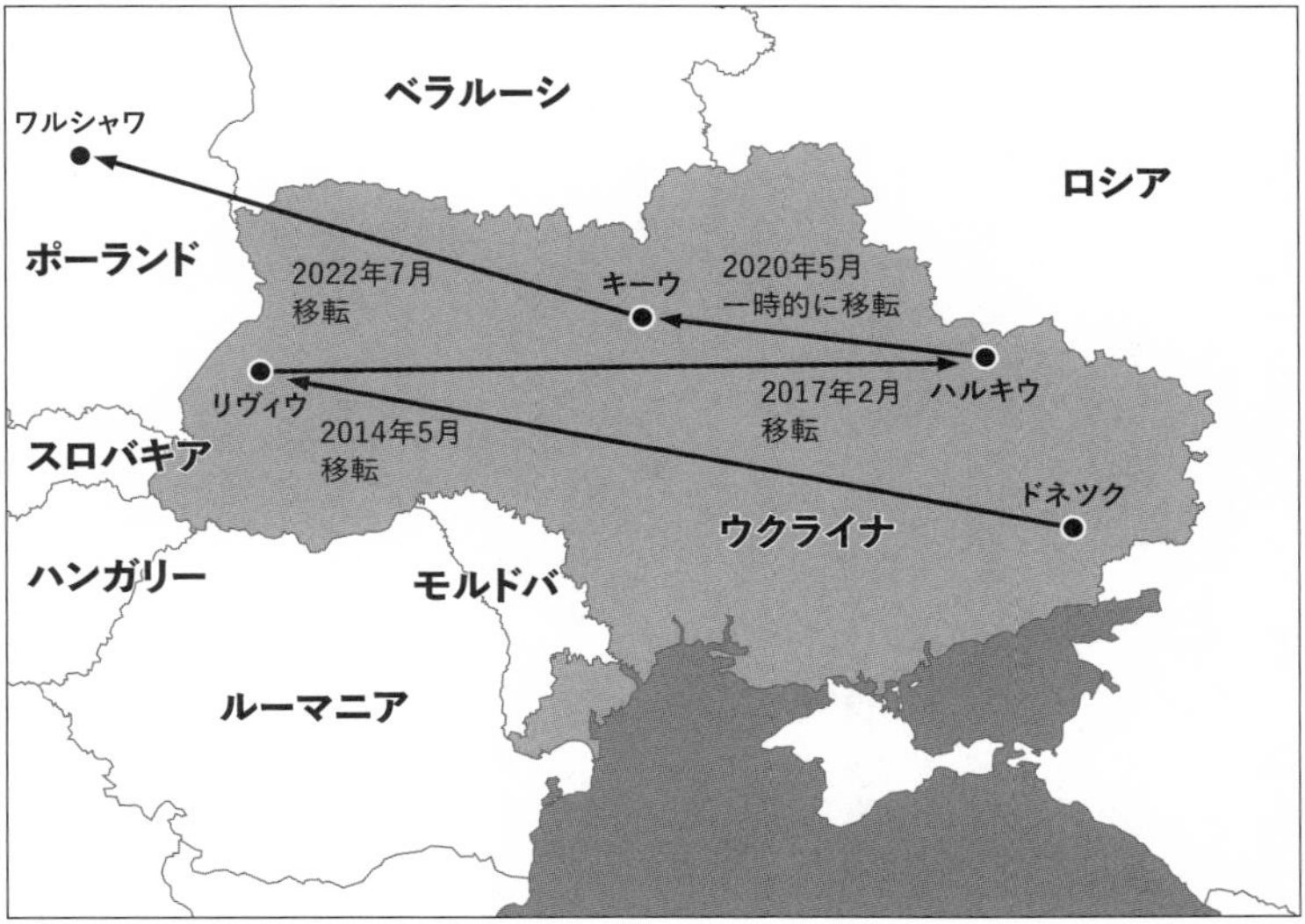

序文

二〇二二—二三シーズン、ウクライナ・プレミアリーグ終盤戦のドニプロ－1戦にシャフタールが三対〇の勝利を収め、一試合を残してタイトル獲得を決めるホイッスルが鳴らされたとき、私は虚しさを覚えた。空虚だった。すでにあらゆる感情を味わってきたからだ。

私はその日のために生きてきた。私にとって今回の優勝は、ウクライナの歴史上最も重要なものだった。なぜだろうか。一年前に戦争が始まった時点では、私たちがウクライナ国内リーグを戦うことができると思える者すら誰もいなかったからだ。だがそれから一年三カ月を経て、私たちはウクライナ王者となり、再びUEFAチャンピオンズリーグにグループステージから直接出場することになった。

その間に、私たちは戦争以前にいたコーチングスタッフの全員を失ってしまった。一五人いた外国人選手たちも、FIFAのおかげですべて失った。私たちはもう一度チームを作り上げ始めた。大勢の若手選手を起用して戦い始めた。彼らがある程度のプレッシャーを感じていたのも自然なことだ。シーズン終盤にかけてドニプロ－1、ゾリャ・ルハーンシクと接戦になった際には、私は彼らに「勝たなければならない」とは一度も言わなかった。ただこう言っただけだ。「自分たちのサッカーをしよう。自分たちの精神で、自分たちのサッカーをすればリーグ王者になれる」と。チームとクラブ、コーチングスタッフには優勝の資格があった。私たち全員で一緒に、このタイトルを勝ち取る資格があった。

今は試合日に観客もおらず、いつ空襲警報が聞こえてきてもおかしくはない。そのたびに避難シェルターに隠れなければならない。それが私たちにとって普通となってしまった。難しい状況だ。人々が死んでいく中で、私たちはサッカーをプレーしている。勝利を心の底から祝えたこともない。

これはシャフタールだけの勝利ではない。ウクライナのファン、ウクライナのサッカーの勝利だ。またチャンピオンズリーグに戻ることができるのだから。世界に向けて、私たちが生きているのだということを示したい。私たちは強いということを。シャフタールだけでなく、ウクライナ全体が。私たちはプレーを続けている。私たちは勝ち続けている。そしてこれこそが、私たちが今ここにいるということこそが、最大の勝利だ。私たちは生きている。お互いに支え合っている。

スポーツディレクターとしての私の仕事は、二〇二二年二月二四日以来、大きく変化してきた。私自身も大きく変わった。私たち全員が大きく変わった。戦争がすべてを変えてしまった。しかし、私にとってシャフタールは仕事ではない。私のフットボールファミリーだ。〇三年に選手としてやって来てから、自分のクラブのため、第二の祖国のため、会長のため、シャフタールの友人たちのためにやるべきことはすべてやってきた。金をもらっても、もらわなくても。これからもずっとそうしていく。

砲弾が打ち込まれたとき、キーウで自分のチームと一緒にいられてよかったと思っている。妻も子どもたちも、シャフタールが私のフットボールファミリーであることを尊重し、いつも私と一緒にいてくれている。大事なものだと理解してくれているからだ。私にとっての最高の友人たちはみんなそこにいる。私たちは一緒にこの状況を乗り越えていく。

私は三つの戦争を経験してきた。まずは一九九〇年代にクロアチアで。次に二〇一四年にドンバス地域で。そして今だ。それをシャフタールとともに生きてきた。自分の家を離れなければならないのがどういうことなのか、自分の街や自分の国を離れなければならないのがどういうことなのか、私は知っている。そのおかげで私は、彼らと一緒に三倍強くなることができた。みんな仲間だからだ。そして私は、この物語の一員であることをとてもうれしく思っている。過去一年間、この困難なときに、私たちはお互いをどれほど尊重し、愛しているかを示してきたからだ。

戦争の前には、私はシャフタールを今以上に愛することはできないと考えていた。だが今ではその愛は深まっている。一生ここにいたいと思っている。私はプロフェッショナルではあるが、感情を持った人間でもある。金銭的な問題ではない。シャフタールは金銭よりはるかに大事なものだ。シャフタールは家族だ。シャフタールは強さだ。本書を読んでくれた皆さんが、クラブの精神と、プレーを続ける力について理解してくれることを願っている。それが私たちの遺していくものだ。

ダリヨ・スルナ（シャフタールスポーツディレクター）

目次

はじめに

ウクライナは、あらゆる場所にある。ドイツ・ブンデスリーガのピッチのセンターサークルには、今も平和のシンボルが描かれている。二〇二三年三月にスペインのコパ・デル・レイで行われたエル・クラシコでは、サンティアゴ・ベルナベウのスタンド最前列付近に座ったサポーターが巨大なウクライナ国旗を振り回す姿が世界中の国々の視聴者へ届けられた。そう、それこそが重要なのだ。見られるということが。

ウクライナは二〇二二年二月二四日以来、戦争状態にあるというのが世界の見方だ。だが、シャフタールとつながりのある誰かに訊ねてみれば、もっとはるかに前から戦争状態にあると答えることだろう。クラブが故郷の街ドネツクを離れたのは一四年春のことだ。だからこそ、シャフタールが不利な予想をものともせず、二二―二三シーズンに欧州での仮のホームとしたワルシャワで結果を出し続けたことには大きな意味があった。彼らがタイトルを獲得したり、欧州でのビッグマッチに勝利したりすることに意味がある理由でもある。そういった場面は何度もあった。一五年以降にシャフタールは、UEFAヨーロッパリーグで準決勝に二回、一六強に二回進んでいる。名を上げた選手を欧州のエリートクラブへ売却することにも大事な意味がある。

ミランの伝説的監督であるアリゴ・サッキが、「サッカーは最も重要ではないものの中で最も重要なものだ」と言ったのは、おそらくこういうことなのだろう。あるいは彼も、このような予想外の状況下でサッカーがどれほど重要になり得るかは想像すらできなかったかもしれない。シャフタールのレジェンドであるダリヨ・スルナの言葉を借りれば、「最悪のケースより悪い」シナリオである。

私は(主に欧州の)サッカーについて二〇年近くにわたって物を書いたり話したりしてきたが、これほど力強く自分の仕事への取り組み方を検証させられることになった題材は他にほとんどない。本書で記している通り、私が仕事の中でシャフタールを定期的に取り上げるようになったのは、彼らがUEFAチャンピオンズリーグで存在感を見せ始めた二〇〇七年頃からである。非常に大きな存在感だ。しかし、クラブに対する私の見方が完全に変わったのは、一五年に『ガーディアン』紙でシャフタールに関する映像を制作したときだった。

サッカーはしばしば華やかな人生のように見えるが、このクラブと選手たちは地獄から抜け出すことができずにいた。自分たちの街を離れ、キーウに新たな拠点を築き、ポーランドとの国境の街リヴィウでホームゲームを行うためフライトを繰り返す生活を何とか受け入れつつあるところだった。不安と絶え間ない移動が次々と襲ってくるようで、彼らにも私にも、それがいったいいつまで続くのか見当がつかなかった。

その異常な状況によって、私はクラブを、そしておそらくサッカー自体も、違った角度から見ることになった。書くことや話すことを生業とする者であれば、常に注意深く言葉を選ばなければならないが、特にサッカーの文脈においてはそれが行われているだろうかと考えてしまうこともある。試合や結果、さらにはクラブ上層部の出来事などを指して、「悲劇」「惨事」「破滅」といったような言葉が、それが本当に意味するものが何であるのか、ほとんど考えられることもなく乱用され続けている。私も過去にその罪を犯してきたのではないかと思う。

「英雄」というのも、サッカーにおいて過剰に、しばしばメロドラマ的に用いられる表現である。彼らはその一時の英雄でしかない。ゴールを決めた選手、ギリギリでブロックした選手、チームのためにあえてカードを出されるようなプレーを引き受け、大義のために自分自身を「犠牲」にする選手（「犠牲」というのも誤った形で乱用される言葉だ）。より大きな意味で「英雄」と呼べるのは、前進やステップアップの可能性を捨ててまで忠誠を誓い、クラブに長年仕え続けてすべてを捧げるような選手かもしれない。

しかし、シャフタールを代表する者たちは別格だ。私は彼らとの、またかつてその場所にいて今は別の場所へ移っている者たちとの広範な会話を通じて、それを知ることができた。ウクライナ、ポーランド、フランス、イングランド、トルコのホテルや練習場で、試合後のスタジアムの奥深くで、また今では誰もが使うようになったZoomを通しての会話だ。サッカー界の人間たちから言葉を受け取るのは、難しい場合もある。メディア対応に慣れた者たちは、言質を取られることに猜疑心を抱く。モチベーションにあふれている者であれば、自分の活動について記者に話をするよりも、練習場で過ごしたり、ノートパソコンや携帯電話で対戦相手や自分たちの試合を分析したりして、少しでも自分のプラスになる何かを得ようとする。しかし、ここでは違う。彼らには語るべき物語があり、世界が耳を傾け続けるべき理由がある。彼らは進んで話をしてくれることが多かった。状況が状況でなければ、彼らにとっては最もやりたくないことだったのではないかと思うが、いつも快く気さくに対応してくれた。

しかし私が本当に言えるのは、イゴール・ヨヴィチェヴィッチ、タラス・ステパネンコ、セルゲイ・パルキン、ダリヨ・スルナ、ユーリー・スヴィリドフ、アンドレイ・バベシュコ、オレフ・バルコフ、そしてシャフタールのすべての選手たちとスタッフ、彼らは英雄だということだ。不屈の精神、謙虚さ、優しさ、強い意志を持った英雄たちであり、決して歩みを止めることはなく、あらゆる英雄に期待される以上のことをやってのける。アンドリュー・トドスやイリーナ・コジウパなど、どこまでも飛び回るジャーナリストたちについても同じことがいえる。

この者たちは決して屈することはない。彼らの物語を伝えることができて光栄に思う。

アンディ・ブラッセル

シャフタール関連の時系列

		情勢		サッカー
1991年	8月	ウクライナが独立国家を宣言		
			9月	ヴィシチャ・リーハ（ウクライナリーグ）が創設
	12月	ソビエト連邦崩壊		
1995年			10月	ツェントラル・スタジアム・シャフタールの爆発事件でアハト・ブラーギン会長が死亡
1996年				リナト・アフメトフが会長に就任
2000年			9月	UEFAチャンピオンズリーグ本戦に初出場
2002年			6月	ウクライナリーグ初優勝
2004年			5月	ミルチェア・ルチェスクが監督に就任
	11月	オレンジ革命		
2005年			7月	フェルナンジーニョがアトレチコ・パラナエンセから加入
2006年			6月	ドンバス・アリーナが竣工
2007年			8月	ウィリアンがコリンチャンスから加入
2009年			5月	UEFAカップ初優勝
			9月	ドンバス・アリーナが開場
2010年			12月	UEFAチャンピオンズリーグ16強
2012年			6月	ウクライナ・ポーランドの2カ国開催によるEURO2012が開幕
2013年			2月	ウィリアンが移籍金3500万ユーロでアンジ・マハチカラに移籍
			6月	フェルナンジーニョが移籍金3000万ポンドでマンチェスター・シティに移籍
	11月	ヴィクトル・ヤヌーコヴィチ大統領に対するユーロマイダン抗議デモ開始		
2014年	2月	・ロシア軍によるクリミア半島侵攻開始 ・ヴィクトル・ヤヌーコヴィチ大統領がロシアに亡命		
	4月	ドンバス地方で分離主義勢力とウクライナ軍との戦い開始		
	5月	分離主義勢力とウクライナ軍による第一次ドネツク空港の戦い勃発		
				リヴィウのアリーナ・リヴィウに移転
			8月	ドンバス・アリーナに物流拠点が設置
	9月	分離主義勢力とウクライナ軍による第二次ドネツク空港の戦い勃発		
2016年			4月	UEFAヨーロッパリーグ4強
			5月	・ミルチェア・ルチェスクが監督を退任 ・パウロ・フォンセカが監督に就任
2017年			2月	ハルキウのメタリスト・スタジアムに移転
2019年	5月	ヴォロディーミル・ゼレンスキーが大統領に就任		
			7月	ルイス・カストロが監督に就任
2020年			5月	キーウのオリンピイスキーに一時的に移転
			6月	ダリヨ・スルナがスポーツディレクターに就任
			7月	ミルチェア・ルチェスクがディナモ・キーウの監督に就任
			8月	UEFAヨーロッパリーグ4強
2021年			5月	ロベルト・デ・ゼルビが監督に就任
2022年	2月	・ロシアが「ドネツク人民共和国」と「ルガンスク人民共和国」の独立を承認 ・ロシア軍によるウクライナ本格侵攻開始		
				ウクライナ・プレミアリーグがシーズン途中で打ち切り
			7月	・ポーランド・ワルシャワのスタディオン・ヴォイスカ・ポルスキエゴに移転 ・イゴール・ヨヴィチェヴィッチが監督に就任
			8月	ウクライナ・プレミアリーグが再開（22-23シーズン開幕）
	9月	ウクライナがNATO加盟を申請		
	10月	ウクライナ軍がクリミア大橋を爆破		
2023年			1月	ミハイル・ムドリクが移籍金1億ユーロでチェルシーに移籍
			5月	FIFAが移籍規定の付随条項第七項延長を決定
			7月	パトリック・ファン・ルーウェンが監督に就任
			10月	マリノ・プシッチが監督に就任
			12月	東京・国立競技場でアビスパ福岡と対戦

一章

逃亡

「スポーツと政治を一緒にするべきではない。しかし、今回はそうしなければならない。そうするべきだ。シャフタールは八年間で二つのホームを失ったのだから。そして、ロシアのチームは今も元の場所にいる。彼らは今もプレーしている。彼らがワールドカップやEUROや五輪で戦うのはあり得ない。あってはならない。彼ら（スポーツ選手たち）の過失ではないが、我々の過失でもない。我々は彼ら（ロシア）のせいでホームを失ったのだ」

――ダリヨ・スルナ（シャフタールスポーツディレクター、二〇二三年二月六日）

二〇二二年二月二四日

緊張関係と戦争状態とはまったくの別物だ。ある状態が次の状態へ、自然と移行していくものだというイメージがあるかもしれない。そもそもそれが起こるのかどうかも見方次第ではあるが、その過程が実際に実現する場合のスピードには衝撃を受けざるを得ない。

「前日の（二月）二三日のことだった」とダリヨ・スルナは振り返る。「私はレストランで友人と食事をしていた。すっかり満席で、私たちもみんな楽しんでいた。それが二四日の朝になると……」。シャフタールのスポーツディレクターである彼は、いつも考えると同時に話をする。どんな話題でも、いかにそれが複雑であろうとも、手際よく整然と情報の階層を重ねながら話を進めていく。だがここでは、その彼でさえも立ち止まり、じっくりと考えて言葉を探さなければならない。「人々がどれほど怯えているか、わかるだろう」と再び話し出す。「子どもたちを連れて街に出ると、無数の車が通りを埋め、渋滞して……」。処理すべきこと、説明すべきこと、理解すべきことがとにかく多すぎる。おそらくは処理も説明も理解もできはしないのだろう。

二〇二二年二月二四日、キーウ時間午前四時頃、ウクライナに対するロシアの総攻撃が開始された。ロシアのウラジーミル・プーチン大統領が、歴史の汚点として残る「特別軍事作戦」という呼び名で表現した攻撃だ。首都キーウに加えてハルキウ（シャフタールのもうひとつの元本拠地）とヘルソンを標的とし、ウクライナの軍事インフラと国境警備を破壊することを特に目的とした空爆が行われた。最悪のシナリオが、極めて突然のように現実となった。

ロシアとウクライナの対立は根深いものだった。二〇一三年一一月には、当時のヴィクトル・ヤヌーコヴィチ大統領が欧州連合との連合協定に署名する約束を反故にしたことに対するユーロマイダン抗議デモが行われ、その後の数週間、数カ月間に暴動へと発展した。一四年二月には、市内の独立広場で平和的なデモ隊に向けて警察の狙撃兵たちが銃撃を行い、多数の死者を出すという最悪の状況に陥った。ソビエト連邦の崩壊を本当の意味で受け入れてはいなかったプーチンは、欧州との関係を緊密化させようとするウクライナの動きに押され、残忍な行動を起こすことになった。その二月のうちに、黒海に南へ突き出したクリミア半島がロシアに占領され、現在にまで至っている。

ウクライナ国外ではしばしば「騒動」「騒乱」「動乱」などと表現されたが、必ずしも実態が正しく認識されることはなかった。それは「侵略」であり「戦争」だった。「チャンネル4」が世界のニュースを週替わりで届けるポッドキャスト『ザ・フォーキャスト』の二二年二月一二日の配信では、ロシアがウクライナで待機状態にあることを実際に認識した上で、本格的な侵攻に至る可能性が議論された。「今すぐにロシアによるウクライナへの大規模侵攻はない」と司会者のキラン・ムードリーは運命論的なニュアンスを交えて論説し、特派員のパライク・オブライエン記者は国境での小競り合いが続いていることについて「心理的に受け入れがたい、軋むような低レベルの冷戦が水面下で泡を立てている」と伝えていた。

だがシャフタールにとっては、二〇一四年という年から運命が一変していた。五月になる頃には、ドンバスの状況もクリミアとほぼ同じものになっていた。ウクライナ南東部のドンバスはロシア国境に迫る面積四万五〇〇〇平方キロメートルの地域であり、ドネックを事実上の首都としている。ユーロマイダン後の不安定な情勢に乗じて、ロシアが資金を提供した分離主義者たちが暴力的にその支配権を奪い取った。クラブ、スタッフ、選手たちは大急ぎで荷物をまとめてドネックを脱出。二度と帰還することはなく、シャフタールは現在のような流浪の道を歩むことになった。

二〇二二年には、ロシアは完全かつ容赦のない侵攻を行った。深刻な影響を受けることになったのはシャフタールだけでも、資金不足を理由に二一年にウクライナ・プレミアリーグからの脱退を余儀なくされたオリンピク・ドネックのような東部の他の小規模クラブだけでもなかった。その瞬間に到来したものを、完全には信じきれない者もいた。何か確信できるものが必要だった。「みんな爆発音で目を覚ました」と、シャフタール主将のタラス・ステパネンコは語ってくれた。「以前からウクライナの誰もが、ニュースを見ながら、何かが起こるかもしれないという話をしていたと思う。ロシアの大軍がウクライナの国境に（向かって移動している）、と」。そして、何百万人ものウクライナ人を眠りから覚ます音が鳴り響いた。「『戦争が始まった』と妻に言われたが、私は答えた。『いや、たぶん違う。工場か発電所で何か問題が起きたのかもしれない。わからないが』と」。すべての疑問を晴らしたのは、ネット上のニュースサイトやソーシャルメディアの生の声を通して伝えられた報告だった。「それからニュースを読み始めて、私たちにもわかった。ロシアがウクライナに侵攻した、と」

「あの日はひどかった」と、二〇二二―二三シーズンをフラムへのレンタル移籍で過ごしたイスラエル人MFマノール・ソロモンは言う。「私も他の選手たちも、爆発の音で目を覚ました。悪夢だった」。ロシアの攻撃の可能性が高まる中、シャフタールはソロモンや他の外国人たちの心をできるだけ落ち着かせようと試みていた。クラブにとっては、非日常的な出来事への対処は経験済みのことだった。「クラブは……すべて大丈夫だと言ってくれた。みんな安全でいられると。もし何かが起これば助けてくれるし、私たちを脱出させてくれると。でも結局は、そんな簡単な話ではなかった」とソロモンは語る。事態はあまりにも速く、あまりにも残忍に進行し、誰もが意表を突かれてしまった。

「本当に、本当に厳しい」状況

本気で戦争を恐れていた者もいたが、それでも攻撃の規模は予想を上回るものであることがすぐに明らかとなった。「正真正銘のカオスだった」と、シャフタールのイゴール・ヨヴィチェヴィッチ監督は振り返る。当時彼はドニプロ－1の監督を務めていた。「そういう（戦争の予感について）話はしていたし、ロシアの侵攻があるかもしれないという恐れは感じていた。しかし、またドンバスはあり得るとしても、これほど（ウクライナ国内の）深い場所ではないだろうと無意識に考えていたのではないか」。だが実際にはドンバスだけでなく、キーウ、ヘルソン、ドニプロ（首都キーウの南東約四〇〇キロ）にまで至った。

ヨヴィチェヴィッチの前任者の一人であるポルトガル人監督パウロ・フォンセカは当時、ウクライナ人の妻と息子と一緒にキーウにいた。彼はこう語る。「あの頃、ロシアがウクライナに侵攻するという噂は飛び交っていた。だがおそらくは起こらないだろうとも、（起こるとしても）またドンバスやドネツクやルハーンシクではないか、ともみんな考えていた。ウクライナ全土に及ぶとは想像もしていなかった。振り返ると、私は休暇中だった。事態を伝える報道がどんどん増えていて、ウクライナに戻ってどうするか考えるべきだと妻に言った。ウクライナ国内の状況は危険になってきていたからだ。故郷のドネツクで経験のあった妻は、何も起こることはないと信じてはいたが、『戻って確かめてみない？』と言ってくれた」

彼らはその先に「本当に、本当に厳しい」状況が待ち受けているとは知りもしなかった。フォンセカ一家が経験したのは、スルナの場合と同じく、あまりにも突然の事態だった。「私たちが戻ったのは戦争が始まる四日前だった。キーウは私の住んでいた頃と何も変わってはいなかった。人々はとても落ち着いていて、街は普通だった。普通の日常生活を送っていた。それからどうなるかについては、誰もが強く自信を持って、ここでは何も起こりはしないと言っていた。もし問題が起こるとすればドンバスやドネツク、ルハーンシクで起こるだろうが、ここでは……ここでは何も起こらないと。つまり、その頃の雰囲気は極めて落ち着いたものだった。それでも私は、よし、しばらくポルトガルで過ごすことにして、家族を連れて行こうと妻に話した。それでいろいろと準備をして、二月二四日の午前一〇時に飛行機を予約していた」

フォンセカはさらにこう続ける。「旅支度を整えていると、寝るのがすごく遅くなってしまった。唯一覚えているのは、朝の五時頃、爆弾の落ちる音で起こされたことだ。私たちが住んでいたのはアパートメントの高層階で、街全体を見渡すことができた。窓際に行って外を見ると、戦争が始まっているのがわかった。私たちには幼い子どもがいて、当時三歳になろうとしていたが、みんなパニックに陥ってしまった。誰もがそうだったと思う。まず心配したのは、どうやって脱出しようかということだった。窓の外を見ると、すべての車がガレージから出てきて、みんな逃げようとしていた。何とか車を手配して、何人かと話をすると、リヴィウの方角、ポーランド方面に行ってそこから脱出を図るように勧められた。車に乗ったが、市街地に入ると渋滞で立ち往生してしまった」

シャフタールとしては、各自の状況を確認した上で避難に移る必要があった。「まずは家族、親戚、友人たちにメッセージを送り始めた。みんな無事でいるかどうか、大丈夫か確かめるためだ」とステパネンコは振り返る。「私たちはキーウの一軒家に住んでいて、息子たちは二階で寝ていた。息子たちを連れて地下室に入り、そこで三日間過ごした。ロシア軍がキーウのすぐ近くまで来ている(のは知っていた)が、街まで入ってくるかどうかはわからなかった。だから、そこから出ないほうがよかった」

チームメイトの多くは、主将とは異なる状況にあった。シャフタールはそれまで一五年間ほどをかけて大勢の国外選手(主にブラジル人)を輸入してウクライナサッカー界に革命を起こしており、当時のチームは一七人の非ウクライナ人(うち一四人がブラジル人)が所属する国際色豊かなメンバーとなっていた。二〇一四年にドネツクを離れて以来、クラブはキーウのダウンタウンに億万長者のリナト・アフメトフが所有するホテル・オペラを運営拠点、事務所、ホームとしていた。何らかの危機的状況が発生したとき、クラブ関係者が向かうべき場所はいつもそこだった。

「私自身も私のスタッフも、ホテル・オペラにいた」と語るのは、当時シャフタールの監督を務めていたロベルト・デ・ゼルビだ。「それから一三人か一四人のブラジル人たちと、その家族も合わせて四〇人から四五人。もちろんBBCやCNNの記者たちもいた」。集まった人々は、最終的には次善の策を練って行動していくことになったが、当初求められていたのは仲間意識や一体感、居心地の良さといったものだった。デ・ゼルビは続ける。「あんな状況に置かれたのは初めてだった。私もスタッフも、とにかくブラジル人たちの出国に協力してサポートすると同時に、自分たちの出国計画も立てようとしていた」

リーダーたちの振る舞い

シャフタールは揺るぎない土台を持ったクラブであり、二〇一四年以来、どのクラブも本来であれば積む必要のないような経験を積んできた。経営体制や役員レベルの人事、展望には一貫性がある。現実的で実践的なクラブなのだ。しかし、スルナが言及したように、彼らにとってさえもこの件は予測不可能だった。今回は何かが違う。だがすべてが、そして誰もが、まだ混乱の中にあった。「初日は、何をすべきか誰にもわからなかった。完全に混乱しきっていた」とステパネンコは言う。

彼の状況は異なっていた。外国人選手たちとは異なり、ステパネンコはホテル・オペラへ行く必要はなく、家族と一緒に身を隠しつつ連絡を取り合っていた。「デ・ゼルビとは一度ビデオ通話をしただけだった。どこにいるのか、安全なのかと訊かれた。ブラジル人たちはオペラにいて、キーウから救助されるのを待っていた。航空便はもう全部キャンセルされていたからだ。（その時点で）キーウを出るにはバスか車しかなかった。だがガソリン（入手）の問題が大きく、本当に苛立ちの募る状況だった」

いかに楽観的な者であろうとも、誰もが不安にかられていた。スルナの場合は、他の多くの者たちとは違っていた。彼はシャフタールの君主だった。二一歳でやって来て以来、現役生活のラストシーズンをイタリアのカッリャリで過ごしたのを除けば、選手として、ポルトガル人監督ルイス・カストロのアシスタントとして、そして現在はスポーツディレクターとして、二〇年近くにわたってほぼ継続的にクラブに仕えてきた。クラブであらゆる状態を経験してきた男だ。しかし、それ以前も含めて、彼の人生は決して容易なものではなかった。一九八二年の春、現在のクロアチアでボスニア人の父とクロアチア人の母の間に生まれた彼は、ユーゴスラビアの崩壊した幼少期から戦争と移住を経験してきた。「正直に言おう。二月二四日の朝四時に爆撃が始まった時点では、私は怖いと思ってはいなかった」とスルナは語る。「怖くなったのはサイレンが聞こえ始めたときだ。サイレンを聞くと、九〇年代のクロアチアに引き戻されたようだった。九歳の少年だった頃に」

彼はすぐに、自分なりの視点を固めることができた。「それほど大混乱に陥ったわけではない。なぜなら、まずは何より家族が一緒にいなかったからだ。私の家族はロンドンにいた。自分の状況もある程度は大丈夫だった。だが一方で、娘や息子は呼びかけてくる。電話をかけてきて、『パパ、パパ、みんな家で待っている』と。その一方で一五人の（外国人）選手たちがいて、六カ月の赤ん坊を連れた者もいる……彼らを置いてはいけない」。そして実際に、置いてはいかなかった。

シャフタールの傘下にいる誰もがリーダーシップを求めようとするのは、スルナとセルゲイ・パルキンCEOの二人だ。そして、彼らはそれに応えてくれる。デ・ゼルビも、イタリア国外では初めてとなる監督の仕事を引き受けてウクライナに来てから一年足らずであったにもかかわらず、リーダーとして立ち上がった。家族は一緒にキーウに来てはいなかったため、彼もスルナと同様に、遠い我が家で無力感に苛まれている親族たちを安心させなければならないという重圧にさらされながらも、選手たちが安全な移動経路を確保できるまでそこに留まることを決意した。「家族は私の選択を理解してくれたわけではなかった」と、デ・ゼルビは振り返る。「戦争が始まるより前から、家族は私に帰国するよう懇願していたからだ。特に一九歳の娘は、『お父さん、帰ってきて』と毎日言ってきていた。戦争が始まって最初の数日は絶望と怒りが入り混じった思いだった。だが家に戻ったときには、私と選手たちの間にどれほど緊密な関係性があったのかを娘も理解してくれた」

デ・ゼルビのアシスタントであるエンリコ・ヴェントゥレッリもまた、同じ状況にあった。遠く離れて不安だらけの家族に状況を説明しなければならなかった。「私はウクライナ人の恋人と一緒にキーウに住んでいた。だがもちろんイタリアでは家族が、特に父が心配していた。人生の中で何か約束をしたのなら、最後まで守り通さなければならない。それが私の人生観であり、ビジネス観でもある。すべてが順調なときにだけ幸せでいて、何かトラブルがあれば逃げ出すというのでは、あまりにも安易すぎるからだ。だから私は、最後まで約束を守った。自分の立場を貫いて、監督に従って、それから(しかるべきときが来れば)全員で一緒に脱出した」。ヴェントゥレッリについて語るデ・ゼルビは、アシスタントとしての彼の忠誠心を強調する。「エンリコは教訓からしっかりと学んだ。だからこそ、私の意識の中で彼に対する見方が変わることもなかった。彼は一流の男であり、一緒に仕事をできるチャンスがあれば連れて行くつもりだ。そして、実際にそうした」。二人は現在、イングランド・プレミアリーグのブライトン&ホーヴ・アルビオンで一緒に仕事をしている。

生存本能を自ら掴んだ者

誰もが戸惑いよりも強い生存本能を感じ始めた。自らの手でそれを掴んだ者もいた。ブラジル人グループの一人であるWGのテテは、何もせず状況に甘んじているつもりはなかった。十代でグレミオからウクライナにやって来た彼は、すぐに順応することができた。ブラジル人にお決まりのイメージとは異なり、彼は寒さを好んでいた。「到着した最初の夜はマイナス一八度だったが、一晩中窓を開けて寝ていた」と、二〇二二年九月に『レキップ』紙に語っている。新しいチームメイトはそれを面白がり、彼はすぐに気に入られた。うまくチームに馴染んだ彼は国内リーグでもUEFAチャンピオンズリーグでも活躍し、ウクライナ人女性のタニアと出会って結婚した。

侵攻の一週間前に二二歳になったばかりではあったが、テテはすっかり大人の男だった。そうなる必要があったのだ。彼はブラジル南部リオ・グランデ・ド・スル州のポルト・アレグレに隣接するアウヴォラーダの貧しい地域で育った。困難な境遇から身を立てた多くの若いサッカー選手たちと同じく、彼もすぐに家族の中でリーダー的な役割へ担ぎ上げられたが、彼自身もそれが心地よかった。饒舌でも強引でもないが、彼には決断力があった。二〇一九年に『グローボ』紙のインタビューで語ったところによれば、彼は初めてプロ契約を結ぶと両親をアウヴォラーダから引っ越しさせ、「百倍良い」家に住まわせた。ポルト・アレグレ南部郊外の高級住宅地に家を購入したのだ。

危機に直面すると、彼は再び堂々と立ち向かった。「恐ろしい瞬間ではあった」とテテは、二〇二三年初頭に自主制作したドキュメンタリー『エウ・ソウ・オ・フラソン』（『僕はハリケーン』、自身のニックネームにちなんだタイトル）の中で認めている。「侵攻が行われようとしていることはもうわかっていた。家の外からは爆弾の音が聞こえてきた。それでも私は、まだテレビゲームで遊んでいた」と、微笑みながら語る。テレビゲームは彼にとっていつも、プレッシャーを解放する手段だった。しかし、大きなプレッシャーが迫ってこようとしていた。

「落ち着いていた」と彼は続ける。「自分たちの家族に責任を持つ立場だから。その私たちが周りの人々にパニックを伝えてしまうと、みんなもっと怖がることになるのは間違いない。だからみんなを落ち着かせようとした。三、四時間経ってから決断した。家族と一緒に車に乗って、国境を越えようと」。夫婦でポーランドに到着してホテルを見つけると、テテはすぐに地元のジムに入会した。コンディションを維持するためだ。それから二カ月間、テテは毎日のトレーニングを日課とする一方で、タニアと一緒に物資を購入し、食料と衛生必需品を準備して箱詰めし、ウクライナから流れてくる避難民たちに配り続けた。その後、シャフタールとの契約が一時停止となり、テテはフランスのクラブであるオランピック・リヨンと短期契約を交わした。ＦＩＦＡが三月八日に下した裁定の一環として、ウクライナおよびロシア国内の外国人選手たちは六月三〇日までペナルティなしで他クラブと契約することが認められたためだ。アンジェとの試合で終盤に投入されてリヨンでのデビューを飾るまで、テテはウクライナを離れて以来ボールを触ってすらいなかった。だがその二分後、マロ・ギュストからのパスを左足で受けると、回転をかけた見事な決勝ゴールをファーポストへと突き刺した。ドラマではない。ただプレーしただけだった。

スクランブルとなったウクライナサッカー界

シャフタールが過去八年間にわたって世界の中心地としていたホテル・オペラで混乱を収拾しようとしていた頃、ウクライナのサッカー界全体もある種の救いを求めてスクランブル発進を切った。「去年、私はここにいた」と語るのはヨヴィチェヴィッチ。当時ドニプロ－1を率いていた彼は、アンタルヤでトレーニングキャンプを指揮していた。ウクライナの多くのクラブが、長いウインターブレイク後のリーグ再開に備えるため集まるトルコの湾岸都市である。今では彼はアンタルヤでシャフタールのトレーニングを指揮している。慣れ親しんだ環境に身を置くことができるのは、継続性の多くが失われた世界の中で支えとなるものだ。チームの滞在するホテルのロビーでソファに腰掛けた彼は、スポーツディレクターのスルナ以上に情熱的かつ饒舌で、相手を引きつけるように話をするタイプだった。だがスルナと共通しているのは、彼も言葉を発したあと、自分自身を整えるための一瞬の間を置くことだ。それまでの一二カ月間に起こったすべての異常事態を落ち着かせようとするかのように。そう、まだ一年しか経っていない。まるで現実味が感じられないことだ。

「我々は二月二三日にここを発つことになっていた」と、彼は振り返る。同じ状況にあった前年へ時計を巻き戻してみると、今と共通する部分も多いが、やはり多くのものが異なっていた。「二七日には（リーグ再開後の）デスナとの初戦が予定されており、ウクライナに帰国しなければならなかった。（ウクライナでは）雪も降っていたので、順応のためにも、最初の公式戦の三日前には帰国すると決めていた」。ウクライナの多くのチームが同様の状況にあった。トルコの充実した施設を活用し、シーズン再開に向けて準備を整えようとしていた。少なくとも表面上は、いつものシーズンと同じだった。それでも選手たちやスタッフの間では、話題がひとつの方向へ向かうことを避けられなかった。侵攻の可能性が、全員ではないとしても多くの者たちの意識にあった。

「アンタルヤでの最後の数日間、侵攻が行われる可能性があるというニュースを読んでいた。（ウクライナに）電話をかけて『何が起こっている？』と訊ねたが、『心配ない、リーグは続行される』と言われた」とヨヴィチェヴィッチは語る。チームはキャンプを終え、本拠地に帰還。そして、それは起こった。「我々がドニプロに戻ったのは二三日。そして二四日の午前五時には最初の爆撃音が聞こえてきた」。前兆はあったが、衝撃的だった。スルナの場合と同じくヨヴィチェヴィッチにとっても救いだったのは、妻と子どもたちが母国クロアチアの首都ザグレブで暮らしていたことだ。ザグレブは彼が有名なディナモ・ザグレブ・アカデミーの有望若手選手としてサッカー界に足を踏み入れた場所だった。

「私が住んでいたのはドニプロのトレーニングセンターだった」とヨヴィチェヴィッチは振り返る。「［大きな爆発音を真似て］ドーンと聞こえてきた。五時に何発か爆弾が打ち込まれた。貯蔵庫に入って、一〇時までそこにいた。インターネットで記事を読むと、戦争が始まったと書かれていた」。チーム内の雰囲気は、シャフタールの場合と同じく、めまぐるしい出来事に混乱した様子だった。「チームで集まって数時間一緒にいたあと、どうするかを決めた。本当に大混乱だった」

ドニプロ－1は、さまざまな事情のあるさまざまなスタッフを抱えている状況でもあった。各国大使館からの領事支援のレベルもそれぞれ異なっていた。すべてをまとめ上げるのが大変であったことはヨヴィチェヴィッチも認めているが、クラブ会長のユーリー・ベレザが強い指導力を発揮してくれた。ベレザは元国会議員であり、二〇一四年の暴動をきっかけに設立されたボランティア警察部隊「ドニプロ大隊」の指揮官でもあった。計画はしっかりと立てられた。「チーム内には一二人の外国人選手がおり、コーチングスタッフにはスペイン人コーチも数人いた。クラブの車を何台か使って、会長のアドバイス通りに西へと向かってドニプロを離れた」とヨヴィチェヴィッチは詳細を語る。

シャフタールの作戦はさらに大規模なものだった。クロアチア大使館はスルナに退去を勧告していた。ブラジル人たちには、大使館から明確な指示がまだ届いていなかった。スルナは友人であるUEFA会長のアレクサンデル・チェフェリンから支援を受けられる見通しだったが、すぐに何かができるわけではない。スルナはチェフェリンに対し、選手たちが安全に脱出できたと確信できるまではどこへ行くつもりもないと明言していた。「二日後に……」と言いながら無意識に椅子の上で伸びをする彼の様子から、スルナがその二日間をどれほど長く感じたかがわかった。「チェフェリンが大きな助けになってくれた。(ウクライナサッカー)連盟のアンドリー・パヴェルコ会長も助けてくれた。そうして、選手全員がウクライナから脱出する道筋を見つけることができた」

ホテル・オペラに集まったブラジル人たち

自分たちのため手を尽くしていたのはシャフタールだけではない。ホテル・オペラでは、ディナモ・キーウの選手であるヴィチーニョとカルロス・デ・ペナも彼らと一緒にいた。しばらくするとフォンセカと彼の家族も合流してきた。すし詰め状態の道路へ出ようとしても徒労に終わるだけであり、不安は募る一方だった。「シャフタールのトレーニングセンターへ行く道があるが、何キロも車が連なって動けなくなっていた」とフォンセカは語る。「私も車列に並んでいると、ヴィタリー（フォンセカの元アシスタント兼通訳）とスルナから電話がかかってきて、こう言われた。『監督、今日は行こうとしないでほしい。不可能だ。ここから出て行くことはできない。ブラジル人たちとシャフタールのコーチ陣もいるので、そこへ行ってから何ができるか様子を見てほしい』と」

フォンセカ一家が到着すると、ホテル内の雰囲気も外と大差ないものだった。「そこへ行ってみると、デ・ゼルビがコーチングスタッフらと一緒にいた。ブラジル人たちは家族と一緒にいて、みんな少しパニックに陥っていた。ホテル・オペラの地下一階に部屋があり、我々はそこで夕食をとった。大きな部屋で、警報がずっと鳴り続けていた。そこで寝るように言われたので、みんなマットレスを持ってきて寝ることにしたが、矛盾した情報があふれていて全員がパニック状態だった。ロシア軍がキーウに入ってきて政府を崩壊させようとしており、そうなればもう問題はなくなると言う者もいた。一方で我々は、ウクライナ軍がキーウを防衛していると感じていた。とにかく疑問だらけだった」

不安に駆られたことが、フォンセカにもテテと同じようにイニシアチブを取らせた。「二日目になって、ポルトガル大使館と連絡を取ろうと決めた。彼らがポルトガル国民をどうやってキーウから脱出させようとしているかを知るためだ。大使館には顔なじみもいた。彼らの言うところによれば、すでに一台バンが出発したが、翌日には別のバンが国境方面へ出発するとのことだった。私は妻に、リスクを承知で大使館の車に乗らなければならないと伝えた。運が味方してくれるかもしれない。そこで、妻と息子と私、それに妻の家族はキーウを離れてモルドバ方面へと向かった。三〇時間以上の道のりになった。停まることもせず、夜でも渋滞はひどく、サイレンがずっと鳴り続けていた。バンには他にもポルトガルの人たちが乗っていた」。道中も、恐ろしい憶測が頭から離れることはなかった。「前方から、『この道は進めない。向こうは攻撃されている。あちらの道へ行くべきだ』と声が聞こえてきた。一度も停まることなく三〇時間ほどで、モルドバとの国境近くに到着した。そこから何とかルーマニアへと逃れることができた」

ブラジル人たちも同様に、母国からの支援が限られる中で息の詰まるような感覚を覚えていた。ブラジル人たちの中で最年長のジュニオール・モラエスがホテル・オペラのロビーに選手たちとその家族を集め、総勢二〇人ほどとなった彼らは、携帯電話で録画したメッセージを世界に向けて発信した。ブラジル政府に助けを求めるためだ。この状況下でクラブは、UEFAおよびFIFPRO（国際プロサッカー選手会）からの協力を得て最善の策を導き出した。

二月二六日、外国人たちはホテル・オペラを出て鉄道駅へと向かった。バスの窓の内側には、中立を示すためブラジル国旗が掲げられていた。そこからは国内西部のチェルノフツィまで一六時間の列車の旅だった。キーウを離れて移動できているという感覚に、はじめは安堵感を覚えたが、それも長くは続かなかった。首都を出るということは、ウクライナの他地域で起こっていることを車窓から目の当たりにするということだった。「恐ろしいものだった」とペドリーニョは、ようやく母国のサンパウロに辿り着いたとき語った。「恐ろしい光景（を見た）。街が完全に破壊されていた。生後四カ月の娘を腕に抱いて、とにかく娘が無事でいてほしいと思っていた」。家族には何度も電話をかけたという。「そのたびにさよならを告げていた。それが家族の声を聞ける最後になるかもしれないと自分に言い聞かせていたからだ」。チェルノフツィに到着するとモルドバ行きのバスに乗り、さらにルーマニア行きのバスが彼らを安全な場所へ送り届けた。

ブラジル人たちの脱出

そうして、スルナも自分自身の旅を始めるときが来た。彼は道路を進むことを選んだ。三人のコーチングスタッフと同乗し、後部座席には補給用の予備のガソリンを満タンに積んでいた。「運転を始めたのは朝六時四〇分だった」と彼は振り返る。「三四時間くらい運転したことになる。国境までだ。選手たちは……彼らは電車で行くことにした。私は車で行くと決めた。電車組は私よりもう一日あとで出発したが、到着はだいたい同じくらいだった」。アンタルヤのホテル・カリナン・ベレクで向かい合わせに座っていると、彼は瞬間的に意識が飛んでしまいそうになる自分を揺り起こすかのように、無造作に携帯電話をテーブルに置いた。「我々はモルドバに到着した。ロベルト(・デ・ゼルビ)は電車でリヴィウまで行き、そこから車でブダペストへ行った」。呪文のように言葉を繰り返す。いまだにすべてが非現実的な感覚を伴っていた。

「困難な時期だった」とスルナは、そのことに意味を持たせようとするかのように続ける。「本当に。写真も映像も頭の中に入っているが、言葉で説明するのは難しい」。スルナが何かを説明しきれず苦戦する様子を見ていると、非常に気持ちが和らげられる。彼の言葉を聞いていると、つらいのは旅に出ることではなく、他の者たちが旅をする様子を目にすることなのだと感じ取れる。徒歩で、子どもを連れて、持てるだけの荷物を持っての旅路だ。スルナはもう一度気持ちを集中させ、頭を横に振った。「この男(プーチン)は、世界にとって良いことは何もしていない」。スルナは苦難も味わってきたとはいえ、自身のステータスやキャリアによって多くの人々より恵まれた立場にいることを十分に認識している。だがその瞬間には、というより、今も含めてこういった瞬間には、どんなに財産や地位があろうとも彼を、彼らを、その他の誰をも守れないことは明らかだった。

テテ、ジュニオール・モラエス、デンチーニョ、そしてシャフタールのブラジル人グループは、ホテル・オペラで過ごしたあの長い長い二日間ほど、自分たちや先人たちが作り上げてきた共同体の絆に感謝したことはなかった。「戦闘機の音も、爆撃の音も聞こえてきた」と元バルセロナのＤＦマルロンは、家族と一緒にようやくリオ・デ・ジャネイロへの帰還を果たした際に記者たちに向けて語った。彼はデ・ゼルビがサッスオーロから連れて来ていた選手だった。「ひどい状況だった。だがジュニオール・モラエスのように、危険を冒してでも外に出て、食料や子どものおむつを手に入れようとしてくれるような人たちがいた」

少なくとも彼らは、クラブとチェフェリンの尽力のおかげで脱出することができた。だがウクライナには他にもブラジル人たちがいる。二〇二一—二二シーズンの開始時点で合計三二人がウクライナ・プレミアリーグのクラブに登録されていた。彼らは自力で何とかするしかなかった。キーウの大使館はほとんど支援を提供してくれなかったためだ。ヴォルスクラ・ポルタヴァ（ドニプロから北へ約三時間）でプレーしていたブラジル人ＦＷルーカス・ランジェウは、ポルタヴァに住んでいた二人のブラジル人聖職者と、知人のガールフレンドの母親を連れて自らの車で道を急いだ。

ランジェウが当時『メール・オン・サンデー』紙のジョズエ・セイシャス記者に語ったところによれば、他の多くの者たちと同じく、彼も遠回りをした。ロシア軍の攻撃を受けていたキーウを避けようとしたためだ。ソーシャルメディアの最新情報を通して急速に変化する状況を把握し、上空から聞こえる飛行音に終始怯えながら、回線が通じている際には母国の家族に自分の居場所を知らせた。さまざまな迂回路を経て、ランジェウと同行者たちは車を捨て、最後はマイナス八度まで下がった気温の中をポーランド国境まで五時間歩いた。ポーランドとポルトガルで飛行機を乗り継いで、テテの故郷であるアウヴォラーダで待っていた妻と子どもたちのもとにようやく辿り着いた。

それぞれの旅路とさまざまな困難

ヨヴィチェヴィッチの旅路はさらに長いものだった。彼は頭の中で素早く計算し、「六〇時間くらいだった」と推測を述べた。「眠ることなく六〇時間だ。（ドニプロ－1のチームが宿泊する）ホテルに到着し、その夜に出発したいと思っていたが、政府とゼレンスキー大統領が午後七時から午前七時までの外出禁止令（を出した）。暗くなってからは（外出が）禁止されてしまった」。テテ一家と同じく、ヨヴィチェヴィッチと彼の同行者も強行を決断した。「二日目には、それでも出発することにした」

ヨヴィチェヴィッチとスルナの年齢差は八歳半にすぎず、ヨヴィチェヴィッチのほうが年上の四九歳だが、二人のクロアチア人の世代的な経験は大きく異なっている。九〇年代初頭、ユーゴスラビアを引き裂いた紛争がダリヨの子ども時代に深い影響を及ぼしていた頃、イゴールはバルカンの天才児として欧州サッカー界に乗り込んでいこうとしていた。九一年には彼との契約をめぐって大々的な争奪戦（「ミラン、PSG、オセール……」と、彼は破格のオファーを提示してきたクラブの名前を並べた）が繰り広げられた。彼はヴェローナを訪れ、八五年のイタリア王者である地元クラブのエラス・ヴェローナと契約寸前となっていたところで、レアル・マドリードに引き抜かれた。「上品なスーツに身を包んだ一団がホテルに入ってきた」と、目を見開きながら振り返る。「彼らを見てみると、ミチェル、エミリオ・ブトラゲーニョ、ウーゴ・サンチェス、（ロベルト・）プロシネツキ。これこそレアル・マドリードだ」。ヨヴィチェヴィッチの父親チェドがディナモ・ザグレブでプロシネツキを指導していたことが縁となった。「副会長のペドロ・サパタが、マドリードに戻る彼らと一緒に来ないかと誘ってくれた」。そして一七歳の少年は、クラブのBチームであるカスティージャと五年契約を交わした。

　つまり、スルナが分断されつつある国家で恐怖を感じながら幼少期を過ごしていた頃、十代のヨヴィチェヴィッチはスペインにいて、あらゆる子どもたちが夢に見るような状況にあった。前者は、不幸なことではあるが、生育期の原体験を通して最悪の事態に十分な備えができていた。後者にとっては、今回の恐怖のすべてが初めて味わうものだった。「朝になると、我々は西へ、リヴィウへと向かった」とヨヴィチェヴィッチは続ける。「その頃には橋が爆撃され始めていた。だから、（そこから）ルーマニア、ハンガリー、スロバキア、モルドバへ行くことはできるが、その（トランスニストリア地域の）一部はロシアのものだ」。計算は複雑であり、机上の話ではなく実際の生死が懸かっていた。

「私の携帯電話には、このあたりの村がすべて入っている」と、彼は端末を力強くタップする。「Googleマップ上にも存在していないすべての村だ。ひとつ間違えば命を落とすことになる」。厄介なルートを指し示すように、彼は手をあちらこちらへと動かす。恐怖、絶望、疲労に満ちたディストピアであり、終わりのない旅路のように感じられた。「我々にとってその六〇時間は……ルーマニア側まで行ったが、まるで一〇年間のようだった」

　そういった試練に耐える必要はなくとも、別の形でさまざまな困難に見舞われた者もいた。例えば、過去にモナコやリールでプレーしていたリヨン生まれのMFファレス・バールリ。宣戦布告がなされたとき、彼はペルシャ・リーハ（ウクライナ二部リーグ）のメタリスト・ハルキウでシーズンを過ごしていた。メタリストもトルコで冬期トレーニングキャンプを行っており、ロシア侵攻の前日に帰国を予定していた。バールリとチームメイトたちは、フライト前の最後の睡眠を取っていたとき、ウクライナからの緊急ニュースで叩き起こされた。「向こう（ウクライナ）が少しピリピリしているというのは聞いていた」と、バールリは二〇二二年三月一五日にbeINスポーツの『フットボール・ショー』で語った。「とはいえ、誰も（何かが起こると）本当に信じてはいなかった。みんなが電話で起こされたのは午前四時だ。家族や会長や、ウクライナに残っていた一部スタッフからの電話だった。私たちの街が爆撃され、ロシア軍が侵攻してきたことを知った。そんなふうに知らされて、みんな大きなショックを受けた」

バールリはフランスのいくつかの名門クラブでポテンシャルを発揮しきれず、ハルキウでキャリアを立て直していた。だが他の大勢と同じく彼も、築き上げていた生活やキャリアをすべて捨て去った。そうせざるを得なかったからだ。「自分のアパートメントがあり、服も、身の回りの物も、子どもたちの持ち物も、妻の物も」と彼は語る。「一年半もあそこにいたから、すっかり馴染んでいた。だが、そんなのはただの所有物でしかない。（ウクライナ人の）チームメイトたちが残してきた家族や妻や子どもたちは地下鉄駅に隠れていたり、難民になったり、サイレンが鳴るたびに怯えたりしている……チームメイトたちや多くのウクライナ国民に比べると、自分はまだ幸運だと感じている」

相対的に見れば、パリ経由で帰国することができたバールリは実際に幸運だった。彼のチームメイトの中には、侵攻直後の数日間、まったくレベルの違う苦しみの中に置かれた者たちもいた。航空便は運行を停止し、飛行禁止区域もすぐには解除されず、愛する家族の待つ故郷に戻れずに足止めされた。そして言うまでもなく、ようやく辿り着いた故郷にもまたレベルの異なる現実が待っていた。バールリはこう振り返る。「彼らはトルコで立ち往生し、帰国することができなかった。一八歳から六〇歳までの男性全員に、国内に留まること、武器を取って祖国を助けることが義務づけられたからだ」

外国人選手への影響とウクライナ人選手への影響

アダム・クラフトンはシャフタールに張りついて数カ月間を過ごし、『ジ・アスレティック』のポッドキャストシリーズ『アウェー・フロム・ホーム』で賞にノミネートされたジャーナリストだ。彼もまた、外国人たちとウクライナ人たちにとって、戦争体験や直後の影響はまったく異なると指摘している。「外国人選手やその家族たちにとっては、三日か四日ほどの苦しみだった。それが大きな注目を引きつけた。誰もがそういう外国人、ブラジル人たちの話ばかりしていた。どうやって脱出したのかと。そして、そこで考えを止めてしまう。何てことだ。あとに残された選手たち全員にとって、実際にはそこからまだ数年続くことなんだ」

ステパネンコのようにすでに自国にいたウクライナ人は、まったく別のことに対処していた。カリナンの地下のカフェでお茶をともにしながら主将の話を聞く。彼が一息つき、自身の経験と外国籍のチームメイトたちとの経験の差異について考え込むと、テーブルには穏やかな静寂が訪れた。「彼らにとっても、私たちにとってもひどいことだったと思う」とステパネンコは語り始めた。「彼らの場合は、キーウに留まるのは本当に危険なことだと理解していて、ウクライナを離れたがっていた。それでも彼らは、(出て行けば)家に帰ることができる、ブラジルで安全な場所にいられるとわかっていた。だがウクライナ人にとっては、ロシア人たちが自分の国にいて、生活を破壊しようとしている、国を支配下に置こうとしていると知っていた。自国内での本物の戦争だ。人が死ぬことも、安全な場所へ移らなければならないこともわかっている」

残念ながら、彼らの戦いは続いていくことになった。前線での戦いとは別の種類の戦いだ。「選手はサッカーのピッチ上でウクライナの力になることができる。だが、武器について、銃について、戦争については何も知らない」と、スルナは二〇二二年三月に『ガーディアン』紙のニック・エイムズ記者に語った。「本人が決めることではあるが、食料や物資を提供するなどのボランティア活動をしながら、自分たちの手段を使って声を上げたほうがいいのかもしれない。今は全員が人道的活動に携わっている」

ドラマの現場からすでに離れた外国人たちには、チームメイトや友人たち、そして自分の夢を置き去りにしてきたことによる空虚感が、今にも襲ってこようとしていた。「心の中では死んだような気分だった」と、デ・ゼルビは肩をすくめる。「実際のところ、シャフタールの傷はまだ開いたままだ。(最も重要なのは)人間的な側面だ。戦争により、我々は国を離れなければならなかった。キーウを離れなければならなかった。キーウは素晴らしい街だが、戦時中や砲撃の最中には検問所だらけとなり、昼も夜もゴーストタウンのような静寂に包まれていた。我々は日曜日の午後に列車で出発したが、街の姿は紛争が始まる前の記憶にあるものとはまったく違っていた」

その後に訪れたのは、普段のサッカー選手にはない静寂の時間だった。テテがポーランドのジムで自分なりのペースでトレーニングに励んでいる頃、ソロモンはイスラエル中部のクファル・サヴァに戻り、家族との時間を最大限に満喫していた。彼は一九歳で祖国を離れてウクライナに向かい、想像もできないほど劣悪な現実世界の状況に放り込まれたが、気持ちを落ち着かせることができる時間が戻ってきた。彼にとって最も大切な人たちと貴重な時間を過ごすことができる。自分の持っているものを確認し、感謝することができる時間だ。試練のときを経て、ソロモンはあらゆることに強い感謝を覚えるようになっていた。「今はサッカーができない、チームと一緒に過ごせない時期だとわかっていた。だが構わない。この状況から受けられる恩恵として、今は両親の近くにいられる。友人たちと一緒にいられる。自宅でこんなに長く過ごせるのが、次はいつになるかわからないから」

人口の七五％が失われたマリウポリ

ウクライナに目を戻すと、キーウとシャフタールは、自分たちを再び光の当たる場所へ導いてくれる指導者を必要としていた。スルナとパルキンも協力し、アフメトフの指導に従った。アフメトフは自らの資金とビジョンによって、いつも何かを起こしてきた男だ。「彼は事業の六〇％を失った」とパルキンは話してくれた。戦争が始まって数日から数週間、マリウポリが特に大きな打撃を受けたことについて、アフメトフは「甚大な悲劇」と二〇二二年四月に『ロイター通信』に語っていた。ドネツク州南部に位置するマリウポリでは、ウクライナ政府の概算によれば、戦争の本格開始以降に人口の七五％が失われたという。アフメトフのメイン企業のひとつであるメティンベスト社が所有する製鉄所が置かれていた場所でもある。

Googleマップがこの地域の画像を最近変更したことで、その変容があまりにも顕著であまりにも恐ろしいことが世界に向けて明確に示された。キーウ在住の英国人ビジネスマンでありライターでもあるポール・ニランドが教えてくれたことだ。マリウポリは壊滅している。単純に、何も残ってはいない。ドネツク併合後に州都となったマリウポリは、住民と地域の誇りの源となっていた。単なる工業都市ではなく、アゾフ海に面した自然を生かした公共公園への投資によって、緑豊かな美しい街となっていた。ウクライナの国連大使は、ニランドがマリウポリの破壊について書いた記事を自身のSNSでシェアし、アントニオ・グテーレス国連事務総長がロシアのセルゲイ・ラブロフ外相と握手する写真とリンクさせた。彼の怒り、憤りの深さは手に取るようにわかった。ニランドは語る。「ウクライナ大使が私の記事をシェアしたとき、こう書いていた。『親愛なる国連の仲間たちへ。次にロシア代表団のメンバーと握手する際には、このことを心に留めておいてほしい。マリウポリは二一世紀最悪の戦争犯罪のひとつだ』と」

アフメトフは、何が何でもマリウポリを再建すると誓った。莫大なものが必要となる。メティンベスト社はすべての生産を停止し、さまざまな債権者と合意を交わした。同社はマリウポリで三万五〇〇〇人を雇用していた。「会社が連絡を取れたのは、そのうちおよそ半分。彼らの多くはウクライナ領土を脱出している。残念ながら現在のところ、残りの半分とは連絡が取れていない」と、ユーリー・リゼンコフCEOは二〇二二年九月に『NVビジネス』で語った。またリゼンコフは、一億五〇〇〇万ドル相当以上の鉄鋼製品がロシアの侵略者によって港から略奪されたと概算している。アフメトフは本当に、再び一からやり直さなければならない。「彼は世界中どこでも、望む場所で暮らすこともできる。だがウクライナを離れることはないと（決めた）」。スルナは少なからず称賛の思いを込めてそう語った。

すべての終結がいつになろうとも、再スタートを切る覚悟はできている。アフメトフはすでに一度、シャフタールを一から築き上げたのだ。それをもう一度実現させるのは並大抵の困難ではないだろう。すべてを前へ動かし続けるためには、彼自身と、彼の信頼するスタッフの優れた手腕が余すことなく必要とされる。

二章

東欧のバルセロナ

パス、パス、パス、さらにもう一本パス

はじまりは容易に思いだせる。二〇〇七年一〇月三日、リスボンの心地よい初秋の夜。街の第二環状道路の付近は、清々しいとは言わないまでも、薄手のセーターで済む程度の気候だった。だがサッカーからは夏の陽気の名残が十分に感じ取れた。

シャフタールがやって来たのは、三分の二程度の客入りでも独特の雰囲気を醸し出すエスタディオ・ダ・ルス。欧州の伝統あるビッグクラブ、ベンフィカとのUEFAチャンピオンズリーグの試合を戦うためだ。スタンドはベンフィカ一色に染まっていたが、唯一南西側の上部にのみ一〇〇〇人弱のアウェーサポーターの一団が隔離されていた。青と黄色の旗を振る地元住民もその人数を押し上げている。当時、主に建設分野で仕事をするため多くのウクライナ人がポルトガルに移って暮らしていたためだ。

試合の序盤は一進一退の攻防が繰り広げられたあと、アウェーのシャフタールがボールを落ち着かせて静かに支配する展開となり、ハーフタイム直前にこの試合唯一のゴールとなる決勝点を奪った。結果的には、典型的なシャフタールらしいゴールだった。ブラジル人のフェルナンジーニョがGKキムを引きつけて折り返したボールを、同じくブラジル人のMFジャジソンが、慌ててゴールライン前を固めた二人のDFの上からネットへと打ち込んだ。

私がシャフタールを生で見たのはこのときが初めてだった。今になって映像を見返すと、見慣れたものでありながらも別世界のように感じられる。プレーはパターン豊富で、同時に見事なほどシ

ンプルでもある。ベンフィカが中盤でボールを失うと、シャフタールは相手に悟られることなく素早い動きを繰り出す。ラズヴァン・ラツが左サイドから突進していく。のちにSBたちの間で流行していく、いわゆる内側から追い越していく動きだ。ボールを受けたMFフェルナンジーニョは、自らシュートを打つことも容易にできる状況であり、多くの選手はそうしたことだろう。だがチームとの連動した動きの中で、彼はもう一本パスを出せば得点がほぼ必然となることをわかっていた。チャンピオンズリーグの試合で展開されたこのプレーは、高い精度で完成されたフットサルチームの組み立てのようにも見えた。単に能力があるだけでなく、選手同士がお互いを隅々まで知り尽くしているようなチームだ。相手は息が詰まり、落ち着きを保つことも、考えを整理することも容易にはできなくなってしまう。パス、パス、パス、さらにもう一本パス、そしてゴール。すべてが一瞬の出来事であり、彼らだけの独自の言語で綴られたかのようだ。

それから一〇年以上が経過し、ロンドン南西部の建設現場のプレハブ小屋の中で、ウィンブルドンのCEOを務めるようになっていたジョー・パーマーに会った。前夜に行われたUEFAヨーロッパリーグのベンフィカとのアウェーゲームを大乱戦の末に三対三のドローに持ち込んだシャフタールの話を持ち出すと、彼の表情は明るくなった。一対三から追い上げたシャフタールは、この結果により一六強進出を決めた。「あれこそ古き良きシャフタールだった」と、シャフタールの元戦略・商業・マーケティング担当エグゼクティブディレクターであったパーマーは微笑んだ。ボールの動かし方や明晰さ、大胆さを指してのことだ。その映像を見ていると、灰色の空と山積みの仕事が生み出す重苦しさが一瞬軽くなったように感じられた。二〇〇七年から二〇年へとつながる糸を引き戻し、過去の素晴らしい日々を思いだす瞬間だった。

彼の言う通り、それはまさに古き良きシャフタールだった。私が彼と話をしたほんの数週間後には、新型コロナウイルスによってシーズンが中断され、サッカー界も世界全体もひっくり返された。ベンフィカを倒して勝ち上がったシャフタールはベスト16でヴォルフスブルクと対戦したが、ニーダーザクセンとキーウでそれぞれ行われた第一戦と第二戦の間には五カ月近い間隔が空くことになった。おそらく近年のシャフタールは、耐えがたい混乱に見舞われようとも戦い続けることに慣れており、他の多くのクラブ以上にこういった事態に備える術を知っていたといえるのだろう。

いずれにせよ、クラブは結局のところ普段と同じように成功を収めた。チャンピオンズリーグとヨーロッパリーグは、八強以降の試合を一箇所に集まって八月に開催する方式に変更された。前者はリスボンで、後者の最終ステージはドイツ北西部のゲルゼンキルヒェン、デュッセルドルフ、デュイスブルクで開催されることになった。シャフタールも当然のようにその舞台に立つ。ゲルゼンキルヒェンで行われた準々決勝では欧州大会の常連であるバーゼルを粉砕。最後はインテル相手に力尽き、デュッセルドルフでの準決勝は〇対五で敗れる結果に終わった。

それでも、充実した大会だった。四シーズンで二度目となるヨーロッパリーグ準決勝進出を果したことは、ホームと呼べる場所を持たないクラブにとっては驚くべき快挙である。二〇〇九年にはUEFAカップを制覇し、シャフタールはディナモ・キーウに続いてウクライナから欧州タイトルを勝ち取った二つ目のクラブ、ソ連崩壊後では初のクラブとなったが、それ以上に大きな業績ともいえるだろうか。そう問いかけてみると、「本当にその通りだ」とセルゲイ・パルキンは答えた。「(パウロ・)フォンセカの指揮でチャンピオンズリーグを勝ち進んだこと(二〇一七―一八シーズンの一六強進出)、それから(ヨーロッパリーグ)四強。それが最大だといえるだろう」

最も過酷な状況下で王朝を維持し続けたシャフタールの力がどれほど驚異的なものであったのか、完全に理解するためにはおそらく時間が必要になるのだろう。リナト・アフメトフ、セルゲイ・パルキン、ミルチェア・ルチェスクらの築き上げた土台は、ペレストロイカとグラスノスチが欧州サッカー界の本格的な商業化に直面した一九九二年以降の東欧クラブに期待されていた水準をあまりにも大きく上回るものだった。だからこそ彼らの後年の成功の大半は、過去の評判と名声を引き継いだものであると誤解され、過小評価されている。シャフタールはただ、いつも通りやっているだけなのだ。

弱小だったソ連リーグ時代

シャフタールは一九三六年に設立されたが、当時盛んだったスタハノフ運動にちなんでスタハノヴェッツと名づけられた。三〇年代にその運動の名の由来となったのは、ソビエトの生産性の申し子だとされた炭鉱労働者のアレクセイ・スタハノフ。彼はロシアのイズマルコフスキー地区（当時はルゴバヤ）で生まれたが、ドンバスでの炭鉱労働により有名となった。チームはまさにその謳い文句通り、炭坑作業員たちのチームであった。四六年に名称がシャフタール（「鉱夫」の意）に変更されても、そのつながりは維持され続けた。チームの起源、そして本拠地との関係性は大きな意味を持つものだ。

特に、個人の個性が軽視され、より広範な集団が優先されたソビエト時代には、地元や地域の誇りこそがすべてだった。当時のシャフタールはどちらかといえば弱小クラブであり、ソ連のトップリーグを席巻していたスパルタク、ディナモ、ＣＳＫＡのモスクワ勢だけでなく、ディナモ・キーウに対しても後れを取っていた。ディナモは一九六一年から九〇年にかけて一三回の優勝を誇り、これはモスクワの三強のどのクラブよりも多い。複合スポーツクラブとしてのディナモは、ソ連全土に支部を置く形で二三年に設立され、第二次世界大戦後には他の東欧諸国にも拡大された。その名残は、例えばルーマニアのディナモ・ブカレストや旧東ドイツのディナモ・ドレスデンなどにはっきり見て取ることができる。戦後のソ連では、ディナモのクラブ構成員にはＭＶＤ（内務省）やＫＧＢ（国家保安委員会）出身者が多い傾向にあった。

キーウはソ連にとって特別な意味を持つ都市であった。その豊かな黒土は集中的に耕作され、小麦、油、ヒマワリの生産により「欧州のパンかご」となった。『フィナンシャル・タイムズ』紙が同国の農業について報じた二〇二二年四月の記事で、親しみを込めてそう表現している。キーウは一九三四年にウクライナ・ソビエト社会主義共和国の首都となったが、自然資源を持つことで間もなくナチスの植民地支配の標的とされ、そのため悲劇と残虐行為の中心地となった。

戦後にキーウが復興すると、ディナモはソ連の枠をはるかに越えて名声を得ていく。近年では、監督として一時代を築いたヴァレリー・ロバノフスキー体制によるものだ。ロバノフスキーは、現役時代には創造性あふれるＷＧとしてディナモとシャフタールの両方でプレーした選手だった。分析力に長けた教養人である彼は、プレッシングを中心とした多彩な戦い方を導入するとともに、自身の戦術的要求にチームが応えられるようにするため、高水準のコンディショニングと食事管理も採り入れた。シャフタールなどのクラブにとっては夢に見ることしかできないような専門家チームによる科学的・統計的サポートや充実した設備も助けとなった。ロバノフスキーはソ連時代に三度の期間にわたってディナモの指揮を執り、クラブを計八回のソ連リーグ優勝と六回のソ連カップ優勝、二回のUEFAカップウィナーズカップ優勝へと導いた。オレフ・ブロヒン（一九七五年）とイーゴリ・ベラノフ（八六年）はともに彼の体制下でバロンドールを受賞している。

シャフタールにとっては、あまり実りある時期とは言いがたかった。ソ連のトップリーグを二位で終えたことが二度ほどあった他、一九八四年にはカップウィナーズカップで勝ち進んだが、ドネツクで行われた準々決勝の試合ではポルトのFWミッキー・ウォルシュが交代出場から五分後に奪ったゴールでシャフタールを沈めた。ポルトは最終的に欧州大会で初の決勝進出を果たす。ウォルシュはその年、アイルランド代表がダブリンのランズドーン・ロードにソ連代表を迎えたワールドカップ予選の試合でも印象的な決勝ゴールを叩き込むことになった。

一九八〇年代が終わりを告げ、ウクライナ独立運動の機運が高まると、ディナモはクラブの伝統的なホワイトではなくウクライナの黄色と青のユニフォームをたびたび着用するようになっていく。二〇二二―二三シーズンのディナモの第三ユニフォームも、当時のユニフォームに対する明確なオマージュとして、黄色をベースに襟と袖口に青をあしらったデザインとなっている。

一九九一年の独立後はすべてが変わった。ウクライナはこの年の八月に独立国家となることを宣言し、ソ連は一二月に消滅のときを迎えた。ウクライナサッカー連盟（FFU、現在はUAF＝ウクライナサッカー協会）は九一年九月一〇日に、ソ連崩壊後初のウクライナ国内リーグとなる新生ヴィシチャ・リーハの構成について委員会で可決した。決して単純なものではなかった。ウラジーミル・マイレンコが二〇一〇年に『football.ua』で述べたところによれば、ウクライナのクラブサッカーをどのように構造化するかについて約五〇の異なる案が提示されたという。最終的に、一九チームが招待される形で参加する方式が合意に達した。ディナモやシャフタールを含めてソ連のトップリーグで戦っていた「最大手」六クラブと、ウクライナ全国選手権で戦っていたその他のチームたちだ。二〇番目の参加枠は、九一年一一月に行われた二試合のウクライナカップ決勝でヴェレス・リウネを破ったテンプ・シェペティウカが手に入れた。独立後初の、ウクライナ勢のみによる大会として行われたものだった。

リーグ参加チームは一〇チームずつ二つのグループに分けられ、各グループの首位チーム同士がチャンピオンシップ決勝で対戦する。この大会は三月から六月にかけて行われる独立の大会となり、その後は一九九二―九三シーズンから欧州の多くの主要リーグと同じく秋春制のリーグ戦へと移行することになる。新リーグは九二年八月一五日に開始され、一六チームが一般的な二回戦総当たりで対戦する単一リーグ方式となった。

ショッキングな形での突然の終焉

リーグが変わると、シャフタールも変わった。独立リーグが開始されて以来、シャフタールがトップ4圏外でシーズンを終えたのはわずか一度のみ。クラブにとって未曾有の大混乱のシーズンとなった一九九五―九六シーズンを一〇位で終えたときだけだった。ドネツク生まれの実業家アハト・ブラーギンが独立後の最初の会長となっていたが、彼の時代は九五年一〇月一五日にショッキングな形で突然の終焉を迎える。シャフタールはタウリヤ・シンフェロポリをホームに迎えて試合を行っていたが、ツェントラル・スタジアム・シャフタールに仕掛けられた爆弾がキックオフからわずか数分後に遠隔操作で点火され、ブラーギンと彼の兄弟、数人のボディーガードと女性従業員一人が一瞬のうちに命を奪われた。混乱と喧騒の中、西側スタンドから大量の煙が巻き上がった。爆発の威力はすさまじく、BBCウクライナのリナ・クシュチ記者は当時「目撃者の証言によれば遺体は半径三〇メートルの範囲に散乱したらしい」と伝えていた。

「ギリシャ人アリク」の異名を取ったブラーギンは、ソ連崩壊後の荒々しく無秩序でしばしば犯罪的な経済状況の中、ドネツクにおいて敵対するビジネス勢力の標的となり、この結末に至るまで何度か命を狙われていた。彼の妻と子どもたちはフェンスで囲まれた郊外のルクス・ホテルから外に出ることはめったになく、ブラーギン自身は防弾仕様のメルセデスで移動していた。

この最も恐ろしいシナリオから、現代のシャフタールが誕生した。アフメトフはブラーギンの友人であり仕事仲間だった。爆発が起きたとき彼も一緒にいてもおかしくはなかったが、間一髪で免れた。ブラーギン以後の体制が落ち着くと、アフメトフはクラブ会長として、またブラーギンの富の主要な源泉であった炭坑と製鉄所の支配人として彼の後を継ぐことになった。これにより、アフメトフはウクライナ最大の富豪となる道を歩み始める。

事件については結論が出ないまま時が過ぎた。ギャング団の一員の証言により、一九九九年にドネツクからギリシャに渡った元警察官のヴィアチェスラフ・シネンコが関与していることが明らかになった。国際指名手配されたシネンコは、ペンキ職人として働いていたアテネで二〇〇四年三月に逮捕された。ウクライナに送還されたあと、シネンコには〇五年に終身刑が言い渡されたが、有罪判決はのちに控訴審で覆された。

結論が出ないことで生まれた空白を埋めるように、ブラーギンの死後に食物連鎖の頂点に登り詰めたアフメトフに関する噂や憶測がささやかれた。アフメトフは自ら発信を行う以外では盛んに発言を取り上げられるような公人ではないが、二〇二二年一二月に『キーウ・ポスト』紙の取材に応じた際には、ブラーギンの死に自分が関与しているという見方について「虚偽であり、私にとって大きな苦痛だ」と述べている。

アフメトフは一九九五年の事件を振り返り、まさに間一髪で難を逃れたのだと語った。「アハトと私は五分遅れで試合に到着した。彼は車を飛び出し、私を待たずにスタジアムへ走って行った。爆発はほんの五秒後に起きた。私が自分の車のドアを開けた直後に爆音が鳴り響いた。一番の友人が眼の前で命を落とし、五秒の差で自分も死んだ(はずだった)と思い、それからあとになって何かを責められるというのは、とても心が痛むしアンフェアなことだ」。最後に彼は、力強くこう言い切った。「私はいかなる犯罪組織とも関わったことはない。起訴されたこともないし、刑事告発されたこともない」

間違いなく言えるのは、現代のシャフタールには会長である彼の影響が、金銭面を大きく超えてあらゆる側面にまで及んでいるということだ。もちろん、金銭的側面も小さなものではない。現在アフメトフはクラブの出す巨額の赤字を補填するとともに、さまざまな人道的活動に資金を提供し、それでもなおウクライナで圧倒的に最大の高額納税者であり続けている。彼個人の負担に加えて、傘下企業のシステム・キャピタル・マネジメント(SCM、チャンピオンズリーグでシャフタールの長年のユニフォームスポンサーとしてお馴染み)も、ウクライナの『インタファクス通信』によれば戦時下にもかかわらず、二〇二二年に七三〇億フリヴニャ(一六億七〇〇〇万ポンド)以上を納税したとのことだ。

紛争が起きる前は、その金がどこへ流れているのかを世界中が知っていた。彼の、そして他の多くの人々の夢を背負うチームを作り上げているピッチの上に他ならない。ブラジルから魅力的な才能を持った選手たちが大勢ドンバスへと連れて来られた。ブラジル勢がシャフタールにもたらした影響を考えると、やはりミルチェア・ルチェスクのことが思い浮かぶ。トルコのガラタサライとベシクタシュでの四年間を経て、二〇〇四年五月にやって来たシャフタールで大いに愛される存在となったルーマニア人監督である。

アフメトフとルチェスクが築いた土台

ポルトガル語を流暢に話すポリグロット（多言語話者）であるルチェスクのビジョンと人事管理能力は、ピッチ上で何か壮大なものを作り上げていこうとするシャフタールにとって完璧な土台を築き上げた。トルコで高い評価を得ていた彼は、シャフタールにも大きな影響をもたらした。チームは次のレベルにステップアップし、歴史的に不可能と思われていたことを成し遂げようとしていた。つまり、ディナモを日陰に追いやったのだ。二〇〇二年には、パルマやボルシア・ドルトムントで名を馳せたイタリア人のネヴィオ・スカラがシャフタールを初のリーグ優勝に導いて壁を打ち破った。だが覇権を確立するためには、単に人目を引く名前だけでは不十分だ。独自の思い切った哲学と、強烈なイメージが必要となる。

ルチェスク就任後の一〇年間で、シャフタールはウクライナ・プレミアリーグで八回、ウクライナカップで五回、ウクライナスーパーカップで七回優勝。そして、歴史的なＵＥＦＡカップのタイトルも勝ち取った。ウクライナカップでの彼の最後の優勝は二〇一六年。シャフタールは決勝でゾリャ・ルハーンシクに二対〇の勝利を飾り、その勝利が一二年間に及んだルチェスク体制の幕引きとなった。

独創性と自信を備えた彼らは、ウクライナの枠を越えて人々の心を掴んでいった。ディナモが以前と変わらずウクライナ人選手を中心とし、数人の厳選した外国人選手でチームを補完していたのに対し、シャフタールは目を見張るほど異国情緒にあふれていた。ルチェスクの就任後、チームのメンバー構成は急速に変化していく。就任の一三日後に行われた二〇〇四年五月三〇日のウクライナカップ決勝で指揮を執り、ドニプロ・ドニプロペトロウシクを二対〇で下した試合では、彼の起用したスターティングメンバーの内訳はウクライナ人が六人、ルーマニア人が三人、ポーランド人とクロアチア人が各一人だった（唯一のブラジル人ブランドンはベンチに座っていた）。翌年の決勝では接戦の末にディナモに敗れてタイトル防衛を逃したが、このときは先発一一人の中にブラジル人がマッザレムとブランドンの二人。ベンチにもあと二人、ジャジソンとエラーノが入っていた。それから四年後、イスタンブールでUEFAカップ優勝の歴史的偉業を達成した際には五人のブラジル人がメンバーに名を連ね、ウクライナ人はわずか三人となっていた。

もちろん、ブラジル人グループの形成はルチェスクの就任以前から始まっていたものだ。長身CFのブランドンが最初にやって来たのは二〇〇二年。彼は六シーズン半にわたってクラブに在籍し、国内でも欧州の大会でも多くのゴールを挙げたあと、〇九年一月にオランピック・マルセイユへ移籍することになった。とはいえ、プログラムが本格的に加速され、アフメトフの夢が実現へと向かったのは、ルチェスク体制でのことだった。そして成功する監督にとっては、クラブからのサポートだけではなく、協力者も必要となる。ルチェスクはトルコでフランク・ヘヌダと知り合っていた。

ガラタサライの監督を務めていた際、FWマリオ・ジャルデウを獲得するための取引に携わった男だ。UEFAカップ優勝を飾ったチームをファティ・テリムから引き継いだルチェスクは、チャンピオンズリーグでの戦いに臨むための補強として、ポルトで一七五試合に出場して一七〇ゴールという驚異的な記録を打ち立てていたジャルデウをイスタンブールへ連れてきた。この移籍は典型的なヘヌダらしいビジネスだった。

クラブ・メッド社に勤めて二十代を過ごしたヘヌダは、パリとブラジルで人脈を築き、ブラジルからフランスへ選手を輸出することを思いついた。ブラジルで若い才能を掘り当て、PSG、マルセイユ、ボルドーなどの強豪クラブを彼らの行き先とした。そして一九九八年、運命を変える絶好のチャンスが舞い込んできた。ブラジル代表のワールドカップ優勝GKであるクラウジオ・タファレウがPSGと契約することを予定していたが、それが破談に終わったあと、ヘヌダは彼にガラタサライへの移籍を斡旋することができた。これが分岐点となった。「そこから手を広げ始めて、かなりの数のブラジル人をトルコへ連れてくることができた」と、ヘヌダは二〇一五年九月に『フットボルスキ』のピエール・ヴイユモ記者に語っている。

二人は連絡を取り合っていた。ルチェスクは、シャフタールで足元を固め始めた頃、作り上げていこうとするチームのためにヘヌダの助けを求めた。彼が欲しがっていたのは、チームに馴染ませやすく、欧州でチャンスを掴みたいという野心を抱く若いブラジル人たちだった。同じ国籍の選手で固めたのは偶然でもなければ、特定のサッカー文化への執着があったわけでもない。文化的、言語的な齟齬が発生する余地がほとんどないような、一貫性を持って融合されたチームを迅速に作り上げようとしたためだ。その結果としてシャフタールは、ウクライナサッカー界ではそれまで決して見られることのなかった個性を持つチームとなった。導き手となったのは経験豊富な指揮官だったが、パルキンによれば、プロジェクトは会長の情熱が直接的に反映されたものであったという。「我々のクラブの哲学、我々のクラブの戦略、スポーツ的な面について話をするなら、すべてを変えたキーパーソンは会長だった」と彼は強調している。

さらにパルキンはこう続ける。「もともと会長は、攻撃的なサッカーが大好きだった。もし魅力的なサッカーを捨てることですべての試合に勝てるとしても、そうはしないだろう。我々がブラジル市場に手を出していったのもそのためだった。ルチェスクを獲得しにいったのも会長だ。彼もそういう選手たちが大好きなので……（電話に）出てもいいか？」。まるで魔法のように、その瞬間にアフメトフがパルキンに電話をかけてきた。日次報告のためだ。その後の数週間、数カ月間を通してわかったことだが、これはよくあることだった。シャフタールに関わる誰かと会話を深めていると、そこに会長から電話がかかってくるのだ。優先順位を見直して命を守ることが必要となった今でも、アフメトフはクラブのビジネスに深く関わり続けている。金銭面でも彼の投資は無視できるものではないが、関係者らは彼を単なる資金提供者ではなく、ビジョンを示す存在だと捉えている。パルキンはアフメトフとの会話を終えて再び私と向き合うと、謝罪の言葉を口にした。「私の言った通り、彼は毎日電話してくる」

ダリヨ・スルナにとっても状況は同じだ。クラブの会長たちの中には、自分の関心事のために行動する者もいれば、話を聞いてほしい者、口出ししたい者もいる。アフメトフの場合は、熱意を通り越して強迫観念のようなものだ。二〇一五年に取材を行ったＥＳＰＮのブレット・フォレスト記者は、試合のある日にはアフメトフは「会社の仕事について話したがらない」と、ＳＣＭの社員から聞いた話を伝えている。それほど一途だということだ。ＳＣＭ社内の他のあらゆることは、すべてシャフタールの後ろに並ばなければならないという感覚だ。したがってルチェスクは、母国ルーマニアで選手として育った時代に培われたあと、流浪のキャリアを通して熟成させた自身のサッカー観を一方的に押しつけることにはならなかった。彼は、物事を頭の中でどう位置づけるかというアフメトフの考えに基づいて選ばれたのだ。

右ＳＢとして起用されたスルナ

ハイドゥク・スプリトからＭＦとしてやって来たスルナにとっては、自身がピッチ上でどのように成長していくか、どのようにキャリアを展開していくかという部分に、アフメトフからの影響が明確に表れた。アフメトフ会長は彼に、将来的に右ＳＢとしてプレーしていくことを提案した。ハイドゥクやクロアチア代表では「何度か」やったことはあったが、「３バックで」、つまりどちらかといえばＷＢとしてのプレーだった。「４バックの一員になるのは、まったく違う。最初はあまり乗り気ではなかった」と彼は、眉根を寄せつつ語った。

「会長に言われた。『ダリヨ、君は中盤でプレーしているが、君のようなＭＦは他に一〇〇人でも買ってくることができる。だが君のような右ＳＢだとどうだ？　欧州全体でも二、三人しか見つけられない』。それが私にとっての大きなポイントだった。最初の頃は守備面でかなりの問題を抱えることになったが、攻撃こそが最大の防御だと私は考えている。それが頭の中にあるモットーだった」。

スルナを（少なくとも表向きは）ＤＦとして起用したことは、まさにこの貪欲なチームがピッチ上に攻撃的な選手をもう一人増やすための新たな方法のひとつだった。「おそらく、試合の六五％から七〇％は攻撃参加していたと思う」とスルナは肩をすくめる。「それ以来チームが獲得したSBたちを見ても、必ず攻撃のことを考えている。我々がやるのはそういうサッカーだからだ」

そのタイプのサッカーは、急速に発展していった。「我々は全員で一緒に成長した」とスルナは、南米色の濃いこのチームについて語る。ポジションを変えていなければ、中盤で定位置を確保するのは容易ではなかった可能性もあると考えている様子も見せた。新たな役割を得て、彼はさらなる高みへと引き上げられた。「素晴らしい選手たちに囲まれれば、それが自分も素晴らしい選手になっていくためのスタートになる」と、傲慢さを微塵も感じさせることなく彼は言う。

「ジョゼ・モウリーニョにはまた別のスタイルがあるが、ルチェスクや（ロベルト・）デ・ゼルビには我々のスタイルがある。（パウロ・）フォンセカも我々のスタイルだ。自分たちのプレースタイルに合ったタイプの監督たちを選んでいる」。ルチェスクは選手全員が「プレーできる」ことを望んでおり、彼の選んだ選手はDFであっても、例えばヤロスラフ・ラキッキーのように手慣れたボール扱いに自信のあるタイプだった。「そして、DFは彼を含めて二人だけだ。なぜならSBは……」とスルナは手をしならせ、少し離れた場所へ飛んでいくような仕草をする。もう一度このチームの一員になれた喜びに浸るかのように。技術的に優れていることは当然とした上で、シャフタールの戦い方はピッチ上を支配することをベースに置きながらも、ただ無駄にボールを保持することはなかった。時にリスクを伴うものであったとしても、切り込むプレーを常に意識し続けていた。全員がプレーに関与していた。例えばフェルナンジーニョは、マンチェスター・シティ時代の姿から、チームの要となる守備的MFとして最も広く知られている。だがシャフタールでの彼は野性的で、自由で、荒ぶる猛牛のようなMFだった。マンチェスター・ユナイテッドでシティ時代のフェルナンジーニョと似たタイプの世話役を担うようになる前に、ノッティンガム・フォレストでプレーしていた若き日のロイ・キーンを彷彿とさせた。「我々は非常にオープンだった。それほど攻撃的なサッカーをして、その戦い方で素晴らしい結果を残していた」とスルナは振り返る。

その極めつけが二〇〇九年の春、クラブにとって非常に重要な欧州初タイトルとなるUEFAカップ優勝に向けた戦いだった。決勝を戦う前に、準決勝の第二戦自体が巨大な一歩となった。シャフタールはディナモとのウクライナ対決を制して決勝の地イスタンブールに辿り着くとともに、ウクライナとこの国のサッカーを代表するクラブはひとつだけではないことを世界に示したのだ。ドネツクのオリンピイスキーは収容人数いっぱいの二万四三〇〇人の観客で埋まり、ファン全員が座席に置かれたオレンジ色のクラブフラッグを熱心に振っている様子が見て取れた。並々ならぬ雰囲気だった。

「あれは……」と語るスルナは、適切な形容詞を見つけられずにいた。非現実的だった？「その通りだ」。右サイドから持ち上がったイウシーニョがディナモのDFアイラ・ユスフの内側に巧みにボールを通し、圧巻の左足シュートでGKスタニスラフ・ボグシュを破ってゴールを決める。時間は八九分、究極の盛り上がりを見せた瞬間だった。この決勝点、そしてこの夜は、シャフタールがディナモを上回ったことを世界中に見せつける機会となったが、それだけではなかった。「あのときの我々にとっては、決勝で勝利すること以上にディナモを倒すことが重要だった。だが決勝まで辿り着いてみれば、人々の記憶に残るのは決勝で勝ったチームだけだ。もしブレーメンに敗れてしまえば、何もしなかったのと同じことだ」とスルナ。破裂寸前だった熱狂的なスタジアムとともに、シャフタールは自分たちがどこへ向かおうとしているかも示した。次の舞台で、より大きくより良い舞台へと上がっていく必要があった。「道の向かい側に、新しいスタジアムもすでに建設中だった。UEFAカップを抱えて新スタジアムに移ることができたのは、運命だったのだと思う」と彼は振り返った。

ウクライナのサッカー界は、はじめからすっかりこの準決勝の虜となった。キーウで行われた第一戦はシャフタールにとって苦しい展開となり、ドミトロ・チフリンスキーのオウンゴールによりホームのディナモに先制を許す。「非常に厳しい試合だった。先制点を奪われてしまった。フェルナンジーニョが決めてくれて一対一のドローに持ち込んだ」とルチェスクは振り返る。ウィリアンのクロスにフェルナンジーニョが至近距離から滑り込んだ同点弾は、シャフタールらしい見栄えのするゴールではなかったが、値千金の価値を持つものだった。「信じられないほど（重要だった）。この勝負に勝てなければ、ディナモは（UEFAカップで）優勝できる可能性もあるとわかっていたから。あの時期の彼らは非常に良いチームだった。大物選手もいた」。イウシーニョのゴールは、クラブにとって分岐点になったとルチェスクは考えている。「我々は欧州で実績を積み始めたところだった。街中では我々のやっていたことに対する関心が信じられないほど強まっていたが、スタジアムは（いつも）満員ではなかった。しかし我々は、経験豊富な選手がいない中でやり遂げた。選手たちがあのレベルでプレーできたのは、非常に良い練習を積んできたからであり、非常に良いサッカー、スペクタクルなサッカーをプレーできる非常に良いチームになれたからだ。そのおかげで、我々は欧州のあらゆる場所から注目を集めるようになった。欧州であれほどの高いレベルに到達するのは非常に難しいことだが、我々はやってのけた」

二〇〇九年UEFAカップ優勝

決勝戦自体が、まるでシャフタールの宣伝映画も同然となった。彼らの存在にまだ気がついていない者にも堂々たる姿を見せつけるため、完璧に用意された舞台だった。トーマス・シャーフ率いるヴェルダー・ブレーメンも、国内二冠を達成した二〇〇四年の衝撃的なチームに比べればやや小粒だとしても、シャフタールと同様に勇敢な姿勢で戦うチームだった。試合は目まぐるしく行き来する展開となった。決勝戦の緊張感のせいで失われてしまうことも多いような類いの快感に満ちていた。フェネルバフチェの有名な本拠地シュクリュ・サラジオウル・スタジアムがさらに異様な雰囲気を醸し出す中、三〇分間の延長戦を味わうことができたのは喜ばしいことだった。「本当に素晴らしかった。ガラタサライのスタジアムではなかったが、トルコのサポーターたちは素晴らしかった。決勝戦を通して我々の大きな助けになってくれた」とルチェスクは熱く語る。イスタンブールの欧州側で過ごした時間のおかげで高い人気を保っていた彼は、慣れ親しんだ環境を味わうのと引き換えに代償も支払わされた。「イスタンブールの友人たちにあげるために五〇〇枚くらいチケットを買った」と彼は笑う。シャフタールにとっては、応援の声を強めることが必要だった。「スタジアムは満員で、大勢のブレーメンサポーターがいた。だがそれ以外の、トルコ人やウクライナ人はシャフタールを応援してくれた。素晴らしい一年を過ごすことができた」

シーズン開始当初の困難を思えば、ここまで来ることができたのは驚くべきことだった。ルチェスクほどの信頼度のない監督であれば職を失うことになっていたかもしれない。チームは開幕から最初の九試合でわずか一勝しか挙げられずにいた。「国内リーグのスタートはよくなかった。何人かの選手を補強したが、すぐにはうまく機能しなかったからだ。だがチャンピオンズリーグはかなり順調だった。バルセロナには敗れたが、彼らの戦いぶりは決してフェアなものではなかった」。ルチェスクは、たとえ年月が過ぎようとも、過去に味わったわずかな屈辱も忘れてしまうことはほとんどない。「八五分を過ぎて一対〇でリードしている状況だった」。そこでイェフェン・セレズニョフが、頭を負傷した様子で倒れ込んだ。「我々はボールを外に出したが、バルセロナはそれを返してこなかった」。ルチェスクは今でも憤慨している。それだけではない。バルセロナはセレズニョフが何も治療を受けていない状態でプレーを続行した。リオネル・メッシが同点ゴールを押し込んだとき、シャフタールは三人のDFがバルセロナに向けてボールを外に出すよう呼びかけていた。

ルチェスクは、怒りに燃えていたことを自ら認めている。「あり得ないことだ。たとえ（ペップ・）グアルディオラが、まだ監督としてのキャリアを始めたばかりであったとしても」。だが少なくとも、カンプ・ノウで行われたグループ最終戦の第六節の試合では最後にやり返すことができた。「その後、一二月にはバルセロナでの第二戦に三対二で勝利した。春まで欧州での戦いを続けられるようになった」と彼は微笑む。この結果によりシャフタールは、UEFAカップに戦いの場を移して快進撃を続けることが可能になった。決して容易ではなかったが、トッテナム・ホットスパー、CSKAモスクワ、マルセイユを下して四強でのディナモとの激突にまで勝ち進んだ。

イスタンブールの決勝では、ルイス・アドリアーノの先制点に対してブレーメンもナウドの強烈なフリーキックで応酬。シャフタールのGKアンドリー・ピャトフとしてはもう少しうまく対応すべき失点だったかもしれない。試合は三〇分間の延長戦にもつれ込んだが、その七分が経過したところで疲れ知らずのスルナが右サイドから何十回目かの突破を繰り出し、クロスをジャジソンに合わせる。働き者のMFがインサイドキックで合わせたシュートはGKティム・ヴィーゼの手をすり抜けてゴール隅に収まり、シャフタールはトロフィーを手に入れた。

現在シャフタールのコミュニケーションディレクターを務めるユーリー・スヴィリドフは、当時はまだクラブで働き始めてもいなかったが、ファンとしてロンドンから試合に駆けつけていた。「私の人生で最高の瞬間のひとつだった」と彼は語る。準決勝でディナモを退けたことも大満足だったが、本当の意味で誇れるものを手に入れたのはこの試合だった。「シャフタールはディナモを追いかけ始めていた。二〇〇二年にリーグ初優勝を飾り、本格的に彼らの競争相手になることができた。だが唯一違っていたのは、シャフタールは国際タイトルを獲得したことがなかったという点だ。ディナモは一九七五年と八六年の二回カップウィナーズカップで優勝し、UEFAスーパーカップも一回優勝していた。国際舞台で彼らと肩を並べるためには、これが必要だった。そして、二〇〇九年の五月三〇日がその実現の日になった。我々の歴史の中で最も重要な日のひとつだと思う」。彼らの築き上げてきたもの、彼らの哲学の成長が認められたということであり、同時にシャフタールに次のステップをもたらすものでもあった。UEFAカップ王者が八月にチャンピオンズリーグ王者と対戦するUEFAスーパーカップの出場権だ。相手は他ならぬバルセロナである。

バルセロナとのつながり

バルセロナとのつながりには大きな意味があった。グアルディオラの監督就任以降の数年間で、彼らは世界的な名声を大きく引き上げた。一九九二年の初優勝まで欧州制覇を成し遂げられていなかったチームが、その二〇年後にはサッカーファンの間で最初に名前を挙げられるチームとなったのだ。いったいなぜだろうか。クラブの規模やタイトルだけでなく、スタイルと哲学がその基礎にあったことは注目に値する。

もともとはレアル・マドリードのほうにアドバンテージがあった。伝説的な会長であるサンティアゴ・ベルナベウは、一九五〇年代に欧州カップを創設した立役者の一人である。彼のクラブはその大会創立から、六一年にベンフィカが覇権を断ち切るまで五大会連続の優勝を飾った。そのベンフィカに決勝で敗れた相手がバルセロナだったが、次にバルセロナが決勝まで辿り着くには二五年間を要した。テリー・ヴェナブルズに率いられたチームはセビージャのラモン・サンチェス・ピスファアン・スタジアムでステアウア・ブカレストと対戦し、PK戦で敗れてまたも優勝を逃した。だが欧州で傑出したクラブとなるべく、極めて健全な基盤が形成されつつあった。

バルセロナにとっては、(アフメトフ体制のシャフタールと同じく)常に哲学こそが重要であり、特にひとつの明確な精神がその大部分を占めていた。現在でもカンプ・ノウの東側スタンド各座席に刻まれている「メス・ケ・ウン・クルブ(クラブ以上のもの)」という言葉だ。バルセロナがいつも大切にしてきたものはタイトル獲得だけではなく、クラブの存在が何を意味するかという考え方だった。カタルーニャとその自尊心を体現する存在であり、それゆえ外部への展開には限界もあったが、クラブがフィールド上で持つ意味をヨハン・クライフが確立させたことが状況を変えた。彼はクラブの伝統を尊重し、敬意を払った(息子にもこの地域の守護聖人にちなんだジョルディという名をつけたほどだ)。だがそれ以上に、アヤックス時代の恩師でもあったリヌス・ミケルス監督とともに、バルセロナをピッチ内でもピッチ外でも信じるに足るものとする美学を生み出すことに大きな役割を果たした。

二〇〇九年のUEFAスーパーカップは、師匠と弟子の直接対決だった。当時のスーパーカップは欧州サッカーのシーズン開幕を告げる特別な祝祭として、開催地をモナコに固定して行われており、単にチャンピオンズリーグ優勝チームとUEFAカップ優勝チームが義務的に対戦するイベント以上の意味を持っていた。欧州サッカー界の最先端で何が起きているかを正確に示すバロメーターであった。これ以前に二つのクラブがどう結びついていたのか、一般的なファンは気がついていなかったとしても、それが明確に示される夜となった。

ルチェスクにとっては訪れたことのある舞台だった。彼がガラタサライで最初に獲得したトロフィーは、二〇〇〇年八月のUEFAスーパーカップ。ジャルデウが決勝点の延長ゴールデンゴールを含め二得点を挙げてレアル・マドリードを破った。しかし、ルチェスクが戦ったレアルは有名な白いユニフォームを身に纏う名門クラブではあっても、史上最高のチームだったわけではない。その年の春にパリで行われたチャンピオンズリーグ決勝ではバレンシアとの同国対決を制したとはいえ、ラ・リーガでは五位と散々な成績に終わり、デポルティボ・ラ・コルーニャに初優勝を許していた。彼らが欧州タイトル防衛を目指せるようにするためUEFAとRFEF（王立スペインサッカー連盟）の介入が必要となり、リーガ四位のレアル・サラゴサはUEFAカップへ追い落とされることになった。

ちょうどその夏にフロレンティーノ・ペレスがロレンソ・サンスから会長職を引き継いだところであり、「銀河系軍団」の最初の姿はまだ形作られようとしていた段階だった。ペレスが選挙公約の中心に据えていたルイス・フィーゴの超大型移籍がこの夏に実現し、フィーゴのデビュー戦となったのがモナコで行われたルチェスク率いるガラタサライとの試合だった。ジネディーヌ・ジダンがやって来るのは翌二〇〇一年、ロナウドがスペインの首都へ移ってきたのは〇二年ワールドカップでブラジルを優勝に導いた直後。デヴィッド・ベッカムがバルセロナ移籍を断ってベルナベウを選んだのは〇三年だった。したがって、ルチェスクのガラタサライが戦った相手は名門ではあったが未完成であり、「小銀河系軍団」とでも言うべきチームだった。

グアルディオラのリスペクト

それから九年後、ルチェスクのチームが対峙したバルセロナは羊の皮を被った狼どころか、狼の皮を被った狼だった。彼らは本物以上の何かであり、その時点ですでに歴史に名を残すと予感させる存在感を放っていた。二〇〇九年のモナコで起用されたメンバーを、何も見ることなく暗誦できる者も多いだろう。バルデス、ダニ・アウヴェス、プジョル、ピケ、アビダル、ヤヤ・トゥーレ、シャビ、ケイタ、メッシ、アンリ、イブラヒモヴィッチ。だが、シャフタールが臆することはなかった。「彼らが相手であっても、自分たちのサッカーをしようとした。それこそが肝心だった」とスルナは人差し指を立てる。ルチェスクはその点をさらに強調している。彼は二〇一六年に、UEFAのユージン・ラブディンにこう語った。「我々には勝つ資格があった。だが何よりも大事なことは、シャフタールが毎年同じように高いレベルのパフォーマンスに到達できていたことだ。決してそのレベルを下回ることはなかった」

「我々はバルセロナを強くリスペクトしており、彼らも我々をリスペクトしてくれている」とスルナは続ける。「その後、マンチェスター・シティでペップと話をしたことがあった。彼は私をバイエルン・ミュンヘンに連れてこようとしたことがあり、何度か話す機会があった。彼はシャフタールのことが本当に大好きになってくれていた」。グアルディオラが、最大限に美しいゲームに対して子どもじみているといえるほどの執着的な本能を持っていることを考えれば、それは想像に難いことではない。スルナは、シャフタールが元バルセロナ監督を惹きつける理由となった要因を並べ上げた。「スタイル、そして選手たちだ。彼は自ら、フェルナンジーニョとドウグラス・コスタの二人をシャフタールから獲得した。サッカーがどのようにあるべきかという点で、私たち（シャフタールとバルセロナ）は同じ方向へ向かっている」

スーパーカップはしばしば、見栄えだけ派手なエキシビジョンマッチと見なされがちだ。欧州のシーズン開幕前に果たすべき契約上の責務であり、メインイベントの前に我慢して見なければならない前座だと。だがシャフタールにとっては違う。彼らにとっては最高の相手と拳を交えるチャンスだった。「我々にとっては非常に難しい試合だった。戦う相手はサッカーの歴史上最高のチームのひとつだ。終了二分前にペドロにゴールを許してしまって……」。スルナは目を細め、レジェンドを一人ひとり数えるようにテーブルを手で叩きながらスターたちの名前を並べ始めた。「イブラヒモヴィッチ、シャビ、ダニ・アウヴェス、ケイタ、ピケ、プジョル……素晴らしい試合だった。モナコであのスーパーカップを戦えたことを、我々は誇りに思っている。惜しかったが、いずれにしても大きな経験であり、前進への大きな一歩だった」

グアルディオラはシャフタールの強さに驚かされたとスルナは考えているのだろうか？　「いや。グアルディオラは（もともと）我々を強くリスペクトしてくれていた。あの前にカンプ・ノウでの試合に三対二で勝っていたし、ドネツクでも一対二の接戦だった。（二〇〇四年には）ドネツクのオリンピイスキーでメッシが（チャンピオンズリーグに）初出場した試合にも二対〇で勝利していた」。その喜ばしい事実を私たちが噛みしめることができるように、彼は頭の中で立て続けに振り返っていた思い出に小休止を挟んだ。「メッシがチャンピオンズリーグで初めてプレーしたのはシャフタール戦だった。そういう一種のつながりがある」

そのつながりは単なる感覚的ではなく、現実のものだ。スタイルが似ているだけでなく、ある一定のサッカー観を代表した存在となる必要があるということであり、そこでは芸術的価値が少なくとも結果と同程度に重要視される。プロセスの中心にある考え方が最終的に明確な結果をもたらすのみならず、そのプロセス自体が求められ讃えられるべきものだ。独自のオーダーメイドスタイルを持つことが、単に美学的に望ましいものではなく商業面の必須事項だと見なされるようになったのは後年のことだ。その頃までにはシャフタールは強い自我を作り上げ、欧州サッカー文化のエリート集団の一員として一目置かれる存在となっていた。グアルディオラのバイエルン・ミュンヘンでの一シーズン目を密着取材したマルティ・ペラルナウの二〇一四年の著書『ペップ・コンフィデンシャル』は、ドイツサッカー界の最高ブランドであるバイエルンが本当の意味でより大きな世界を征服するために必要なものとして、バイエルン・ブランドのサッカーを確立しなければならないと論じていた。オランダ人のルイ・ファン・ハールに始まり、ユップ・ハインケスを経てグアルディオラ自身で締めくくるという三人の監督体制が、彼らをその聖杯へと導くことになった。

シャフタールでは、当初からそのような計画が立てられていたわけではなく、より有機的なものだった。「すべてはテイストから始まった。サッカーのテイストだ。だが確かに我々は、そこから戦略を組み立て始めた」とパルキンは語る。「我々が（今日）持っているものを持っているのは、そのおかげだ。そのおかげで今の我々は、才能ある選手をどう買うべきか、どう売るべきかを知っている。それを変えようとはしていない。もちろん、戦争の影響はある。誰もがシャフタールに来たいとは思ってくれないからだ。外国人選手という話なら、今のところウクライナに連れてくるのは難しくなっている」

ブランドとコンセプトの構築

トップリーグで戦っていたウィンブルドンが一九九一年に去って行くまで使われていた、愛されながらも疲弊しきっていた古いスタジアムからわずか三六五メートル離れた場所で新スタジアムの建設を監督するのは、大変ではあるが満足できる仕事だった。困難なパズルに異なる角度から挑もうとするタイプのパーマーにとって、まさにうってつけの仕事でもあった。EFLリーグ1にやって来て、ウィンブルドンをかつての精神的拠点であるプラウ・レーンへの帰還へ導く前には、彼はシェフィールド・ウェンズディで仕事をしていた。クラブの商業活動を整理し、クラブが自らユニフォームを生産することで消費者価格を引き下げ、同時に利益率を上げるという実験を行った。それ以前にはウクライナで五年間を過ごし、ルチェスクとチームがピッチ上でやっていたのと同じように、彼はピッチ外でこの国と西欧との差を埋める力になろうと取り組んでいた。

パーマーのシャフタールでの役割は、彼がのちにイングランドサッカー界で務めることになる役割とは異なっていた。規模に関する部分だけではない。二〇〇九年に彼がやって来た時点で、クラブはすでに新たな次元に片足を踏み入れていた。初の欧州タイトル獲得に続いて最先端のドンバス・

アリーナへと移ったばかりであり、興奮と可能性に満ちていた。パーマーの視野を広げたのはスヴィリドフだ。彼はロンドンのブルームズベリー地区にあるロンドン大学の研究棟、バークベック校で国際スポーツマーケティングを学んでいた。二人はスポーツマーケティング会社を共同設立することを考え、ビジネスの手を広げることを狙ってウクライナを訪れた。さまざまなクラブと話し合う中で、ピッチ上での評判を急速に高めつつあるシャフタールは、急成長するブランドを国外へ紹介するための助けを必要としていることがわかった。パーマーはそこで仕事に就き、ドネツク出身でシャフタールのファンであるスヴィリドフは翌年からクラブでの仕事に復帰した。「大きな責任があった。自分のクラブであり、失敗はしたくなかった」と彼は語る。

とはいえシャフタールの事業規模は、パーマーが想定していた以上に大きなものだった。彼は二〇一九年にフットボール・ランブルの『ランブル・ミーツ』で私にそのことを話してくれた。「専任のスタッフということなら、四五〇人規模だった。大半のサッカークラブと比べて五倍にはなる。欧州屈指のトレーニング場、欧州屈指のスタジアムだったが、どう表現すればいいのか本当の意味ではわからない」

だが彼らは、あるいは会長はその必要性を認識することができていた。「そういう意味で、アフメトフは完璧なオーナーだった。自分のビジネスを次のレベルに引き上げるため、外国人の戦略家を見つけてくることも多かった」とパーマーはうなずく。それが好循環を生んだ。そういった才能のある外国人はブランドやコンセプトを構築し、意識を広げる助けとなっただけではない。クラブのアイデンティティを固めることにもなり、リソースが縮小し状況がより厳しくなった時期にも新たに優秀な外国人を惹きつけられることへとつながった。

デ・ゼルビの招聘

ロベルト・デ・ゼルビにクラブのコンセプトを売り込むことができたのも、ピッチ上のイメージによるものだった。今では伝統となっているシャフタールのアプローチと、彼がプレーに対して持っていた明確な考えが、前向きな姿勢という点でシンクロし、二〇二一年にルイス・カストロの後任として監督の仕事を引き受ける上での後押しとなった。それは両者にとって新たな幕開けだった。デ・ゼルビにとっては、イタリア国外で初めての仕事である。フランスなどの国から関心を惹きつけてもいたが、そういった欧州の注目度の高いリーグを選んだわけでもなかった。彼は現役時代も、キャリア終盤にかけてルーマニアのクルージュで二年ほど過ごしたのを除けば、ほぼ母国で過ごし続けていた。一方のシャフタールは、チーム内で大きな部分を占めるようになったブラジル人たちとのコミュニケーションや文化的適合を図るため、ルチェスク以降にはポルトガル語圏監督の路線を続けていたが、その流れを断ち切ることになる。勇気のいる決断だった。少なくとも短期的には、戦術面を重視する勝負に出た。両者ともに強く成功を信じきっていた。

シャフタールをピッチ上で導く行動原理は、デ・ゼルビにとって馴染みのあるものだった。彼の指揮するチームはいつも大胆で攻撃的で、ボールを持つことを好む。それは明らかに、新たに率い始めたこのチームも備える前提条件であった。デ・ゼルビはサッスオーロではドメニコ・ベラルディ、マヌエル・ロカテッリ、ジャコモ・ラスパドーリといった選手たちの育成に携わり、彼らは皆イタリア代表の記念すべきＥＵＲＯ２０２０制覇に貢献することになった。デ・ゼルビにも多くのクラブが関心を惹きつけられた。選手の価値を高められる彼の能力は、近年のシャフタールと明らかに共鳴する部分であった。

グアルディオラとのつながりもあった。彼は現役生活の終わりにかけて、デ・ゼルビの故郷であるブレッシャで短期間プレーしていた。グアルディオラと同じくデ・ゼルビも、マルセロ・ビエルサの弟子にあたる。アルゼンチンを代表する戦術家であるビエルサは、詩人のような心と科学者のような目を持ち、「スタハノフ的」な献身性を要求する。プレッシング、マンツーマンマーキング、そして常に攻撃的であること。デ・ゼルビは二〇一六年にパレルモから解雇されたあとビエルサにメッセージを送り、北仏リールを訪れて恩師の練習指導を見学しても構わないかと訊ねた。ビエルサは諸手を挙げて彼を歓迎した。

当時のビエルサは、輝かしいキャリアの頂点とは程遠い状況にあった。大金を投じて補強されたチームはリーグ下位で苦戦を強いられ、フランスメディアではチーム内の規律の乱れを伝える記事が数え切れないほど掲載された。混乱が極まる中、ビエルサはリーグ戦わずか一三試合を終えた時点でチームを追われることになった（ビエルサとリールとの関係は法廷闘争にまで発展し、不当解雇を訴えるビエルサ側は二〇〇〇万ユーロ近い賠償金を請求）。だが扉はすでに開かれ、デ・ゼルビのイマジネーションには火がついていた。

もしスルナが現役時代の全盛期だったとすれば、デ・ゼルビの率いる優れたチームでプレーしてみたいという冒険心を抱いたと想像できる。同監督がエミリア・ロマーニャを離れることが明らかになると、欧州全土から関心が寄せられた。イタリアの他クラブだけでなく、フランス（リヨンが特に熱心だった）やイングランドからも。だがイタリア人指揮官は、その頃ウクライナの王座から引きずり降ろされていたシャフタールとの間ですぐに合意に達した。「第一の大きな共通点は、選手たちに浸透しているプレースタイルだ」とデ・ゼルビは、ランシングにあるブライトン&ホーヴ・アルビオンの練習場にあるオフィスで語ってくれた。「そしてシャフタールの選手たちは、私の考えるサッカーにとても近かった。それは、ウィリアンやドウグラス・コスタ、フレッジ、フェルナンジーニョがシャフタールでプレーしていた一〇年前から変わっていないものだ」。シャフタールはデ・ゼルビが適任であることを確信し、彼の獲得競争に何が何でも勝つつもりであったが、相思相愛であることもすぐに明らかになった。デ・ゼルビは会長にすっかり心を奪われており、それは今でも変わってはいない。「(シャフタールの)アイデンティティは続いていく。なぜなら、アフメトフは正真正銘サッカーの専門家だからだ。彼はシャフタールが勝つところを見たいと思っているが、それ以上にシャフタールが良いサッカーをするところを見るのが大好きなんだ。まさにそれこそが我々の共通点であることがすぐにわかった」

デ・ゼルビはウクライナスーパーカップでは勝利を飾ったとはいえ、戦争によって断ち切られた短すぎる在任期間中に、シャフタールを欧州で本格的に躍進させることはできなかった。「もっと勝ち点を獲得できたはずだったと思う」と、彼はチャンピオンズリーグのグループステージを振り返る。母国のインテルを相手に堂々と戦い、勝利目前に迫ったこともあった。スルナの脳裏にも、時折そのことが浮かんでは消え続けた。「チャンピオンズリーグでの我々はまったく幸運に恵まれなかった」と。

運に見放されたのはチャンピオンズリーグだけではなかった。UEFAカップでも、トロフィーについに手をかける二年前の二〇〇七年に、前回王者のセビージャを一六強での敗退寸前に追い込んだことがあった。オリンピイスキーでの試合が四分間のアディショナルタイムに入り、その最後の一分となったところで、セビージャのGKアンドレス・パロップがダニ・アウヴェスのコーナーキックを頭で押し込んで同点。延長戦で勝利を収めたセビージャは、そのままトロフィー防衛まで勝ち進み続けた。それでもシャフタールのサッカーと彼らの信念は、最終的には道を切り開くことになった。

美学こそすべて

南ロンドンの曇り空の下でパーマーが見せてくれた熱意は、シャフタールというチームがいかに彼らの頭と心に残っているかを強く印象づけてくれた。その味を一度味わえば、すっかりやみつきになってしまう。イスタンブールでの戦いの翌シーズン、UEFAヨーロッパリーグと改称された大会で、シャフタールはロンドンに遠征してフラムと対戦することになった。前半の戦いぶりは、さながら全盛期のバルセロナのように魅惑的だった。二月の冷たい風がテムズ川から吹き込む中で、我々は（そしてフラムも）再び魅了された。フラムのブログ『HammyEnd.com』は次のように記している。「クレイヴン・コテージで繰り広げられた史上最高のサッカーを我々は目にした。だがそれを見せてくれたのは白いチームではなかった。シャフタールのリズミカルなパスワークや魅惑的な動きは、長く記憶に残ることだろう……ウクライナのチームは信じられないほど素晴らしかったが、完全に支配していた試合を、批判まみれだったフラムの9番がどこからか繰り出した一撃で落としてしまった」

そう、驚くべきことに、結果はシャフタールの敗戦に終わったのだ。「彼らのボール保持力は比較対象がないほどであり、ピッチ上のどこでも素晴らしい三角形を作り上げていた」と『HammyEnd.com』は述べているが、後半にゾルターン・ゲラの絶妙なルーレットフリックに走り込んだボビー・ザモラの強烈なシュートがクロスバー下部を叩いて決勝点となった。別の状況であれば、ルチェスクも絶賛していたゴールだったことだろう。ロイ・ホジソンのチームはドンバスでの2ndレグもドローに持ち込んで勝ち進み、最終的にハンブルクで行われた決勝にまで駒を進め、延長戦の末にアトレティコ・マドリードに敗れることとなった。それでも、他の多くの場合と同じく、シャフタールは強烈なインパクトを残した。「私の知っているフラムサポーターの全員が、決勝までの道筋で対戦した中ではシャフタールがベストチームだったと言っている」と、自身もフラムファンであるESPNキャスターのアーチー・リンド＝タットは言う。

ブラガからバルセロナに至るまで、シャフタールはあらゆる場所でそういった印象を残してきた。単に試合に勝ったチームを目にしたのではなく、ある種の文化的事象を目撃したのだという感覚だ。何の予備知識も先入観もなくシャフタールを見た者の脳裏に浮かぶのは、一九五三年にウェンブリーでイングランド代表に六対三の衝撃的勝利を収めたハンガリー代表についてサー・ボビー・ロブソンが表現した言葉だ。「我々の感覚としては、彼らは火星から来た男たちだった」。有名になったその大胆な言い回しは、ハンガリーが観客にも対戦相手にも与えた純粋な驚きと戸惑いの感覚を捉えたものだった。シャフタールが二〇〇九年のUEFAスーパーカップでバルセロナと対戦したとき、彼らは世界が見守る中で点と点をつなぎ合わせた。ほんの一〇年余りで、辺境の片田舎から、欧州サッカーのきらびやかな輝きを存分に浴びる場所まで辿り着いたのだ。そこがシャフタールのいた場所だった。大陸のあらゆる場所に残してきた強烈な第一印象をつなげて、ある種の文脈として組み上げることができた。成功はクラブにとって意味のあるもの、特別な何かだった。では、美学は？

それこそがすべてだった。

三章

ルチエスク

「ドンバス・アリーナで、五万人のファンと一緒に君の誕生日を祝うことになると思っていた。そこで私たちは、心の底から『ありがとう』と唱えるはずだった。『ミルチェア・ルチェスクについてどう思うか？』と誰かに訊ねられたとすれば、『私にとって素晴らしい友人だ』とまず答えるだろう。ミルチェア、誕生日おめでとう。君にとって幸せな誕生日であらんことを。そして君の夢、私たちの共通の夢、ファン全員の夢が少しでも早く実現するように。できるだけ早く、全員で一緒にドンバス・アリーナへ戻れることを願っている」

――リナト・アフメトフ（シャフタール会長、公開書簡より抜粋、二〇一五年七月二九日―ミルチェア・ルチェスクの七〇歳の誕生日）

類を見ない成功例

「彼は我々のために良いことをたくさんしてくれた。彼は大事なときにやって来て、我々は彼と一緒に非常に多くのタイトルを獲得し、キャリアの中で最も美しい時間をともに過ごした。ドンバス・アリーナ、ドネツク、我々のスタジアム、我々の街。率直に言って私は、彼がシャフタールのためにしてくれたすべてのことに関して彼を尊敬している」

ただし、ひとつ但し書きを付けなければならない。シャフタールに関わる誰かがミルチェア・ルチェスクについて語るとき、必ずといっていいほど付け加えることがある。

「しかし、私には理解できない」とダリヨ・スルナ。「なぜディナモ・キーウに行ったのか。なぜ彼があそこへ行ったのか、私には永遠に理解できないだろう。これは何か……フェアではない。だが、彼が決めたことだ。尊重はするが、私としては気に入らない」。このことについて、誰より直接的に語ってくれたのはスルナだった。非常に彼らしく、推論も言外の意味も一切込められてはいなかった。彼以外からは、漠然とした感覚以上の言葉を聞くことはできない。

　セルゲイ・パルキンは、シャフタールのルチェスク体制を振り返りつつ、手に入れたタイトルがすべて監督だけの手柄とされていることに異論を唱えようとした。「我々のクラブの哲学、我々のクラブの戦略に目を向け、スポーツ的な面について語るのであれば、すべてを変えたキーパーソンは会長だった。彼は本当に（いつも）攻撃的なサッカーを好んでいた。例えば、魅力的なサッカーを捨てることですべての試合に勝利できるとしても……彼は（その方向へ）行こうとはしない。なぜ我々がブラジルの市場に飛び込んだかといえば、ブラジルの選手たちはボールを使ってやれることを何でもやってくれるからだ」

　このような話をしてくれたのはパルキンだけではない。外部からの見方は明確に定まっている。ルチェスクがシャフタールで過ごした一二年間は、近代サッカーにおいてほとんど類を見ないような成功例だったということだ。彼はシャフタールを一地方の平凡なクラブから大陸レベルの主要クラブへと成長させ、欧州のみならず世界中で名を知られるようにした。彼らの素晴らしさは口から口へと伝わっている。そのすべての立役者としてルチェスクの名前を挙げないとすれば、やや違和感を覚えざるを得ない。しかし彼は、自身が影から光へと導いたクラブ、偉大な存在へと引き上げる助けをしたクラブにおいて、もはや尊敬の対象ではなくなっている。シャフタールが彼の存在を歴史から消したがっているというのは決して正しくはない。それよりも、彼らはリナト・アフメトフの功績を称えようとしているというのがフェアで一般的な見方だ。彼は会長であり、象徴であり、変化を引き起こした存在だ。彼のエネルギーと資金がクラブを欧州サッカー界の上層部へと引き上げた。停滞の年月が長引こうとも、彼の熱意、推進力、思いがクラブを生かし続けてきた。「彼はすべてを捧げた。すべての愛、すべての資金、すべての忍耐を」とスルナは語る。

しかしここでは誰も、ことさらにルチェスクを賛美したり、彼の功績を称えたりしようとはしない。理由はわかっているし、非常に悲しいことでもある。ルチェスクはもう年老いた男だ。彼は二〇二三年の夏で七八歳となり、息子のラズヴァン（彼もすでに五十代前半）も監督としての地位を確立させている。（父と同じく）ルーマニア代表監督を務めたあと、サウジアラビアとギリシャで成功を収めた。ギリシャでは北部の強豪ＰＡＯＫを一九年に三四年ぶりのリーグ優勝へと導いている。ここまで来れば、老ルチェスクはもう足を休め、自身の業績に浸っていてもおかしくはない。だがそれは彼のやり方ではなく、選択肢にすらなりはしない。

キャリア晩年の思わぬ展開

溝を飛び越えることはタブーとなる。戦時中には本物の連帯が生まれるものであり、それはゴール裏の熱狂的サポーターにまで及ぶ。「二〇一四年以来、ウクライナのすべてのウルトラスの中では、ちょっとした休戦的なものが続いている」と、英国系ウクライナ人のサッカージャーナリスト、アンドリュー・トドスは語る。「彼らは一緒になって、『お互いに争い合うつもりはない』と言っている。どこかの森の中で取り決めを交わして六対六で決闘するようなことでもあれば別だが。スタジアム内でファン同士が衝突するようなことはしないつもりだ。なぜなら『オレたちは団結して共通の敵と戦わなければならない』（と言っている）からだ」。しかし、いかなる停戦もシャフタールとディナモのライバル関係を消し去りはしなかったし、和らげることすらなかった。

もちろん、ルチェスクがそれを知らなかったわけではない。シャフタールにとって何が良くて何が良くないのか、何がクラブとその周辺の人々の気持ちを逆撫でするのか、身をもって理解していた。二〇二〇年七月にディナモからのオファーに合意したとき、シャフタール側から予想される反応はただひとつの種類しかなかった。彼はすぐにしっぺ返しを受けた。シャフタール側の人間は、クラブのレジェンドが直接的ではないとはいえ「亡命」したことに不満だったが、おそらくはそれ以上にディナモのウルトラスのほうが、最大のライバルと密接なつながりを持つ人物がやって来たことに不服だったようだ。

就任発表から四日後、ルチェスクはルーマニア紙『ガゼタ・スポルトゥリロル』を通して、イホール・スルキス会長との合意を撤回すると発表した。「残念ながら私は、ディナモとの協力関係を断念することに決めた。私を信頼して招いてくれたスルキス一家には感謝しているが、今のクラブが強く必要としているウルトラスからのサポートを得られることなく、敵対的な環境の中で仕事をすることは不可能だ」と彼は記した。スルキスは正面から対応することを避け、ルチェスクが仕事を続けないという連絡は受けておらず、いずれにしてもこのまま進めていくと述べた。二人は改めて再会し、一緒に仕事をしてくことで合意した。

ルチェスクにとって、キャリア晩年に迎えた思わぬ展開だった。それまでの彼は、誰からも称賛される監督だった。二〇〇九年五月、シャフタールでＵＥＦＡカップ優勝を飾った九日後にはドネツク市の名誉市民となった。一三年一二月にブカレストで開催された表彰式では、ルーマニアの過去一〇年間の最優秀監督に選ばれた。通算三八の主要クラブタイトルを獲得しており、この数を上回るのはサー・アレックス・ファーガソンのみである。さらに言うと、もしルチェスクがルーマニアから一歩も外に出なかったとすれば、彼は欧州サッカー界にさらに大きな反響を引き起こすことになっていたかもしれない。彼がまだ若かった頃のルーマニアの政治体制を考えれば、そういう運命を辿ることも十分にあり得たと感じられる。

ブラジルに傾倒する契機

シャフタールで豊富なブラジル人タレントを土台として革新的な一二年間を過ごしたことが有名な彼についてそう主張するのは、不自然だと考える者もいることだろう。言うまでもなくルチェスクは国際人であり、ポリグロットであり、世界中から豊富な文化的経験を積み重ねている。彼がブラジルサッカーに長く傾倒する契機は一九六〇年代にまでさかのぼる。ニコラエ・チャウシェスクの治世が、行きすぎた権威主義の末期状態にはまだ至っていなくとも、本格的に進行していた頃だ。当時のルーマニアは開かれた国ではなかったが、国境外の文化から慎重に事実を探ることで得られる恩恵があると認識している共産主義国家であった。チャウシェスクは六八年にフランスを訪れ、強く尊敬していたシャルル・ド・ゴールと会談。同年にド・ゴールも返礼としてルーマニアを訪問し、親密な関係が築かれた。

フランス大統領は、チャウシェスクとともに、開かれた自由なヨーロッパとルーマニアを実現できると信じていた。「モスクワに対して自治権確立を主張し、ますます西側へ近づきつつあるように見える民族共産主義的プロジェクトを追求することが目指されていた」と、セザール・スタンチウは二〇一三年にケンブリッジ大学出版局に寄稿した論文『共産主義ルーマニアにおける自由化の終焉』で述べている。一九六九年にはリチャード・ニクソンがブカレストを訪問した。ルーマニア代表監督のアンジェロ・ニクレスクは、用心深さを交えながらも好奇心を発揮し、ルーマニア共産党を説得して七〇年ワールドカップの前にブラジル遠征を決行した。彼のチームの主将であった当時二四歳のルチェスクは、ディナモ・ブカレストでもニクレスクの指導を受けてプレーしていた。「私はブラジルのことも、ブラジルの選手たちも本当に大好きになった」とルチェスクは熱弁する。キーウから電話越しの会話ではあったが、彼の声に込められた熱意のうねりは、同じ部屋の中にいるかのように感じさせた。「我々はマラカナンで大会を戦った。ヴァスコ・ダ・ガマ、フラメンゴ、ブエノスアイレスのインデペンディエンテと対戦し、私は最優秀選手に選ばれてフォルクスワーゲンのラジコンカーをもらった。そして、彼らは本当に素晴らしいプレーをしていた。そのあとワールドカップ中には、フルミネンセの（フランシスコ・レイトン・カルドーゾ・ラポルチ）会長が（ルーマニア）大使館に手紙を送り、それからスポーツ大臣にも送って、フルミネンセで三カ月プレーしないかと私を招待してくれた。だが当時は国を離れることが不可能であり、結局行かせてもらえなかった」

それでもルチェスクの心の奥には火がついていた。これが遠い将来への礎となった。「私はブラジルのサッカーが本当に大好きになった。彼らの練習法も、スキルフルなプレーも。同時に私は、ポルトガル語を学び始めた。彼らが（私の）言語を学ぶことはできないとわかったし、私がポルトガル語を話せるようになれば、彼らのほうが（私の言語を）話そうとするよりもはるかに楽だと思えたからだ。このおかげで、彼らの家族ともすごく親しくなることができた。そうして、この時期に非常に良い関係を（作った）。そして彼らは非常に良いサッカー、素晴らしいサッカーをしてくれた」

すべてはサッカーに帰結する。一九七〇年ワールドカップに向けた準備期間は、ルーマニアのサッカーにとってもルチェスクにとっても大きな分水嶺となった。一連の経験に彼がどれほど没頭したか、明白に伝わってくる。「ブラジル人たちに話をするとき、私は君たち以上にブラジルのことをよく知っていると言ったものだ」と彼は笑うが、それはジョークではなかった。彼はその大国を隅々まで知り尽くしている。二十代当時のルチェスクは、すべてを見て回った。北部のナタウ、フォルタレーザ、レシフェも。サンパウロ州も。南部のコリチーバ、フロリアノポリスも。代表チームでの訪問のあと、ディナモ・ブカレストでも再び訪れた。ブラジルはルチェスクにとって個人としても仕事上もつながりのある場所であり、文化であった。彼は出来る限りあらゆるものを受け入れようとした。「国を、文化を、芸術を、すべてを知ることができた」と彼は語る。

この経験がルチェスクの意識をより広く開かせると同時に、彼とニクレスクにとって、ルーマニアがピッチ上で採るべき新たなアプローチを考えさせることにもなった。ニクレスクは、代表監督の仕事をそれほど望んでいたわけではなかった。結果やパフォーマンスが思わしくなければプレッシャーは耐えられないほど強くなると感じていたが、一方で就任を拒否すれば党を怒らせることになるとも考えていた。しかし、前回王者のイングランド、優勝候補の（そして実際に優勝する）ブラジル、一九六二年大会ファイナリストのチェコスロバキア（「チリ大会での彼らはとても、とても良いチームだった」とルチェスクは熱弁した）と同居するという、あり得ないほど厳しいグループに組み入れられながらも、ニクレスクのチームはグアダラハラで戦った三試合を通して見事に自分たちの力を出し切ってみせた。ルーマニアは、イングランド戦ではジェフ・ハーストの一点により惜敗。チェコスロバキアには勝利し、第三戦では激闘の末に二対三でブラジルに敗れた。今でも悔しさの残る試合（「そのことは話さない」とルチェスク）ではあるが、ルチェスクは試合後にペレとユニフォームを交換し、彼はその戦利品を一度も洗うことなく額に入れて自宅に飾っている。

「テンポリザーレ」という概念

「そして、我々が彼らのプレースタイルから採り入れたやり方は……ルーマニアでは『テンポリザーレ』と呼ぶものだ」。文字通りの意味は「遅らせる」といったようなものだが、考え方自体はポゼッションをコントロールし、試合のテンポをコントロールするということだ。「自分たちの得意なものを使おう」と、ルーマニアの著名なサッカージャーナリストであるエマヌエル・ロシュは言う。受動的ではなく能動的な戦略であり、ルーマニアに欠けている部分を気に病むよりも、自分たちの使える武器に目を向けることがそのベースにある。ルーマニアはブラジルからインスピレーションを受けたが、そこからは他の誰かではなく自分たちのやり方としてやっていこうとしていた。

メキシコ・ワールドカップの前にブラジルを訪れたことは、ルチェスクと同じくらい、ニクレスクにとっても大きな気づきを得る機会となった。国境が閉ざされているということは、ルーマニアの人々が外の世界から隔離されていることを意味する。しかも、ニクレスクがチームをメキシコに導くまで、彼らは三二年間にわたってワールドカップ出場権を獲得していなかった。テレビで他国のサッカーを見ることもなく、国際的とは程遠い状況にあった。一九六〇年代の大半を通して、彼らは孤島さながらの自国に取り残されていたのだ。そして今再スタートを切り、名高い相手と対戦できたことは、解放にも近い意味を持っていた。成功を結果で測る必要はない。結果を求めるのはあまりにも高望みだ。競争力を高めることこそが最大の目的だった。ニクレスクは、選手たちがスピードも強さも攻撃性も十分に備えていないことを理解していた。魔法のように他の誰かの能力を吸収できることを望むよりも、自分たちの資質を活用する方法を見つける必要があった。そういった意欲を持つ数少ない人間の心に、ブラジルがスイッチを入れてくれた。

「テンポリザーレ」という概念が生まれ、それが機能した。「ニクレスクがこのスタイルを生み出した」と、ロシュは説明する。「ボールを動かし、パスを回そうとした。全員をプレーに関与させ、ここぞというタイミングで攻撃を繰り出そうとした。彼らはいつ攻撃すべきかについて非常に明確な考えを持っていた。そして、ルチェスクこそがそれを最もよく理解している男だった」。とにかく集団の力こそが重視されたため、「ゲオルゲ・ハジ以前のルーマニアで最大の選手」とロシュが表現するニコラエ・ドブリンがニクレスクのチームから外されたほどだった。これはルーマニアのサッカー史上最も強く反発を受けた決断のひとつとなった。『ガゼタ・スポルトゥリロル』による二〇一一年のインタビューの中でニクレスクは、ドブリンの姿勢に納得できなかったこと、彼が「良い気分で楽しむためにメキシコに来ていた」と判断したことを説明している。

二〇一五年六月に九一歳で亡くなったニクレスクを追悼するにあたって、その死去前の数年間に、彼がＦＩＦＡとＵＥＦＡの両方から「ティキ・タカの発明者」と認められていたことを振り返る者も多かった。ルーマニアの『ProSport』がそう伝えている。つまり彼のチームは、後年になってバルセロナが世界中に売り込むことになる夢の先駆けであったということだ。ルチェスクはこう述べている。「我々のチームの選手たちには技術的クオリティやスキルがあり、パスを回して勝つことができた。パスに基づいたサッカーだ。グアダラハラでは非常に良い印象を残すことができた。確かに敗れはしたが、若いチームで、本当に若いチームで素晴らしい戦いをした。私はこのチームの主将だった。ここから私は、自分のチームに同じようなプレーをしてほしいと思うようになった。ブラジルの選手たちのように」

ワールドカップを最高到達点とする考え方はルチェスクの心に残り続けた。彼がシャフタールを去ってから二年後の二〇一八年、自身の教え子らを擁するブラジル代表が世界に挑んだことも、ひとつのサイクルが完成したようで喜ばしいことだった。「シャフタールは東欧で最も、おそらくは欧州全体で最もブラジル的なチームになったと私は考えていた」とルチェスクは微笑む。「ロシア・ワールドカップでは、我々の選手が五人いた。二三人のメンバーの中に、シャフタールの選手が五人いたんだ」。タイソンとフレッジの二人はその時点でまだクラブに在籍中だったが、後者は移籍金四七〇〇万ポンドでマンチェスター・ユナイテッドへ移ろうとしていたところだった。他にはドウグラス・コスタ、フェルナンジーニョ、ウィリアンもメンバーに含まれていた。彼の選手たちは離れてもなお彼の選手であり、またシャフタールも選手たちの一部として根づいているのだ。

「彼は私のキャリアに本当に大きな影響を与えた」とフェルナンジーニョは、二〇一六年に『UEFAチャンピオンズリーグ・ウィークリー』のテレビインタビューで私に話してくれた。「彼とは八年間一緒に過ごして仕事をした。今私が知っていることの中で、ルチェスクから学んだことは多い。私の戦術面の成長、技術面の成長にとって、彼は本当に重要な人だった。ブラジルからやって来たのはまだ若い頃、二〇歳のときだった。彼の戦術的インテリジェンスだけではなく、経験も含めて、すべてが教育だ」

一九七〇年の経験がその後の数十年間に及ぶルチェスクの基本原理を決定づけたとしても、彼がサッカーに対して持ち続けるビジョンを彩ったものはワールドカップだけではなかった。選手としての個性も影響している。ルチェスクは六〇年代と七〇年代の大半にかけて、タッチライン際を自在に操るトリッキーなWGとしてプレーしていた。それが、監督として志向するプレースタイルにもつながっている。監督業に着手したのは選手生活を終える前であり、七九年初頭にコルヴィヌル・フネドアラの選手兼監督に就任したときだった。七七年に破滅的なヴランチャ大地震が発生し、首都ブカレストも大きな被害を被ったあと、ルチェスク一家は妻ネリの願いにより四〇〇キロ近く北西へと引っ越すことになった。それでも、ルチェスクがどこかの時点でディナモへ戻るのは必然の流れだった。八五年に古巣へ戻ると、彼は自身の理論をさらに高いレベルで実現に移すことが可能になった。

「一九九〇年のディナモ・ブカレストでも（シャフタールと）同じようにプレーしていた」と彼は語る。「それが私のやり方だったからだ。それがサッカーの未来になると（当時から）確信していた。今ではサッカーは非常に組織的なものとなっている。私が選手時代から言っていたことだった。ディナモ・ブカレストでプレーすることで、CFのドゥドゥ・ゲオルゲスクは欧州ゴールデンブーツを二度受賞した。私はクロスがとてもうまい選手だった」。必要以上に謙虚になることもなく、彼は比較対象を探した。「（リカルド・）クアレスマや（デヴィッド・）ベッカムを思いだしてもらえれば、彼らのようなものだ。私のクロスから決めただけでも三〇ゴール。その後、私がディナモ・ブカレストの監督になってからも、我々の攻撃的サッカーでゴールデンブーツを二度受賞した。（一九八九年、ドリン・）マテウツが四〇ゴール、それから（八七年、ロディオン・）カマタルだ」

彼はこの時期についてあまり多くを語ろうとはしないが、ルーマニアサッカー界にとっては黄金期だった。その土台となったのは、一九八六年五月の決勝でステアウア・ブカレストがバルセロナを破って成し遂げた欧州カップ制覇だ。翌月にはディナモがルーマニアカップ決勝でその新王者ステアウアを破り、ルチェスクにとっては監督としての初タイトルとなった。その後の数年間に彼がクラブで成し遂げた仕事を考えれば、多くのルーマニア人解説者も、またルチェスク自身も、本来ならどうなっていただろうかと永遠に問いかけることを続けずにはいられない。革命は多くの人々の人生にとって大きな前進ではあったが、ルーマニアのサッカー界が欧州大会での上昇カーブを描き続けるのが困難になっていくことはすぐに明らかになった。八九年と九〇年には、ディナモはUEFAカップウィナーズカップでそれぞれ準々決勝と準決勝に進出した。だが革命が起こると、選手は国外へ出て行くことが可能となり、実際に多くの選手たちが出て行った。ディナモがステアウアを六対四で破った九〇年五月のルーマニアカップ決勝に先発した一一人のうち九人までもが、その夏にスペイン、ドイツ、ギリシャ、トルコのクラブへと旅立っていった。ディナモが自ら欧州カップを勝ち取る夢は、永久に凍結されてしまった。「あれはルチェスクがクラブレベルのキャリアの中で逃した最大のチャンスだったと思う」とロシュは振り返る。

イタリア→トルコ→ウクライナ

革命はまた、ルチェスクにとって、抑え込まれていた自分自身の放浪願望を満たす機会を得られることにもなった。一九九〇年の夏にはイタリアのピサへ向かい、ここでも在任期間を終えたあとまで長く続いていく関係を築くことになった。その後ルチェスクはブレッシャ、レッジャーナ、インテルと移り、九〇年代のキャリアの大半をイタリアで過ごした。だがどこへ移ろうとも、愛着は消えずに残り続けた。西欧を渡り歩く中で、彼はイタリアに大きな永遠の愛を抱くようになっていたが、そのイタリアで休暇を過ごしていたとき、決して諦めないアフメトフがヴェローナまでプライベートジェットを飛ばし、ルチェスクを乗せてドネツクへと連れて行った。「あれは二年目だった」とルチェスクは語る。シャフタールは、彼がベシクタシュでの一年目を終えた二〇〇三年夏にも強く誘いをかけていた。そのときは残留を選んだが、今度は違った。彼がウクライナに到着したあと、「クラブは私が新監督になることをすぐに発表した」。

それはベシクタシュとの関係を断ち切ることを意味したが、簡単なことではなかった。「ベシクタシュに手紙を書き、（出て行くことを）伝えなければならなかった」と、悲しみをにじませながら彼は言う。「私を連れて来たセルダル・ビルギリ会長が交代させられたところであり、同時にシャフタールから、アフメトフからのオファーがあった。向こうでの生活がどうなるのか、私は一年以上様子を見ていた」。最初のオファーに関心を惹きつけられたルチェスクは、シャフタールの動向を見守り続けていたということだ。「チームがどうなのか、他の監督たちがどうだったのか、と。私は（ベルント・）シュスターのすぐあとに来た」。シュスターの前任は強い尊敬を集めたネヴィオ・スカラであり、彼は二〇〇二年にシャフタールを初のリーグタイトルに導いていた。

シャフタールとアフメトフが、いかに彼を最大のターゲットとして招聘に手を尽くしていたとしても、ルチェスクにとっては大きなリスクとなることでもあった。彼はベシクタシュで敬愛されていた。二〇〇二年にイスタンブールのライバルクラブであるガラタサライからやって来た彼には、手腕を証明する必要があった。「彼は（ガラタサライで）レジェンドであるファティ・テリムの後任だった」と振り返るのは、テレビ業界の有力者であり、当時ベシクタシュの経営陣に名を連ねていたイブラヒム・アルトゥンサイ。ガラタサライは、〇二年にタイトルを勝ち取りながらもルチェスクの解任を決定した。「そして、彼は解任に少し気分を害されていた。だからすべての人たちに向けて、自分が一度きりの成功者ではないことを示したがっていた」

ビルギリ会長とクラブ経営陣にも、正しい監督を任命しなければならないというプレッシャーがかかっていた。ベシクタシュは創立一〇〇周年のシーズンを迎えるところだったが、前任の監督としてクリストフ・ダウムを復帰させたことは失敗に終わり、首位と一六ポイント差の三位で前シーズンを終えていた。タイトルを獲得することがそれまで以上に重要だったということだ。「王冠に宝石を埋め込む必要があった。我々をチャンピオンにしてくれる監督が必要だった」と、アルトゥンサイははっきりと語っている。「あのときの我々には（決断の）準備をする時間がなく、そこでガラタサライがルチェスクを解任した。トルコサッカー連盟名誉会長のシェネス・エルジクに『（彼の招聘を）考えてみたらどうだ？』と言われて、我々としては『もちろん』と答えた。彼には経験があった。ごく小さな予算規模で、無名の選手たち、外国人選手たちを使ってガラタサライで成功を収めていた」

それ自体が、トルコの主流なサッカー文化との決別だった。クラブの会長たちはサポーターの支持を得るため、高齢なスター選手たちの獲得に大金を費やすことが多かったが、ルチェスクは自らのリソースを慎重に活用することを好んだ。彼自身はベシクタシュにとって大型契約だったとしても、自らのチームのメンバーにそういった選手を加えることに関心はなかった。クラブとの契約交渉を行う時点で、彼にはすでに計画があったことが明らかだった。「彼が要請してきたのは、システムに合う選手たちだけだった。だが交渉をスタートさせると、彼は（提案された選手たちについて）『それはダメだ、やめておけ、高すぎる、金を使うな。自分で代わりの誰かを見つけてくる』と言ってきた。我々には十分に（出費の）準備があったのだが」とアルトゥンサイは語る。

後年のドネツクでも同じだったが、ルチェスクには信頼を置く男がいた。元ローマのCBであるアントニオ・カルロス・ザーゴは、二〇一三年にアシスタントとしてシャフタールに加わったが、彼はベシクタシュでも忠実な部下であった。ベシクタシュでは、ルチェスクは攻撃陣にも馴染みのある選手を好んで起用していた。ガラタサライでも一緒だったセルゲン・ヤルチュンに中盤の攻撃的な位置で手綱を握らせることを意図していたが、一部からは彼のコンディション、特に体重面を不安視する見方もあった。「彼は非常に技術の高い選手であり、フリーでもあった。だから（ルチェスクは）『彼をプレーさせる』と言った。そして彼は、シーズンの最後にタイトルを決める決勝ゴールを挙げてくれた」とアルトゥンサイは振り返る。翌年の〇三年一〇月には、セルゲンはチャンピオンズリーグのチェルシーとのアウェーゲームで二得点を記録。最終的に準決勝まで勝ち進むことになるチェルシーにとって、ロシアの大富豪ロマン・アブラモヴィッチがオーナーとなってからホームで初めての黒星となった。ベシクタシュにとってはトルコ国外で戦ったチャンピオンズリーグの試合で初めての白星を、見事な形で挙げた一戦だった。だがアルトゥンサイが教えてくれたところによれば、ルチェスクはイスタンブールへ戻る飛行機の中で、チームがうまくいかなかった部分について嘆いていたという。「彼は何も祝おうとはしなかった。試合を最初から最後の一分までコントロールしたいと思っていた。たとえボールを持っていないときであっても」

ルチェスクの頭脳バッコーニ

どんな状況であろうが、彼は細部にこだわり続けた。選手時代からすでに監督のような分析力を発揮していたが、実際に監督となったルチェスクは飽くことを知らなかった。だが独裁的となることはなく、協力的な姿勢が彼のやり方だった。ウクライナに到着したザーゴは、「私は監督を助けるつもりだ。新しい選手たちが適応できる助けにもなりたい。もちろんタスクを設定するのはルチェスクだが、頭脳は一つよりも二つあったほうがいい」と語った。そういったことは初めてではなかった。ルチェスクがピサにやって来たとき、以前から在籍するアドリアーノ・バッコーニというフィットネストレーナーがいた。二人はすぐに意気投合し、ルチェスクは新たな同僚となった彼にひとつのプランを用意した。スタッツを数値化し、選手のパフォーマンスをより具体的に判断できるようにしたいと考えていたため、データをコンピューターに取り込むことを思いついたのだ。そこでフィットネストレーナーのバッコーニに、昼間は選手たちを彼らのペースで練習させ、夜には集めた数値を計算させた。

バッコーニは『ガゼタ・スポルトゥリロル』が行った二〇一一年のインタビューで次のように語っている。「二人の選手にそれぞれ（の分析）を行い、すべての動き、パス、ボールロストを記録した。私は夜にそれを処理し、月曜日の朝にはExcelに移した。当時は大きなビデオカメラなどなく、すべてがアナログだった。二年間、本当に大変な仕事をした」。バッコーニに対するルチェスクの要求は相当なものだったが、彼はボスとともに新境地を開拓していた。

「彼は（初期の）サッカー分析プロジェクトの背後にある頭脳だった」とロシュも言う。「彼はスタッツを用いてサッカーの試合を分析する現代的な方法を発明した。（ピサの）工科大学から二人を雇って、すべてをコンピューターに移させた。想像してみてほしいが、まだ一九九〇年代のことだ！　まったくクレイジーだった」。ルチェスクとバッコーニはビジネスに手を広げ、フットボール・アスレチック・リザルト・マネージャー（FARM）というプログラムを開発した。二人は九一年にブレッシャへ移ると、スタッツの分析を、音声分析機能もあるビデオモンタージュと組み合わせた。九四年にはイタリアサッカー連盟（FIGC）がアリゴ・サッキの要請でバッコーニに接触し、その夏のワールドカップに向けてイタリア代表の準備を助けてくれるよう頼んだ。チームは試合中のリアルタイムデータ分析を初めて用い始めた。

その年のうちに、ルチェスクとバッコーニは二人の共同事業をさらに推し進め、FARMの後継である「デジタルサッカー」の開発にそれぞれ三万五〇〇〇ドルの投資を行った。イタリアサッカー界の上層部の大半が、分析と戦術構築に向けたルチェスクの未来像を支持していた。ユヴェントスやラツィオ、インテルなどのクラブがこぞって関心を示した。ルチェスクが一九九七年にルーマニアへ帰国すると、バッコーニとのパートナーシップは解消したが、二人は連絡を取り続けた。のちにルチェスクはトルコでも一緒に仕事をしてほしいとバッコーニに頼んだが、彼は多忙のため誘いに応じることができなかった。バッコーニは株式の自身の持ち分のうち六〇%を二〇〇〇年に推定二〇〇万ユーロでパニーニ・グループに売却しており、〇六年には残りの株式も売却した。その頃彼はマルチェロ・リッピの率いるイタリア代表のためビデオ分析に携わっており、チームはドイツ・ワールドカップで優勝を飾ることになった。ルチェスクのアイデアは、もちろんバッコーニも含めた多くの者たちが想像していた域をはるかに超えて広がり、サッカー界で最も優れた手法を生み出していた。

一九六〇年代末からルチェスクの運命を形作ってきた無尽の好奇心、もっともっと多くのことについて深く知りたいという欲求は、決して彼から消えることはなかった。彼は今もなおその頃と変わらない人間であり、発見と革新を求め、過去の嗜好を大切に保ちながらも、新しいものに対して常にオープンであろうとしている。デジタルであると同時にアナログでもある。物事の進め方を再発明しながらも、可能な限り昔ながらのやり方で、今でもアイデアや思いつきや計画で日誌を埋め尽くしている。「今でもノートは取っておいてある」とアルトゥンサイは微笑む。「彼が最初にやったことは……非常に細かく相手を調べていた。おそらくは相手チームの監督以上に」。手書きのノートは、ルチェスクをルチェスクたらしめるものでもあった。ドネツクを急いで脱出することを強いられたとき、彼にとって何より苛立たしかったことのひとつは、自ら書き上げたファイルや書類を残していかなければならないことだった。それらは過去何年もさかのぼり、彼の方法論や指導法だけでなく、彼がそういった考え方にどのようにして到達したのかも記されていた。他の者たちであれば写真で振り返るところだが、ルチェスクの場合はノートを通して自分がどこにいたのか、何をしてきたのか、自分の成し遂げてきたことのすべてを思いだすことができる。記録であると同時に思い出でもあり、彼の仕事を証明するものだ。「本当に、突然のように断ち切られてしまった。彼はいつもドネツクに残してきた思い出の話をして、おそらくは今後二度とあそこへ行くことはできないだろうとも言っていた」とロシュは語る。

守備陣はウクライナ人

ルチェスクは、チャウシェスク時代の末期に求めてやまなかった自由を最大限に謳歌していた。一九七〇年に巡ってきたフルミネンセ行きのチャンスは逃したが、それから他のチャンスも訪れた。「一九八四年、フランスでEUROが開催されたあとのことだ。そう、フランスでの欧州選手権。私はPSG会長の（フランシス・）ボレリから招待を受けた。またださ。（ルーマニアサッカー連盟の）上層部に、大臣に頼んで行かせてもらうようにしてほしいと伝えた。妻も一緒だった。単純に、どうなるか知りたかったんだ……ビッグクラブで。しかし、行っていいという全員の許可は得られなかった」（当時一五歳だった息子ラズヴァンは家に残っていた）

革命後にルチェスクがあれほどルーマニアの象徴的存在となった理由は、こういった部分にもあった。「彼は外国を感じさせる男だったということだ」とロシュは語る。「君たちに同じような感覚はないだろう。こういうオープンな文化がずっとあったわけだから。だが我々にとって、国外で成功するのは本当に何か特別なことだった。国外での監督業で成功している男、というのが彼のイメージだ。小さなことではない。イタリアで監督をやって、三チームで指揮を執って……イタリアは世界最高のリーグだった。（最初から）トップレベルではなかったが、その後インテルにまで行った。イタリアで彼が評価されていたことがわかる。彼は（ディエゴ・）マラドーナにも会った。インテルではロナウドを指導し、ピサでは（ディエゴ・）シメオネを指導し、今の我々がよく知っている大勢の選手たちに大きな影響を与えた。（アンドレア・）ピルロもそうだし、他にもたくさんいる。人々が彼から学ぶべきことはたくさんあった。まさに教師そのものだ。そして、ピッチ上で影響を与えるだけでなく、人々の生き方や性格にまで影響を及ぼしている」

しかし、ルチェスクと現代の多くの監督たちとの間には明確な隔たりがある。ペップ・グアルディオラからトーマス・トゥヘル、ジョゼ・モウリーニョまで、スタイルも個性も異なるあらゆる監督たちが独自の神話を築き上げている世界にあって、ルチェスクはそうしてはいない。彼には彼の自負心があり、自分の伝説を築く必要性をさほど感じてはいないのだ。おそらくはそれが、場合によっては軽く見られてしまう理由なのだろう。

ルチェスクには苦難を耐え忍ぶ力がある。ロシュはそのことについてこう語る。「彼は適応力のある男だ。どこへ行っても、直面した現地の文化に自分のスタイルを適応させることができる。『私がここに来たからには、これからすべてが変わる。君たちはこうして、こうして、こうしてくれ』と言うようなタイプではない。グアルディオラではない。彼はオープンなサッカーを好んでいる」。哲学や一定の信念は持っているが、細部にわたる管理体制ではない。より実践的なものだ。

またルチェスクは、手柄を独り占めすることもない。「これは言っておきたい。アフメトフ会長がこのチームを育て上げたのは、すでに言ったように、彼が非常に聡明であり、チームを（あらゆる面で）組織立てて成長させることができるからだ」と彼は語る。つまり、ルチェスクがシャフタールでの最初の数年について「我々がチームを作っていたとき」といったような言い方をするのは、文字通り「我々」について話しているのだ。彼とアフメトフの好みを考えると、一一人のうち四人は国内選手としての資格を持つ選手でなければならないというウクライナ・プレミアリーグの規定さえなければ、チームの全員がブラジル人になっていたかもしれない。だが実際には、この規定も彼らの味方をすることになった。国内と国外の力のある選手たちをうまく組み合わせることができたからだ。グアルディオラが彼の考えをバイエルン・ミュンヘンに持ち込んだとき、それをドイツで伝統的に重視されるテンポや運動量と組み合わせたことにも似ている。

「大きな成功を収めるチームになるためには、ウクライナ人たちを守備陣に置く必要があるとわかっていた」とルチェスクは説明する。「GK、DF、守備的MF。そして、その他はブラジル人だ。ウクライナ人たちに守備のトレーニングをさせた上で、ブラジルのテクニック、敏捷性、攻撃スピードを採り入れた攻撃陣と組み合わせた。あの頃のウクライナ人たちは守備面やフィジカル面でしっかり鍛えられていた」。分断ではなく、団結が重視されたということだ。

チーム内のウクライナ人たちは周囲の環境が変わりつつあると気づいていたが、同時に自分たちがそこから恩恵を得られることもわかっていた。ルチェスクはグローバルスタンダードを追求していたからだ。二〇一〇年の夏に友人のセルヒー・クリフツォフとともにメタルルフ・ザポリージャからのダブル補強で加入したタラス・ステパネンコは、大きなステップアップを遂げながらも、ルチェスクのおかげですぐに自分がチームの一員だと感じることができた。「シャフタールにやって来たときには、自分が重要な選手だと感じさせてもらえた」と彼は語る。「監督にとって私は、本当にチームの力になれる選手なんだと。監督に信じてもらえていることを、最初に会ったときから感じられた」

ステパネンコが、新たな監督のもとで楽をできたわけではない。すぐにレギュラーメンバーに定着することはできず、不満も抱えていたし、「問題」さえあったと認めている。だがルチェスクが本格的に彼を起用し始めると、待っただけの甲斐はあった。DFラインの前に位置するMFとして、ステパネンコはシャフタールのブラジル人軍団が相手を圧倒する様子をリングサイドの特等席から目にすることができた。「最初に練習に来たとき、ここの選手たちは単純にレベルが違うと気づかされた。ワンタッチやツータッチですごく速いサッカーをしていて、順応するためには本当に時間が必要だった。フェルナンジーニョやウィリアン、ドウグラス・コスタ、アレックス・テイシェイラ、スルナといった素晴らしい選手たちのプレーに、徐々に慣れていくことができた。新たな知識を得て、練習での新たなアプローチを通して、チームに貢献できるようになっていった」

だがステパネンコにとって、ルチェスクと一緒に仕事をすることの最大の利点は精神面にあった。「どうすればタイトルを獲得できるか、どうすればプロフェッショナルになれるか、どうすればビッグマッチに勝てるか、彼はたくさんのことを教えてくれた。彼の強いメンタリティは、キャリアを通して私を支えてくれた。成功するためには四つの（必要な）ポイントがある。メンタル面、技術面、フィジカル面、戦術面だ。強いメンタリティを持っているのがルチェスクの選手だ」。ステパネンコは監督の考えとクラブのプロジェクト全体に強く心酔し、外国籍のチームメイトたちとのコミュニケーションを強化するためポルトガル語まで習い始めたほどだった。

アフメトフとの壮大な計画

ルチェスクにとって、言語はいつもついて回るテーマだ。メキシコ・ワールドカップの前にはポルトガル語をマスターし始めた。彼の尊敬する選手たちや人々とつながり、彼らのことをさらに深く知ろうとするための手段だった。その頃から、言語は彼にとって、学びと発見の旅路の中心に位置する信条だった。ルチェスクがブラジル人たちとの間であれほどの相乗効果を生み出せた秘訣がどこにあるのか、彼を知る人たちに訊ねたとすれば、最初に返ってくる答えは必ず同じだ。「何より彼は、ポルトガル語を話すことができる」とパルキンは答えてくれた。「彼はブラジルの選手たちが大好きで、ブラジル人たちとつながる術を知っている。ブラジル人たちの扉を開く鍵を見つける術を……難しい場合もあるが、ルチェスクはその方法を知っている」

このことは、シャフタールにやって来た彼がアフメトフとすぐに打ち解けた理由のひとつでもある。会長がルチェスクに狙いを定めたことには理由があった。単に成功を求めるだけでなく、クラブを形作る素材そのものとなっていたスリリングで特徴的なサッカーを求めていたのだ。アフメトフには、ベシクタシュのファンたちと同じ動機があった。ルチェスクとつながることができたのは、勝ちたいのと同じくらい、興奮できることを望んでいたからだ。

「会長が私を指名したのは、ディナモを（UEFAカップで）敗退に追い込んだからだと思う」と、彼はいたずらっぽく語る。二〇〇二年の冬に行われたその試合にまつわる数字はすぐに頭に浮かぶ。「イスタンブールで三対一。キーウではマイナス一一度の中で〇対〇だ。信じられないような試合だった」。アフメトフは、勝利することも、シャフタール・ブランドのサッカーを作り上げることも容易ではないとわかっていた。伝統的に労働者階級を中心とした田舎の風景に、新しくダイナミックな何かを導入するということだ。

「彼は信じられないほど知的だ」とルチェスクは熱弁する。「彼は本当に何でも分析する。私がガラタサライでも勝って、ベシクタシュでも勝って、トルコで非常に良い結果を残し、東欧で仕事をしていることを見ていた。そう単純なことではない。西欧からやって来るどんな監督にとっても難しいことだ。成功した者は思いだせない。ゼニトのディック・アドフォカートくらいだろうか。フアンデ・ラモスも？　東側のこちらでは、（いつも）同じようにプロレベルの組織が整っているわけではない。しかし、私が（シャフタールに）来たときはクラブの組織に驚かされた」

サッカーに関して、アフメトフは熱心で意欲的であったが、尊大であったり傲慢であったりすることはなかった。彼にはいつもルチェスクから学ぼうとする姿勢があった。「ドネツクでの試合後のことを思いだす」。彼はそう言ってニヤリと笑う。「毎試合後に二時間くらい残って、サッカーの話をしていた。本当に、一緒にいた。それから彼とカラオケで歌う。彼がいつも言っていたのは、それ以前には酒を飲むことはなかったが、私が来てから少しワインを飲み始めたということだ」。ルチェスクがイタリア文化を好んでいたことは、仕事上だけでなく社交面でも役立つことになった。「そこから彼とは良い友人同士になれた」

ルチェスクとアフメトフはそういった夜に、シャフタールの将来や壮大な計画について話し合った。アフメトフは、クラブのインフラを拡張し、最新鋭の専用スタジアムを新設する計画があるという話をした。チームについての話も絶えることはなかった。ブラジルの夢だけでなく、ルチェスクのもうひとつの得意分野である、さまざまなバックグラウンドを持った若い選手たちを育て上げることについても。それが、ダイナミックなサッカーを求める両者の思いに重なり合っていく。

「会長に、若い選手を獲ったほうがいいと言った。（早いうちに）連れてくれれば、五年か六年か、長い間チームにいられるだろうから。トルコでの経験に基づいたものだ。トルコに若い選手はいなかった。（主に）年齢の高い選手、三〇歳や三二歳のビッグネームばかりだった。どのチームも大きな、大きな負債を抱えていた。信じられないことだ。契約金として大金を支払うが、一年か二年後には変えなければならなくなる。それがトルコでの経験だった。『そんなやり方にはしない。もっと若い選手を連れてきて育てるべきだ。私がディナモ・ブカレストでやったように』と言った。革命がなければ、ディナモ・ブカレストはチャンピオンズリーグで難なく優勝できていたかもしれない。本当に、本当に良いチームだった。一九九〇年のイタリア・ワールドカップを戦った（ルーマニア）代表チームの選手が一一人いたんだ」

ルチェスクがアフメトフに展開した持論は、彼の実績に裏付けられていた。「私の経験で、会長にそういったことを始めるように説得することができた。私が行く前にも彼は選手を獲得していたが、サッカーでは選手を売り買いしなければならないということは理解していなかった。サッカー界（のトップレベル）にいられるように補強するだけではない。私が来た頃には、契約を終えて、クラブが売る前に出て行くような選手もいた。そういうことは終わりだ」

クラブをインフラ面で次のレベルに引き上げることは、アフメトフの計画に含まれていた。ルチェスクがピッチ上での計画を練り直す一方で、会長はスーパーチームにふさわしい本拠地を建設しようとしていた。「モニュメントを建てたいのだと彼は言っていた」とルチェスクは語る。「私からも伝えたことだ。『会長、欧州で戦いたいのであれば、良いスタジアムが必要だ』と。我々の使っていたスタジアム（オリンピイスキー）は、十分なレベルではなかった。どれくらいの収容人数になるかということで、『最大で三万五〇〇〇人』と私が言うと、（アフメトフは）『いや、五万五〇〇〇人のスタジアムを作ろう』と言った。彼は正しかった。結局それが、チャンピオンズリーグの試合で満員に埋まるようになったわけだから」

ビジョンを体現した選手たち

新たなアリーナの構想を目にしながら、ルチェスクはその会場を埋められるチームを作らなければならないと考えていた。「観客を入れたければ、ブラジル人を獲得しなければならない。人々をスタジアムに連れてくるため、美しいサッカーを提供できるように。そこで我々は、まずマツザレムを選んだ」。三四歳になったばかりだったMFは、監督の古巣であるブレッシャからやって来た。「私からのプレゼントだ。ジーノ・コリオーニ会長とは非常に良い友人だった」とルチェスクは微笑む。二人はブレッシャで話をして、それからコリオーニとアフメトフがパリで会って交渉を行った。八〇〇万ユーロで話がまとまり、シャフタールはゲームチェンジャーを手に入れた。「(マッザレムは)ウクライナで最高の選手だった。そのときから、(アフメトフは)ブラジル人なら何かやってくれると確信し、我々はもっと若い選手を獲得するようになった」

ベシクタシュでの戦略と同じく、ルチェスクはクラブ経営陣がむやみに散財することは望まず、厳選したターゲットに狙いを定めていた。そしてベシクタシュと同じく、クラブが無駄を省き、将来のことを考え、ビジネス的に運営することを望んでいた。スマートで鋭く、それが彼のやり方だった。単に手段の問題ではない。欲張りは成功の文化を作り出す妨げになるとルチェスクは考えていた。「(二〇〇七年二月に)最初に売却したのは(アナトリー・)ティモシチュクだった」と彼は説明する。「彼(アフメトフ)を説得して、大金と引き換えにティモシチュクをゼニトへ行かせた。二〇〇〇万ドルだ。クラブは彼を三〇〇万ドルで売ろうとしていた。今の我々は、この二〇〇〇万ドルという金額の価値をわかっている。（シャフタールは）これが未来（のプラン）だと理解できた。選手を連れてきて、育てて、良い結果を出して（クラブの）イメージを向上させ、選手の価値を（上げる）。それから選手を売って、また別の選手を買う。全員が五年、六年、七年以上もクラブに居続けることはできないからだ。フェルナンジーニョ、ウィリアン、ドウグラス・コスタ、アレックス・テイシェイラもそうだった」

その黄金カルテットは、若くて伸び盛りの選手を発掘し、しっかりと働いてもらった上で、最大限の価値で売却するというルチェスクのビジョンをまさに体現した選手たちだった。「彼らを例えば一九歳で獲ってきて、二五歳か、遅くとも二六歳で手放した」と彼は語り、そのモデルはブラジル人以外にも適用されると説明した。「ドミトロ・チフリンスキーもバルセロナに売ったし、（ヘンリク・）ムヒタリアンもドルトムントに売った。その後の彼（ムヒタリアン）のキャリアは見ての通りだ。ティモシチュクや、他の選手たちもだ。私が本当にプロフェッショナルなチームを作り始めたのはその頃だった」

チームはルチェスクのもとで尊敬を集め、名を売っていった。彼にとって、グアルディオラのバルセロナと戦った思い出は大切なものだ。シャフタールとバルセロナには大陸を跨いだある種のつながりがあり、その中心には両クラブの最も有名な二人の監督がいる。「もちろん、グアルディオラにはとても感謝している」とルチェスクは迷わず語る。「ブレッシャの監督だった私が去ったあと、（現役キャリア終盤の）グアルディオラがやって来て、私が一年前に住んでいたのと同じアパートメントに住むことになった。本当に、信じられないことだ。モンテカルロでバルセロナとのスーパーカップを戦い、一二〇分の末に〇対一で敗れたとき、彼とその話をした。嘘みたいな話だ。偶然かもしれないが、彼は私が強く尊敬していた監督だ」

二〇〇九年夏の終わりに行われたその試合はある種の集大成であり、シャフタールが世界中のサッカーファンに向けて自分たちのレベルを広く知らしめる機会となった。だがルチェスクの追想は、その前のUEFAカップ決勝以前にまでさかのぼる。〇八年秋に行われたチャンピオンズリーグ・グループステージの戦いは最終的に成功を得られず、シャフタールは一段階下の大会へと回ることになった。「まったく、あの（ドネックでの）バルセロナ戦に負けていなかったとしたら、どうなっていたかわからない」。シャフタールはその夜、ハーフタイム直前にイウシーニョが決めたゴールにより、長い時間リードを守っていた。しかし終盤にはリオネル・メッシに二点を奪われ、痛恨の逆転を許す結果となった。「試合の最後の時間帯に、五分間で一対二にされてしまって……」とルチェスクは嘆く。「我々は試合を支配していた。もう一点取れるチャンスもあった。相手よりもはるかに良いチームだった。欧州で非常に高いレベルにまで行ける可能性もあったと思う」

ルチェスクの野心をよく物語っているのは、最終的にUEFAカップを戦うことになるのではなく、その年の欧州王者を上回ることもできたと彼が今でも考えていることだ。グアルディオラが率いた中でも最高の二チームのうちひとつがその王者であり、クラブサッカーの金字塔であった。だが結局シャフタールはUEFAカップで素晴らしい結果を残し、彼らにとって歴史的なシーズンを実現させることになる。

終わりを迎えた原因

もちろん彼は、どれひとつとして後悔しているわけではない。「素晴らしい経験だった」と彼は言う。最後まで戦い抜いたからだけではなく、根を張ることができたからだ。「ドネックは私にとってロンドンのようなものだった。あそこで成功することができたからだ。成功できれば、あとはすべてが美しい。人生は美しくなる。成功できなければ……それでもマドリードはおそらくマドリードのままかもしれない。だがしばらく経ってから、どれほど悲しいかを実感することになる」。ドネックの人々は街に対して本物の愛着を持っており、現地住民以外は驚かされる場合も多い。だが、すべては同じものに帰結する。場所と勝利を同一視するということだ。

おそらくそういった地理的なつながりが強く、地に足をつけていたからこそ、そこから離れることに心を揺るがされるのは避けられなかったのだろう。それがたとえ、ルチェスクほどの経験豊富で聡明な人物であってもだ。彼はシャフタールでの自分の時間が終わりを迎えた原因を、ドンバスからの脱出にも、動乱にも、あれほど順調に機能していたクラブが流浪によって再編の必要に迫られたことにも求めようとはしない。「異なるやり方を見つける必要性はいつもあるものだ。シャフタールだけでも、ドネック(だけ)でもなく、世界中のあらゆる場所で。成功を続けていくのはとても、とても難しいものだ。毎回変えていかなければならないのだから。選手たちは変わらないが、別の話をしたり、話し方を変えたりしていかなければならない。モチベーションを引き出すため、(物事を)変え続けるため、常に変わり続ける必要がある。サッカーだけでなく、人生経験のあらゆる部分を。そして、毎日何か(新しいもの)を持ってこなければならない。リーグ戦の終盤になってくると、選手たちが三日ごとに試合をしなければならないのは問題にならない。フィジカルの問題はフィジカルでしかないので、それだけのことだ。だが監督にとっては非常に難しい。メンタル面が厳しい中で、同じレベルを維持し続けるための(意志の)力が必要になってくるからだ」

私と話をしている中で、アイデア、可能性、革新の湧き出る泉のような彼が少し疲れているように感じられたのは、このときが初めてだった。切り替えを図るかのように、彼は尊敬する同業者へと話を戻した。「またグアルディオラの話になるが、彼には続けていくこと、レベルを維持することに対して信じられないほどの情熱がある。ただ、彼には選手を入れ替えられる可能性もある。最高の選手たちを起用できる。私にその可能性があるだろうか？　ノーだ。（私は）同じ選手たちで同じことをやらなければならない。選手たちはルーティン化してしまうこともあり、それをもう一度引き上げて、落とさないようにする術を知っていなければならない。選手を入れ替えたり、欲しい選手を買ってきたりする可能性がある場合に比べれば、ずっとずっと難しいことだ」

そのような贅沢は彼には許されていなかった。そして、最終的に二〇一六年に退団することになったのは、状況の変化によって早められたものだと彼は考えている。「いろいろと変わった。ブラジル人たちは、代表チームでもプレーし始めるレベルに達した。ビッグクラブが彼らに誘いをかけるようになってきた。彼らは私に、西欧のビッグクラブへの移籍に協力してほしいと言ってきた。フェルナンジーニョも、ウィリアンも、ドウグラス・コスタも、ルイス・アドリアーノも。こういった状況で私は、彼らを引き止めるのは不可能だと悟った。会長と話をして、何とかしてほしいと頼んだ。彼らを行かせて、別の選手たちを連れてきてほしいと」

シャフタールにとっては贅沢な悩みであり、浮き上がっていく風船に掴まったルチェスクとクラブが下を見下ろすことなく紐を掴んでいるようなものだった。これに対して現在の状況は、はるかに厳しい現実である。原則は変わっていないが、スポーツ面も現実の生活も、展望は厳しい。「若い選手たちでチームを作るというのは、より難しいことだ」とルチェスクはため息をつく。「今の我々の、ディナモのチームはどんなものだろうか。アカデミーの選手たちだけだったら？　簡単ではない。選手間の競争がなくなってしまうからだ。一三歳の頃から一緒にプレーしてきた友人同士だ。あるいは、仲は良くないかもしれない。チーム内でいつも友人になれるとは限らない。選手たちの間で、高いレベルの競争を維持していかなければならない。難しいことではあったが、非常に美しいことでもあった」

そして、美しい瞬間も訪れた。二〇二〇年一〇月、オリンピイスキーでディナモがユヴェントスと対戦した試合の采配を振るったルチェスクは、七五歳二カ月二一日でチャンピオンズリーグの歴史上最年長の監督となったのだ。相手のベンチに座っていたのは、ルチェスクがブレッシャでセリエAにデビューさせたアンドレア・ピルロ。一九九五年、彼が一六歳の誕生日を迎えた二日後のことだった。ここでも再び、ブレッシャ関連のつながりだ。それだけでは終わらない。ロックダウンを終えてファンがスタジアムに戻ってきた二一年春、ディナモはリーグ戦とカップ戦の二冠を達成した。しかしここでもまた、ルチェスクは自らの成功の犠牲となった。ゾリャ・ルハーンシクを下した二一年五月のカップ戦決勝に先発した選手のうち三人は、二三年一月までにチームを去って行った。ヴィタリー・ミコレンコ（エヴァートンへ移籍）、ヴィクトル・ツィガンコフ（ジローナへ移籍）、イリヤ・ザバルニー（二〇〇〇万ユーロでボーンマスに売却）の退団により、指揮官は再び絵を描き直す必要に迫られた。

ディナモ加入という「自然な」反応

二〇一四年にドネックを離れてからの年月がクラブの仕事のやり方を、そして彼自身の仕事のやり方をどう変えたかと質問すると、ルチェスクは話をドラマチックにしようとはしない。過去に過ごした場所と比べて小さなことに感謝の思いを抱いている。とはいえ、彼がシャフタールの去ったドネックを恋しく思っているのは確かだ。監督の仕事をやりやすい小規模な街であり、ある程度は自分自身の王国のようなものだった。「あそこはすごく良かった。移動に時間を取られることがなかったから」と彼は振り返る。「インテルにいたときは違った。ミラノからアッピアーノ・ジェンティーレ（インテルの練習場）までは一時間半の距離だ。交通の負担が非常に大きかった。だがドネックではトレーニングセンターまで一五分。完璧だ。だから練習がやりやすく、（仕事仲間と）話し合いもして、あとは自分の日常生活を送ることができる。車中生活はいらない。イスタンブールも同じこと（大渋滞）だった。すごくやりにくい」。ルチェスクは、自分自身の仕事スペース、思考スペースを持つことを好んでいる。ドネック以後の状況に放り込まれると、そうはいかなかった。いつも移動続きで、練習はキーウで行い、試合は（少なくとも最初は）リヴィウで戦う。現在でもウクライナでサッカーを動かし続けることは義務であり特権でもあるが、すでにウクライナサッカー界のベテランである男にとっては疲労を伴うことでもある。

「とても難しい」と彼はため息をつく。「サポーター不在で試合をするのは簡単ではない。サッカーはサポーターのためにあるのだから」。パンデミックのピーク時には無観客試合を強いられたが、今度はさらに悲劇的かつ致命的な理由で同じことが繰り返されている。ルチェスクはこう続ける。

「(ファンは) 選手たちに熱意とモチベーションを与えてくれる。そして、プレッシャーもかけてくれる。今はそれがなくなっている。まったくない。例えばウージュホロドで試合をするために、とても、とても長い移動をしなければならない。電車で一一時間だ。リヴィウならバスで七時間。それも楽なことではない。毎週、ポーランドのクラクフでヨーロッパリーグの試合を戦って、クラクフからキーウへ行くのは非常に大変だ。ヨーロッパリーグでは(ウクライナ)国外で試合をしなければならないからだ。ウクライナ国内リーグでは、生活を続けていけるという感覚を我々からサポーターに与えているが、一週間に二回、九時間離れた場所で試合をするのは簡単ではない」

二〇二二年に戦争が本格的に勃発した際には、ルーマニア大使館を中心として、彼にブカレストに戻ってくるよう説得を試みる動きもあった。だがルチェスクは立ち去ることを決して考えはしなかった。「私がここにいるのは、離れられなかったからだ。ここに来たときは素晴らしかった。招待を受けて、成功を収めることができた。今になってこういう大きな困難に見舞われて出て行くというのは、何か普通ではないこと、良くないことに思える。彼らだけでなく、私にとってもだ。私は今でも、いつかこの状況がすべて変わって、正常な生活が戻ってくることを願っている。そのときにはこう言おう。『よし、私はこのために協力した。これをやったんだ』と」。彼はすでに自分の役割を果たし、それ以上のことをやってきた。シャフタールで自分のやったことを振り返り、特にウクライナがそれ以降に見舞われてきた混乱のことを考えれば、何か素晴らしいことをしたのだと思えるのだろうか。

「もちろん、それはそうだ」と彼は同意してくれた。こちらから質問をする必要もなく、彼はディナモに加入するという自らの決断を擁護し始めた。それは何年も悩み続けた末の、自然な反応だった。「ディナモに来ると決めたのは、すぐにではなく、（シャフタールを離れてから）四年後だった。四年を経て、ディナモの会長から、こちらへ来て相談させてくれないかという要請があった。五年くらいリーグ戦で優勝できていなかったからだ。私にその手助けをしてほしいと彼は望んでいた」

ルチェスクは、自分がシャフタールで何をしたのか、そしてそれが決して彼から消えはしないものであることを十分に認識している。「あの一二年間は私の感情の一部になっている。私のノスタルジーであり、記念品であり、思い出だ。私の中に残っており、それを今変えてしまうことは誰にもできない。誰も私にそれを変えるよう頼むことはできない。しかし、私はプロの監督であり、どこで仕事をしようとも全力を尽くすのは当たり前のことだ。そして、見ての通り我々（ディナモ）はすぐに勝つことができた。リーグ戦も、カップ戦も。スーパーカップも。一年前には、ディナモはシャフタールに勝ち点二三の差をつけられていたが、私が来た年には一一ポイント差をつけて優勝した。同じチームで、同じ選手たちで。だが重要なのは、選手たちのメンタリティ（を変えること）であり、彼らをまとめ上げることがいかに大切であるか理解することであり、彼らにはそれができると自信を持たせることだ。それから、戦争が始まって難しくなり、ディナモにとっては非常に困難な状況となった。一一人の選手たちを失った。資金もないので、代わりの選手は一人も連れてくることができなかった。観客がおらず、サポートを受けられない状況では戦いにくい。広告はあってもスポンサーはいない。それでも、続けていかなければならない。ここに残らなければならない。なぜなら、ブランド（を維持するため）だ。シャフタールであれ我々であれ、高いレベルに居続けなければならない。放棄してしまうべきではない。この戦争はいつか終わるのだから。そして、以前と同じレベルで再スタートを切ることが重要。そうだ」

「学ぶことをやめない男」

ウクライナのサッカー、そしてウクライナという国に対する彼の情熱を感じるからこそ、ルチェスクが再建時にはそこにいないかもしれないと考えるのは悲しいことだ。彼の意識は今も健在でアイデアにあふれているが、彼らしくない疲れも感じている。それでも変わることはないだろう。彼は新たなアイデアや新たな可能性に興奮し続けることを決してやめないからだ。それは、シャフタールにあれほど長年にわたり恩恵をもたらした姿勢と同じものの一部である。

ルーマニアにいた当時から、彼は単にサッカーを学ぶだけでなく、人々から、文化から、歴史から、あらゆる形の人生から学ぶ男だった。ロシュはこう語る。「彼が大物監督と対戦したとき、あるいは監督たちがビッグクラブを率いてブルガリアやハンガリーを訪れる際には、ルチェスクはいつも彼らのプレーをはるばる見に行って、サッカーについて、また彼らの哲学を学ぶことについて、夜通し語り続けたものだった」。その様子についてアルトゥンサイは、ルチェスクはいつも「ショーペンハウアー哲学を持っていた」と表現する。つまり、精神的なものに集中し続けるための徹底した禁欲主義である。ルチェスクの場合は金儲けから距離を置くことであり、頂上への最も簡単な道を辿りながらも、理念と理想に忠実であり続け、自らの意識と仕事の幅を広げていた。さらにアルトゥンサイは、ルチェスクのアプローチについて、サッカーとは異なる言語体系で捉えている。「彼とは哲学の話もした。歴史の話もした。芸術の話もした」と。

イスタンブールを去るとき、ルチェスクはアルトゥンサイから贈り物を受け取った。「イスタンブールのルーマニア人たちが住んでいた地域のリトグラフだった。彼のほうからは、我々の名前とサインが入れられたシルバープレートが贈られた。我々全員にとって大きな価値のあるものだ。素晴らしい日々だった」。思い出は今も消えることはない。「素晴らしいサッカーをしていた。我々は最も多くゴールを挙げたチームだった。どういうことなのか、二〇年が過ぎた今でも観客席に行ってみればわかる。セルゲン（・ヤルチュン）や（フェデリコ・）ジュンティ、ザーゴ、オスカル・コルドバといった名前が背中に入ったベシクタシュの縞模様のユニフォームが目に留まる。今のトルコサッカーを見てみるといい」と彼はため息をつく。「あれは夢でも何でもなかった。信じられなくなることもあるが、あれは我々が本当に体験したことだった」

「彼は決して学ぶことをやめない男だ」とロシュは言う。「そして、順応することもやめはしない。レンガを積み上げ、またその上に積み上げ、自分自身を組み立てていくことを決してやめなかった。今でもまだ続けていることだ。コンピューターや、WhatsAppや、彼のプレーのやり方を決定づけるすべてのものを使って、今でも。我々が今こうして話をしている最中にも、彼はアップデートを続けている。よりモダンになれるように、サッカーのプレーと指導の新たな方法論に自分を合わせられるようにしようとしている。そういうタイプの男だ」

彼が求めてやまないような完璧さをいつも達成できているわけでは、おそらくないのだろう。それでも彼は、自分の道筋は必要なものだと考えている。間違いも不手際も失敗体験もすべてが、これほど長く活躍を続けるための材料だ。だからこそルチェスクの意識の中では、ウクライナへ戻ると決めたこと、そしてシャフタールの観点から言えば禁断の地であるディナモの指揮を引き受けることも、ある意味で理に適っていることなのだ。革新と発見の道を歩み、「それは危険すぎる」「乱暴すぎる」と警告する声には耳を貸さない。結局のところ、それがルチェスクなのだ。その燃えるような、どんな犠牲を払おうとも最高の何かを成し遂げようとする熱意は、長きにわたってシャフタールを助け続けた。そしておそらくは、包み隠さず言えば、それは彼が去ってから年月が過ぎた今になってもクラブに残り続けている哲学なのだろう。

四章

ブラジル人

ブラジル的手法に対する信念

リナト・アフメトフとミルチェア・ルチェスクはテーブルをセットした。あとは大勢のゲストに来てもらうだけだ。ファンだけに限った話ではない。「美しいゲームを見せるため人々をスタジアムへ連れてくる」という考えだったとルチェスクは話してくれた。彼と会長は、可能な限りスタイリッシュなシャフタールを作り上げるという彼らのビジョンこそがその大黒柱になると確信していた。二人が一緒にまず築かなければならなかったのは、チームに加入して活躍してくれることを彼らが夢見ていたブラジル人タレントたちのための環境だった。野球場のダイヤモンドを作り始める前に、まずはトウモロコシ畑の整地から始めなければならないようなものだ。彼らにとってのヒューストン・アストロズを作り上げられるようになるのはもう少し先のことだ。

会長と監督が初めて試合後のミーティングを行った日から、二〇二〇年の秋まで時間を早送りしてみれば、アフメトフの夢と願望によって実体化されたルチェスクの哲学がクラブのＤＮＡにしっかりと息づいていることは明白だった。ルチェスクから長年を経て、ドネツクとドンバス・アリーナから長年を経て、流浪の日々を過ぎ、ブラジル的手法に対する信念はそれまで以上に強まっていた。その頃は新型コロナウイルスにより、ＵＥＦＡチャンピオンズリーグの試合や欧州国内リーグの大半からサポーターが消え失せていたが、観客席を埋めるファンがいなくとも変わりはしない。シャフタールは流浪のチームとなりながらも、ブラジル的な閃きとブラジル人にインスパイアされた華麗なサッカーを完璧に融合させたという点ではレアル・マドリードも顔負けだった。何があろうとも、夢と理想は残り続けていた。

その理想はアフメトフによって求められ、ルチェスクによって実現されたものだ。彼がポルトガル語をマスターしていることも大事な出発点となったが、我々のよく知るシャフタールを作り上げる上でそれ以上にはるかに重要だったものは、ひとつのサッカーを信じ続けるシステムに対する彼の強い信念だった。「私は攻撃的なサッカーが好きだ」と彼は、決して譲れないと言わんばかりの口調で言う。それ以外のサッカーを望む者がいることが、彼には理解できない。「とても（強い）コンビネーションプレーだ。とてもモダンな。それができなければ、勝てはしない。守るだけではダメだ。それができるのは（ジョゼ・）モウリーニョだけだ」とルチェスクは、彼とは異なるサッカー観を持つポルトガル人監督への敬意を込めながら笑う。「彼は守備を非常にうまく組織し、だからこそ良い結果を出すことができる」。正反対に見える他の誰かを認めているのは興味深いことであり、ルチェスクの隠された現実主義的な一面を垣間見ることができる。

前述の通り、ルチェスクは二〇〇四年にドネツクにやって来たあと、すぐに最初のブラジル人を獲得した。中盤に彼の望むインスピレーションを与えてくれる選手として、古巣のブレッシャからマッザレムを連れてきたのだ。翌〇五年の初頭には、勤勉で多才な攻撃的ＭＦであるエラーノが続いた。二人の加入以前には、シャフタールはクラブの歴史の中で一度リーグのタイトルを獲得しただけだった。彼らが来てからは二シーズンで二度の優勝を飾った。エラーノのほうがより実利的な補強だったともいえるだろう。運動量豊富で印象的な仕事ぶりを見せた彼は、のちにイングランドへ移籍したのも当然だと感じられたし、シャフタールが〇七年八月にマンチェスター・シティから受け取った八〇〇万ポンドという金額も当時のクラブにとっては十分な金額に思えた。それは後々、さらに大きな選手育成プロジェクトを進め、さらに大きな利益を得るための道標となるものだった。

しかし、彼らが最初の例だったわけではない。ブランドンは、シャフタールのブラジル人の中ではいくつかの点で異色の選手だった。ターゲットマンを務める長身CFであり、上質なテクニックで知られる選手ではなく、ルチェスク就任前の二〇〇二年にやって来た選手でもあった。それでも彼はルーマニア人指揮官のチームに欠かせない存在となり、彼を軸として、より小柄で才能に恵まれた選手たちが周囲を動き回った。六年半にわたって在籍し、〇九年一月にマルセイユへ移籍するまで主力であり続けた。

ブランドンの存在は大きかった。ファンタジー・フットボールのようにチームを組み立てることは、ビジネス的にも体裁を整える上でも効果的だが、勝つためにはエッジの効いた選手もまた必要だった。ブラジルの魔法をウクライナ・プレミアリーグの文脈に組み込もうとすると、たとえチーム重視に見えるような選手であっても、時間と教育が必要になるという問題もあった。フェルナンジーニョは、二〇一九年に行った『UEFAチャンピオンズリーグ・ウィークリー』の別のインタビューの中で私にこう話してくれた。「シャフタールにやって来ると、練習の中でも試合でも、それまで以上にポジショニングを重視する必要があった。監督からはいつも、指定のポジションに居続けろと言われていた」

フェルナンジーニョとウィリアン

シャフタールの「ブラジル化」がさらに進んだ二〇〇七年の夏の末、一九歳の誕生日を迎えた直後にやって来たウィリアンも同じような学習曲線を辿る必要があった。フェルナンジーニョよりも攻撃的性質の強い選手である彼にとっては、より険しい道だったのだろう。「ルチェスクは私たちにとって良い監督だった」と彼は言う。「彼はいつも理由を説明しようとしていた。ブラジルの選手は、ブラジルから欧州に来てプレーすると、すごく違っていてやりにくい場合もある。サッカーがまったく違っている。もっと戦術面を学ばなければならない。彼は力になろうとしてくれたし、ボールを持っていないときのプレーについてもボールを持ったときのプレーについても（必要なことを）説明しようともしてくれた。当時あそこでプレーしたブラジル人たちにとって、彼はとても重要な存在だった」

ルチェスクは多才な選手を尊重してはいたが、いわゆる即興的な「カーニバル・フットボール」に任せるには聡明すぎた。「私は主にボランチとして、あるいは中盤三枚の右や左でプレーしていた」とフェルナンジーニョは振り返る。「場合によっては右WGや左WG、さらにはもっと中央で、ほぼ10番のように使われたことさえあった。ブラジルでは何度もその位置でプレーしていたので、毎日の作業やプレースタイルに慣れることは容易だった。チームメイトともうまく合わせられて、それこそが何よりも大事なことのひとつだった」

ルチェスクのおかげで、自分のペースでやれる機会が持てたことに彼は感謝している。最終的な目標は楽しませることであるとしても、それをやれる能力を持った選手たちが自らその権利を勝ち取らねばならないというのがルチェスクの信念だった。フェルナンジーニョが説明してくれた。「たくさんのことを学んだ。守備のポジショニングも、ピッチ中央でどうやってスペースを埋めるかも、他の選手たちとどう連携を取るかも。特に守っているときに。そのおかげでチーム一体となって動くことができたし、あとからシャフタールにやって来たブラジル人たちを助けることもできたと思う。そうして彼らもしっかりと順応していくことができた」

そこには明らかに持続的なサイクルがあった。まず何人かのブラジル人がやって来れば、別の選手たちがその後に続くのは容易になっていく。だが当初は、ウクライナ・プレミアリーグは無名であり、シャフタールも国際的にさほど知られてはいなかったため、その状況を克服するため何らかの工夫が必要となった。そこで、ルチェスクの古くからの盟友、フランク・ヘヌダの出番である。ヘヌダはシャフタールのために選手を集め、ブラジルとの間でパイプラインを構築することで大きな利益を上げていた。彼は二〇二〇年に『So Foot』に次のように語っている。「素晴らしい練習場を撮影した。ドンバス・パレス（ホテル）や、その隣の広場も撮影しにいった。最高のレストランもいくつか。素晴らしい場所で練習できること、家族もしっかりケアを受けて満足できるような小さな街で過ごせることを選手たちに見せるためだ」。もちろん、金銭面のインセンティブもあった。「ウクライナの最高税率が、例えばフランスやスペインと比べて著しく低いことも好都合だった。「ルチェスクと、それから会長と一緒に資金計画を練った。一定の金額と大きなボーナスだ」とヘヌダは語る。

適切な紹介を行うことが必須だった。「外国人選手がやって来ると、彼らはウクライナやドネツクについてあまり知らないことが多かった」とセルゲイ・パルキンは言う。「だから彼らにとって、どのような街で過ごすことになるのか理解できるのは大事なことだった。練習場やスタジアムに連れて行くと、彼らは『どこで契約のサインをすればいい?』（と訊ねてきた）。我々がプロ意識を持って深くサッカーに関わっていることがわかるからだ。これは大きなプロジェクトなのだということを理解してもらえた」。例えばウィリアンも、そういった部分に惹きつけられたと話している。当時のフランス王者（そしてチャンピオンズリーグ常連チーム）であるリヨンから好条件のオファーを受けていたにもかかわらずだ。「実際のところ、他のクラブからのオファーはそんなに多かったわけではない。フランスからひとつだけだ。シャフタールに行くことを決めたのはプロジェクトが理由だった。当時は（すでに）何人かブラジル人もいたから」

ウィリアンもまた、シャフタールの魅力を存分に見せつけられた。念入りに施設を見て回り、周辺環境を知ることができた。「契約のサインをする前に、向こうに行って三日間を過ごした。施設を見学したり、街中も含めていろいろなものを見たり、クラブについてもっとよく知ることができた。それからサインをすることに決めた。自分にとって良い選択肢になると思えたから」。パルキンはずっと自信を持ち続けていた。「ドネックでは、彼らにとって本当に良い環境を整えることができた。選手たちは素晴らしい家に住んで、素晴らしいスタジアムでプレーできた。時折滞在するホテルも良いところだった。とても良い練習場もあった。ドネックで我々は、サッカーの街といえるほどのものを作り上げた。すべてが、良い選手たち、良いクラブ、良い結果を得ることを中心に据えて仕立て上げられたものだった」

ピッチ外の新たなコロニー

ルチェスクがブラジルからウクライナへの文化的・技術的な橋渡し役になるという切り札を持っていたことに加えて、クラブはピッチ外で新たなコロニーも作り出した。ブラジル人たちを中心として、クラブの「一部門まるごと」を構築したとパルキンは言う。通訳チームや、選手の住むアパートメントや住宅を見つけることに協力するポルトガル語話者らを組み込んだインフラであり、すべては選手たちがすぐに適応できるようにすることを明確な目的としていた。欧州サッカー界全体で選手間の融合を重視することが主流となる前から、そして当然ながら、それが単なる結果論ではなく十分な予算が割かれるようになる以前から、シャフタールはピッチ外で選手が気に留める可能性のあるすべての事柄について、細心の注意と思いやりを込めて対処することを常としていた。選手たちがピッチ上でお互いに助け合うようになるためには、ただ一緒にいるだけではなく、言語面でも、サッカーの素養という面でも、同じバックグラウンドを持つという意味でも、「共通語」を共有することも必要となる。

しかし、何もかも指導してくれるルチェスクがいてくれないときには、彼ら自身が社会的に成長する必要もあった。そこではサッカーがやはり便利な手段であり、シャフタールもそのことを心得ていた。パルキンは語る。「練習が終わると、みんな家に帰るが、家族ぐるみでほとんど毎日のように家を行き来している選手もいた。彼らは本当にひとつのコミュニティとなっていた。だから我々としては、彼らがこの国やこの街に適応できるよう協力することはとても重要だった。そのためにあらゆるものを提供した。選手がやって来ると、ピッチ外のあらゆる（起こり得る）問題について話をして、彼らがピッチ上で起こることだけに集中できるようにした」

ブラジル人たちがサポートを得られるようにする最良の方法は、彼らがお互いに助け合うことであるという認識は不可欠だった。「（当時も）八人のブラジル人たちがプレーしていた」とウィリアンは数え上げる。「このことは私にとってすごく重要だった。うまく適応してプレーできるようにするため、それにクラブ外で自分の生活を過ごせるようにするためにも。ピッチ内とピッチ外と、両方の状況ですごく助かることだ」。彼がやって来た当時のドネックは労働者階級が暮らす工業都市であり、やれることは限られていた。キーウではないのだ。ブラジル人たちはお互いの家やアパートメントを回って料理を振る舞ったり、故郷の友人たちとSkypeをしたり（遠隔地からオンラインで気軽にゲームを楽しめるようになる以前の時代だった）、クラブが設置を手伝った衛星アンテナからブラジルのテレビを見ることを好んでいた。

「休みの日には何度もバーベキューをした」とウィリアンは振り返る。「ドネックは小さな街で、町中でやれることはあまり多くなかったから。レストランはいくつかあって、ショッピングモールもひとつあったが、あまりいろいろとできることはなかった。だからバーベキューやディナーやランチをすることにした。一緒にいられれば何でも良かった」。マルロスもそういった状況を楽しんでいたと、二〇一五年に話してくれた。「間違いなく、馴染めるようになるのをみんなが助けてくれた。（クラブで）素晴らしい雰囲気を作ることにもつながった。全員が全員と話をして、お互いに冗談を言い合ったり、好きなものを食べたりできる雰囲気だ」。この頃になると、クラブのシェフはフェイジョアーダ（ブラジルで定番の肉と黒豆の煮込み料理）の作り方も覚えていた。

中間的なクラブの必要性

シャフタールがブラジル人たちに売り込みをかけたあと、今度はクラブを我々に、つまり他の国々に向けて売り込むことがブラジル人たちの仕事となった。個々の選手としてもチーム全体としても、魅力的なチームとなったシャフタールの勢いはすさまじく、ロマンに満ちたその姿をすぐに思いだすことができる。ドウグラス・コスタ、ウィリアン、アレックス・テイシェイラ、フェルナンジーニョ、タイソンといった選手たちの名前を挙げるだけでいい。だがルチェスクが魔法をかけることができたのは、規律を植えつけ、選手たち自身の言葉を用いて彼らと親しくコミュニケーションを図ったからこそだった。

それは素晴らしいパートナーシップであり、彼らの母国からも注目を惹きつけることになった。パルキンは誇らしげに語る。「ブラジルで誰かと話をすると、全員が我々のことを知っている。我々のことを第二のブラジル代表のようだと言ってくれる者もいた」と彼は笑った。UEFAカップの優勝により、そしてチャンピオンズリーグでのシャフタールの躍進により、知名度は雪玉のように大きくなっていった。ブラジル色の濃いメンバーで欧州のエリート層の一角に定着したクラブは、ルチェスクが若き日のブラジルでの冒険を再現するかのように、二〇一四―一五シーズン半ばの中断期間中にブラジル遠征に赴いていくつかのフレンドリーマッチを行った。試合は多くの観客を集め、三万人から四万人の見守る中で開催された。「信じられないようなことだった。我々のクラブへの強いリスペクトを示してもらえた」とパルキンは感動を表した。

ブラジルで開催されたワールドカップから約半年後の二〇一五年一月、シャフタールはブラジリアのマネ・ガリンシャ・スタジアムで、この国で最も名を知られたクラブのひとつと対戦した。ワールドカップ準々決勝でアルゼンチンがベルギーを下し、またブラジルが三位決定戦でオランダと対戦した舞台だった。「満員のスタジアムで、フラメンゴと戦った」とパルキンは語る。「こちらでは冬だが、ブラジルは夏（のプレシーズン期間）だった。ファンがシャフタールを見に来てくれたのは、シャフタールが大きなブランドになっていたからだ」。このことはクラブと選手の気持ちを大きく引き上げてくれた。当時はドンバスでの戦争で居場所を失い、両親が離婚した子どものように、非常にゆっくりと新たな環境に慣れようとしていた頃だった。リヴィウのわずかな観客の前で数カ月プレーしたあと、満員のスタジアムに迎えられ敬意を示されたことには大きな意味があった。

最終的にシャフタールの黄金世代のブラジル人たちは、ブランドを大きく押し上げすぎてしまったほどだった。彼らはシャフタールとディナモ・キーウの違いを際立たせることに貢献したかもしれないが、同時に大陸中で知られる選手たちとなった。この頃になると、彼らを引き留めることは次第に難しくなり始めていた。ドレッシングルーム内の父親的存在としてすべてをまとめ上げていたフェルナンジーニョは、一三年の夏に去って行った。「彼はとてもロシア語がうまかった。非常に賢い男だ。私がクラブで二〇年間を過ごして知り合った中でも、最も賢い男の一人だった。だから彼はマンチェスター・シティへ行くことになり、そこに何年も残り続けた。大事なのは足だけではない。頭脳も大事になる」とパルキンは語る。

だがどうしてブラジル人たちは、それほど長くシャフタールに居続けたのだろうか。「いや、そんなに長くはいなかった。私に比べれば」と、ダリヨ・スルナははにかむように少し苦笑を浮かべた。もちろん彼は正しい。スルナに比べれば、それほど長くいたといえる選手は誰もいない。「彼らは我々のクラブでプレーすることを好きになってくれた」とパルキンは言う。「我々のクラブが、例えばマンチェスター・シティのような欧州のトップクラブへの踏み台のようなものだと理解していたからだ。彼らはそのことがわかっていた」。南米から欧州のビッグクラブへ直接向かうブラジル人には、経験豊富な選手たちに遅れをとり、システムの中に迷い込んでしまうリスクがある。シャフタールでは、彼らは自分たちの未来を自ら描いていくことができた。「中間的なものが必要だ。中間にあるのはベンフィカや、シャフタールや、ポルト。才能ある選手が、ビッグクラブへ行けるような選手になるために必要なのはそういう場所だ」とスルナは語る。ジョー・パーマーも同意見だった。「我々は完璧な踏み台だった」

「シャフタールはファミリーだ」とスルナは言う。「ビジネスクラブではない。大きな家族だ。一旦入ってくれれば、出て行くのは難しい」。特に長く在籍したフェルナンジーニョやブランドンのことを考えれば、その言葉は真実味を帯びてくる。一方、五年半在籍したウィリアンにとっては、クラブを家族に例えることには別の側面があった。彼は広く大きな世界に羽ばたいていくことを認めてもらうため、「両親」を説得する必要があった。「正直に言えば、残留していたのは他に選択肢がなかったからだ。他のクラブがなかったわけではない。オファーはたくさんあったが、シャフタールと交渉するのは難しかった。ベンフィカからオファーがあったし、チェルシーからも三回。トッテナムや、他にも多くのクラブから。しかし、出て行きたいということを納得してもらうため、(シャフタールと)二年間話をしていた。私のここでの時間は終わった、離れたい、といつも伝えていた。オファーが来るようになったのは二〇一一年からだった」。最終的に望むものを手に入れるまで、長く苦しい消耗戦だった。「二〇一一年一月から、一三年一月までだ」と、彼はあえて具体的に述べる。「二年間にわたって、ずっと(シャフタールと)話し続けていた。代理人はいつもクラブと話をしようとしていた。私には夢があった。自分のキャリアをステップアップさせて、別のクラブでプレーしたかった。だから三年間になるはずが、二年間(交渉を)続けて、合計五年になった」。ハッピーエンドの結末を知っている今となっては、彼は苦笑いを浮かべる。

第二のラインと第三のライン

二〇一二—一三シーズンのチャンピオンズリーグでは、グループステージで六試合を戦って五勝。前年王者のチェルシーにも勝利を収めたが、これがシャフタールにジレンマをもたらした。彼らはほとんど誰も敵わないチームに見えた。おそらくは史上最高のシャフタールだった。そのまま貫くか、それとも折れるのか。アフメトフとルチェスクにとって、選手たちを手放すことを考えるのは難しかったに違いない。ウィリアンも認めている。「それは理解できる。彼らの気持ちはわかる。しかし、チェルシーのようなクラブが……」。シャフタールにとっては、無視することのできない成長痛だった。自分たちの王国内のあらゆることに対応し、選手たちが望むものをすべて提供しようとすれば、彼らの右肩上がりの飛躍も、ブラジル人たちが与えてくれる魅力も、秘密のままにしておくことはできなくなる。彼らだけの問題ではなかった。シャフタールと選手たちは、世界の頂点にいる者たちから注目を惹きつけていたのだ。

止まることがないかのような上昇軌道を描いてきた彼らにとって、このことは大きな、そしておそらくは予期していなかった障害だった。アフメトフの計画はクラブ内部のあらゆる細部にまで及んでいたが、クラブは単独で存在できるものではない。「シャフタールのオーナーの気持ちは理解できる」とウィリアンは共感を示す。「クラブにいる誰も、私に出て行ってほしいとは思っていなかった。だが、少し悲しくもあった。チェルシーのようなクラブが自分のことを欲しがってくれて、それが自分の夢でもあるのに、行かせてもらえないのだから。それでも最終的にはチェルシーへ行くことができた」

パルキンは、最高傑作を売却することを苦難ではなくチャンスと捉えていた。ウィリアンは三五〇〇万ユーロという巨額の移籍金でロシアのアンジ・マハチカラへと移籍し、その六カ月後にはスタンフォード・ブリッジに辿り着くことになった。「それで我々は、新たな選手たちに投資するチャンスを得られた」とパルキンは語る。「例えばフェルナンジーニョとウィリアンを売却したときには、その資金をすぐに新しい選手たちに投資した。足を止めてしまえば、五年もすればすぐに誰もいなくなってしまうとわかっていたからだ。ピッチ上で結果を出せなくなり、その先に大型補強をできる可能性もなくなってしまう」。二〇一三年八月には、ベルナルジが二五〇〇万ユーロでアトレチコ・ミネイロからやって来た。フェルナンジーニョの売却で得た移籍金の大半にあたる金額だった。ベルナルジはドネツクで一週間過ごし、街とクラブを下見した上で契約に合意することになった。

チームを若く保ち、競争力を維持し、継続的に成長させるというルチェスクのプランに沿った補強だった。彼はこう語る。「いつもあとに控えている選手が何人かいるようにしていた。それがシャフタールの哲学となった。常に第二のライン、第三のラインを持つことだ。第一ラインは去って行ったが、新しい選手を加えずとも第二ラインがすぐにプレーできた。その後は一歩ずつだ。若い選手たちは一歩ずつ進んで、最終的にはチームの先発メンバーになってくれる。一年後、一年半後、二年後と、選手たちの成長のすべての段階をひとつずつ計画していた。それで彼らは成功することになる」

パウロ・フォンセカ体制になる頃には、それはよくできた機械のようだった。クラブはブラジル人を加えることにすっかり慣れており、何も考えることなく実行できるほどだった。「比較的楽だったと思う」とフォンセカは言う。彼の招聘自体が、ポルトガル語話者の監督を連れてきたということであり、特定文化への傾倒だった。「ブラジル人に関して言えば、あの選手たちが当時いてくれたのは私にとってとても幸運なことだった。例えばマルロス、フレッジ、ベルナルジ、タイソンなどの選手たちだ。彼らはチームにとって非常に重要であっただけでなく、クラブにもウクライナ人たちにも完全に溶け込んでいた。だからやりやすかった。このことについて、私は何も困難を味わうことはなかった。ブラジル人たちはいつも、とてもよく適応してくれる。そして、特にマルロスやタイソンがそうだったが、ウクライナに長くいる選手たちもいた。二人は最初からシャフタールに来たわけではなく、その前にメタリストでプレーしていた。だから完全にウクライナに溶け込み、根づいていた。ブラジル人たちとウクライナ人たちの間には素晴らしい関係があった。彼らの間に何も問題があると感じたことはなかった。もちろん、ブラジル人たちはブラジル人同士で一緒にいることが多く、ウクライナ人はウクライナ人同士でいたが、それでも本当にうまく機能していた。ブラジル人たちも溶け込んで、根を張っていたからだ。どんな種類の困難も感じたことはまったくなかった」

フォンセカが非常にうまくいったため、前例のないほど成功の時期を過ごした彼が二〇一九年にローマへ移ると、後任にも同じポルトガル人のルイス・カストロが起用された。彼はそれ以前にポルトとヴィトーリア・ギマランイスの監督を短期間務めた経験があった。「実際のところ、さらに前までさかのぼることだ」とフォンセカは強調する。「クラブがドネツクにいた頃から、会長はいつもブラジル人と契約して、いつもそれで成功していた。単にそれを続けていただけだ。シャフタールに来るブラジル人は、自分のキャリアを欧州で飛躍させるチャンスがあるとわかっていた。そして、ベルナルジのような引く手あまたの選手までもがシャフタールに来るようになった。大勢のブラジル人がいて、それが彼らにとって好都合でプラスになるという背景を知っていたからだ。文化的な問題だ。アルゼンチン人の（ファクンド・）フェレイラもいたが、それ以外の外国人選手はほぼブラジル人だった。そういうクラブだということだ。クラブの文化だった。いつもブラジル人と契約していた。私がいた頃にはさらにブラジル人を加えて、そのたびに成功していた」

異なる文化的基準

社会的な嗜好はあるとしても、ブラジル人たちはシャフタールで決して孤立したグループとして存在したわけではなかった。ルチェスク自身は、ウクライナ人の守備とブラジル人の中盤・前線という言い方をしていたが、実際にはもう少し込み入っていた。チーム内におけるブラジル人の影響は、単に才能のきらめきや異国情緒を加えただけには留まらない。チーム自体のプレーを形成し、周囲の選手たちの形成にもつながった。「シャフタールに居続けたブラジル人たちは、本当に才能豊かだった」とタラス・ステパネンコは強調する。「全員がハイレベルだった。シャフタールに（数年間）残っていた選手たちは、全員が欧州のトップクラブでプレーすることも可能だった。だから、もちろん私も彼らが何をしているか、どういう意思決定をしているかを見ようとしていたし、それが自分にとって大きなプラスになった。彼らはチーム内のよりテクニカルな部分を担い、私たちウクライナ人はより守備的（な役割）、より力強さのある部分だった。シャフタールにとって、テクニカルな選手たちと守備的な選手たちのバランスこそがいつも大事だった」

パルキンも言うように、シャフタールのその進化はブランドを成長させ、より幅広い選手たちと契約できる可能性が生まれてきた。マノール・ソロモンは、二〇一九年に彼と所属クラブのマッカビ・ペタフ・ティクヴァにオファーが届く以前には、シャフタールについてほとんど何も知らなかったと認めている。その彼も、年月をかけて作り上げられたシャフタールのサッカー観にすぐに心を奪われた。「オファーを受けたあと、チームについて、シャフタールについて情報収集と分析を始めた」と彼は語る。「大勢のブラジル人がいて、ブラジル人とウクライナ人を組み合わせたチームであることがわかった。プレースタイルはとても魅力的だった。いつも攻撃的に戦っている。攻撃陣の選手たちは必ずボール扱いに優れたテクニカルな選手たちだ。自分もそこにうまく合わせられると思った」

シャフタールは、単にウクライナ・プレミアリーグの他のチームよりも資金力があっただけではない。まったく異なる文化的基準を持っており、それがブラジル人だけには留まらず、クラブの行動様式自体にまで浸透しきっていた。「シャフタールと他のチームとの間には大きな違いがあった。もちろん、ディナモと並んで、国内で圧倒的に最大規模のクラブでもあった」とソロモンは指摘する。さらに、ソロモンがウクライナで二年目のシーズンを戦い、カストロが就任一年目でリーグ優勝を飾った頃には、ルチェスクがディナモの指揮を引き継いで「ブラジル化」を広げていった。ソロモンはさらに語る。「シャフタールはいつも（試合を）支配していると感じられた。すべての試合に勝つ必要があった。もちろん、ほとんどの試合がすごく難しいものだった。対戦相手の多くは守備を固めてカウンターを狙ってくる。それを打ち破る方法を見つけなければならなかった。いつもそう簡単なことではない。しかし、チャンピオンズリーグで戦うときになると違っていた」

ルチェスクがアフメトフを説得した当初の考えを引き継ぎ、チームは若返っていった。選手を売却したことや、二〇一四年以降に収入が減少したことも理由ではあるが、そうなることが最初から見込まれていたためでもある。ソロモンはこう語る。「私が加入した当初は、前の世代の選手たちが何人かプレーしていたと思う。タイソン、マルロス、ジュニオール・モラエス、ステパネンコ、アラン・パトリッキといったリーダー的な選手たちだ。私より年上の選手たちで、他のブラジル人たちよりも年上だった」。その重鎮たちは、シャフタールの過去のブラジル人たちとは違っていた。以前には、このクラブにやって来て、結果を出して、トップレベルへと売却されていくような選手たちがいた。このグループの選手たちは、良い選手ではあるが、そこまでではない。モラエスや、主将を引き継いだマルロスは、ウクライナのパスポートを取得して代表選手にまでなった。「最近、アラン・パトリッキから電話があった」とヘヌダは二〇二〇年に語っていた。「契約はあと二年残っていたが、UAEのクラブが彼と契約したがっていたからだ。彼は私にこう言ってきた。『フランク、私はレギュラーで、毎年欧州の大会に出場できている。妻はここで幸せだし、子どもたちは（キーウの）インターナショナルスクールに通っている……このすべてを捨ててほしいというのなら、彼らには本当にとてつもない金額を支払ってもらわなければならない』と。デンチーニョやタイソン、マルロスと同じように、彼もここでキャリアを終えるつもりでいる選手の一人だ」

しかし、状況は変わった。そして戦争が変化をさらに加速させた。「数年前から、シャフタールはチームを若返らせ始めた」とソロモンは続ける。「私のような選手や、マルコス・アントニオ、ヴィトンなどがやって来て……大勢の若い選手たちが加入してきた。そういうプロセスがあった。最初の頃は、シャフタールのメンバーの大半はもっと年上で、もっと成熟していた。それから数年を経て、もっともっと若くなってきた」

究極的ならしさの実現

その躍動感は、二〇二〇年にカストロの指揮下でレアル・マドリードにまさかの連勝を飾ったチャンピオンズリーグの二試合でも存分に発揮された。「もちろん、戦った相手は最高のクラブ、当時世界最大のクラブだった」とソロモンは興奮気味に語る。「素晴らしいメンバーで、タッチライン際には（ジネディーヌ・）ジダンがいた。本当に強い相手を目の前にしているとみんなわかっていた。それでも、この試合から何か手に入れられるかもしれないと思っていた」。控えめに言ってもその通りだった。ファンがいない間にサンティアゴ・ベルナベウでは工事が行われており、試合はレアルのバルデベバス練習場にあるエスタディオ・アルフレッド・ディ・ステファノで行われたが、シャフタールの若いチームは見事な試合を披露してみせた。ハーフタイムを迎える時点で三対〇とリードしていた。

「レアルを分析していた。もっと後ろに下がって相手にボールを持たせれば、ボールを奪ったときに良い形でカウンターに移れるとわかっていた。こちらのチームに良い選手はたくさんいたので、ボールをどう扱えばいいかはわかっていた」とソロモンは理由を語る。特に彼とテテはチーム内で最高の選手に見えた。二人は素晴らしいコンビネーションを発揮していた。三〇分になろうとするところで、左ＳＢのヴィクトル・コルニエンコがレアルのペナルティエリア付近まで猛然と駆け抜けたプレーからテテが先制ゴールを奪った。中央に走り込んだソロモンのタッチは強くなりすぎたかと思えたが、駆け寄ってくるマルセロに、ボールが自分のものになりそうだと錯覚させることができた。ソロモンが右足を伸ばしてテテにボールを送ると、テテは低く振り抜いたシュートをティボー・クルトワの守るゴールの左隅へ突き刺す。ルチェスクが何年間も語り続けてきたことを完璧に体現したかのような、長年にわたって信じ続けた定番の形がついに現実になったかのようなゴールだった。ウクライナの堅固な守備が、魅力的で飄々としたブラジル的な攻撃へと姿を変えた。

その四分後、シャフタールはレアルにまたも強烈な一撃を食らわせた。同胞のスター選手マルセロとカゼミーロによる軽い守備を、テテがスルスルとかわしていく。またしても左足を繰り出したが、今度ははるかに強烈なシュートだった。クルトワはボールをキャッチできずに手を弾かれる。待ち構えるデンチーニョからこぼれ球を引き離そうとしたラファエル・ヴァランは、ボールを自陣のネット内に押し込んでしまった。笑顔のデンチーニョは臆面もなく自分の得点だと主張しようとしたが、いずれにしてもシャフタールにとっては文句なしのゴールだった。そしてまだ終わりはせず、ハーフタイム直前にはソロモンのゴールでシャフタールは最高潮に到達。速攻からテテがバックヒールで中央のスペースへボールを転がし、二人のDFを振り切ったソロモンが冷静に仕上げた。後半にはホームチームが二点を返して最後まで緊迫感のある展開となったため、結局その三点目が決勝点となった。「マドリードでの最初の勝利は素晴らしいものだったし、正直に言えばあそこで勝てるとは思っていなかった」。後半に入り、ルカ・モドリッチとヴィニシウス・ジュニオールが五分間のうちに二点を奪う（二点目は、ボール扱いに迷った主将のマルロスから若いヴィニシウスが強引にボールを奪い、交代出場から最初の数タッチで叩き込んだゴールだった）と、神経のすり減るような状況となった。後半アディショナルタイム、フェデリコ・バルベルデのシュートがコースを変えてGKアナトリー・トルビンを破ると心が沈んだが、トルビンのすぐ目の前にいたヴィニシウスがオフサイドポジションに立っていた。スルジャン・ヨヴァノヴィッチ主審はＶＡＲモニターを確認しに行ったあと振り返り、両手の人差し指で小さなテレビ画面を描いたあと得点の取り消しを告げた。安堵のため息。シャフタールは見事に金星を飾った。「でも試合後には、信じられない思いだった」とソロモンは息を吐く。

カストロの指揮のもと、アフメトフが二〇年前に夢見ていた「シャフタールらしさ」が、欧州サッカーの最高峰の舞台においてほぼ究極的な形で実現したのだ。チームの持つさまざまな特徴が完璧な相乗効果を生み出していた。ウクライナの知恵、ブラジルの奮闘、その上に若きイスラエル人が芸術的な一筆を加える。当然ながら彼らは、六週間後に行われたオリンピイスキーでのリターンマッチを、さらに自信を強めて意気揚々と迎えた。「二戦目になるともう、アウェーで勝てたのならホームでも勝てるとみんな信じ込んでいた。そして、その通りになった」とソロモンは語る。その自信は先制点にも明らかに表れていた。スペインの巨人が守備に迷いを生じさせた隙を逃さず、デンチーニョが巧みにフィニッシュを決めた。そして、キーウで決勝点となったソロモンのゴールは、マドリードで彼の生んだ傑作をさらにしのぐものだった。カウンターでハーフウェーからボールを運び、ヴィクトル・コヴァレンコとミコラ・マトヴィエンコが離れていく動きで守備陣をそれぞれの方向へ引きつける。ソロモンは内側へ切り込み、エリア手前からのシュートでクルトワを破った。「一戦目と同じような試合だった。両方の試合でゴールを決めることができたが、自分のキャリアの中で最も重要な二ゴールだと思う」

「試合後には携帯電話を開くことができなかった」と彼は笑う。「（母国の）あらゆるジャーナリスト、あらゆる人々、友人たち、メディア関係者のせいで……。誰もが私と連絡を取って、インタビューしようとしてきた。プレミアリーグにいる今も、ゴールを決めるといろいろなところから接触しようとしてくる。だから当然、もっと若かった頃にマドリードで試合をしてゴールを決めたというのはもっと大きなことで、ずっと忘れることのない素晴らしい気分だった。母国からの反響は大きかった」。スリリングな戦いを見せはしたが、カストロの率いるシャフタールはまだ経験不足だった。レアルとの二試合で衝撃的な結果を残しながらも、ボルシアMGには二度の大敗を喫し、一六強に向けた争いに競り負ける結末を迎えた。それでも、ソロモンとチームメイトたちは注目を集めることになった。最終的には誰も計画していなかったような突然の形で移籍することになったとはいえ、過去の世代の選手たちと同じく、彼にとってもシャフタールはビッグリーグに向けた踏み台となってくれた。

心に刻まれるクラブ

つながりは消えてはいない。パルキンは、ウィリアンと連絡を取り続けていることに触れた。「数週間前にロンドンでウィリアンに会った。今でもロシア語で私と話してくれた。彼は全部覚えている」と彼は微笑んだ。温かい気持ちはお互いに抱いている。「特別なクラブだと思う」とウィリアンは言う。「クラブの周りにはいつも良い人たちがいる。いつも仕事熱心で、もっともっと良くなりたいといつも思っている人たちだ。謙虚な人もたくさんいる。あそこでは素晴らしい時間を過ごすことができた。たくさんのトロフィーを勝ち取った。あそこで五年間プレーしたことを、今でもずっと彼らに感謝している」。そして最終的には、彼は夢に見ていた移籍を実現させたのだ。

フェルナンジーニョはイングランド・プレミアリーグに移り、彼の名声はさらに一段と高まった。それからすべての始まりとなったブラジルのパラナに戻り、サッカー選手としての黄昏時を過ごすことになった。シャフタールを離れて一〇年が過ぎた今でも、彼は変わらず優等生だ。「私にとっては、欧州への扉を開いてくれたクラブだった」と、彼は二〇一九年に話してくれた。「夢をいっぱいに抱えて、活躍したいという意欲に満ちてやって来た若い選手だった。あそこで過ごした八年間、成功するために必要なあらゆるサポートを与えてもらえた。ファンから、選手全員から、クラブで働いていたすべての人たちからの愛情を感じることができた。今でも彼らと定期的に連絡を取り合っている。シャフタールで起こったすべてのことが私を成長させてくれた。多くを学んだ。クラブにはいつまでも感謝し続けるし、いつまでも（クラブの）サポーターであり続ける。シャフタールでの私の物語は美しいものだった。成功と勝利の八年間だ。これからの人生を通してずっと心に刻まれるクラブだ」

それは双方向的なものだ。ブラジル人グループが、少なくとも現状では散り散りになったとしても、彼らがシャフタールに与えた影響は残っている。成功も、レベルも、スタイルも。彼らは名声と美学を生み出す助けとなった。チームが最高の姿を取れば、それはクラブを体現したものとなり得る。シャフタールにとっての最高の姿は、大陸全体、世界全体で生き続けている。それは、クラブがフェルナンジーニョに印を刻んだと彼が言うのと同じように、決して消えはしないものだ。

五章

ドンバスの建設

『公園内の宝石』を名乗るスタジアムのリストに加えることができる。そう考えていた。まるで宇宙船がドネツクに降り立つようなものだ。そしてそれは、クラブのオーナー陣の願望に完全に合致するものだ。我々が二〇〇四年に描いたものが、〇九年に建設され開場されたものとなり、一二年にEUROで使われるものとなったことを誇らしく思う」

——クリス・ダイト（ドンバス・アリーナを設計したアラップ社の建築家、二〇二三年四月）

ウクライナのためのスタジアム

チェルシーは欧州王者だが、ここでは主役ではなかった。ここは「彼らの」ピッチだ。スタンドに詰めかけた五万人以上の地元ファンが、咆哮を上げてそのことを知らしめた。敵軍を押し返すだけでなく、自軍を前へ押し進めていく。シャフタールもチェルシーとは別の意味で、スタンドから流れ込んでくる意志の力に抗うことはできず、戦慄に息が詰まるような激しさが込められたスピードに乗って試合をスタートさせた。コロッセウムの主人はドネツクの人々であり、普通であれば主役になる両チームは、彼らの海に漂う船にすぎなかった。彼らは明確なメッセージを発しており、それをすべての人々に伝えたいと望んでいた。「これがオレたちのチーム、オレたちのクラブ、オレたちの街だ」

ダリヨ・スルナが私に告げたように、UEFAカップのトロフィーを持ってオリンピイスキーから新スタジアムへと移ることになったのは一種の運命だった。二〇〇九年五月七日の夜、旧スタジアムの雰囲気は荒々しく、魅惑的で、すべてを飲み込んでいた。シャフタールがディナモ・キーウを破り、イスタンブールの決勝へ勝ち進んだ夜だ。だが、その地を去るときが来た。スルナの言うように、象徴的な瞬間であった。ウクライナを代表して大舞台に立つ権利をディナモから奪い取ったシャフタールは、成長する場所、さらに大きくなれる場所を必要としていた。

新天地への移転を待ちつつ、彼らはシーズンの最後の数週間も戦い続け、勝ち続けた。スルナはその道のりについても語ってくれた。クラブが新たなレベルに引き上げられる準備はすべて整っていた。シャフタールはピッチ内外での振る舞いを通して、自分たちがこれからどこへ向かおうとしているかを明確に示していた。ピッチ内においては、ディナモと並んで、ウクライナから欧州タイトルを勝ち取ったチームとなったことがそれだ。

ピッチ外に関して言えば、リナト・アフメトフの野心に疑問を抱いている者がいたとしても、この頃にはもう消え失せようとしていた。「最初の試合はカルパティ・リヴィウと戦って、四対〇だったと思う」とスルナは語り、テーブルの向かい側にいた広報担当のアンドレイ・バベシュコに確認を取った。「オボロン（・キーウ）だ」と、すぐに返事が返ってくる。「本当に？　カルパティだったと思うが」。バベシュコは自分の携帯電話で丁寧に確認を取ったが、答えはもうわかっていた。

ドンバス・アリーナでの最初の試合は二〇〇九年九月二七日に行われたシャフタール対オボロン・キーウ戦、四対〇だった。「夢のようだった」とスルナは思い出の中に浸るかのように、わずかに椅子の背にもたれかかりながら言う。「世界最高のスタジアムのひとつだった。他に何を言えるだろうか」。開場セレモニーではビヨンセがウクライナ国内での初公演を行い、地域と国中を盛り上げた。当時まだメタルルフ・ザポリージャでプレーしていたタラス・ステパネンコは、遠くから憧れの目で眺めていた。「セレモニーはテレビで見ていた。信じられなかった」と彼は振り返る。

彼が言うように、信じられないほどの規模だった。こんなものがウクライナに、ましてやドンバスにやって来るなんてとんでもないことだ。「次のレベルに到達したようだった」とジャーナリストのアンドリュー・トドスは語る。「シャフタールはこう言っていた。『聞いてくれ、我々はビヨンセのようなアーティストが公演にやって来る最新鋭のスタジアムを手に入れた。東欧の新たなビッグクラブになるのだ』と。そしてまた、ＥＵＲＯ２０１２に向けた街全体のリノベーションも準備中だった。ＥＵＲＯ２０１２はドネツクにとって非常に大きかった。もちろん試合はたくさん（五試合）予定されていたし、準決勝もあった」。スペインとポルトガルが戦ったその準決勝は、ゴールは生まれなかったが大激戦となった。クリスチアーノ・ロナウドが前回王者を敗退寸前に追い込むも、ＰＫ戦の末にスペインが競り勝ち、そのままキーウでタイトル防衛を成し遂げることになった。ポーランドとウクライナの共催ではあったが、大会の目玉スタジアムがどこであるかは疑いようがなかった。このドンバスか、改築されたウクライナ首都のオリンピイスキーか、どちらかだ。ドンバスでの準決勝は、最高レベルの会場で行われた最高レベルの試合だった。

シャフタールだけでなくドネツクのため、ドネツクだけでなくウクライナのために意味があったというのは重要なポイントだった。「空港も最新鋭のものに改築された」とトドスは続ける。「他のさまざまなインフラに関してもそうだ。それ以前のドネツクは、よくある古くくすんだソビエトの都市と何も変わらなかった。それが外側からの一般的な見方だった。だが事実関係として、二〇一四年以前のドネツク州、つまり街と周辺地域は、ウクライナで最も人口密度の高い場所だった（二〇一三年時点で国内人口の約一〇％にあたる四四〇万人が居住）。本当に人口が多く、密集していた。つまり大勢のファンがいたということだ。誰もがとにかくシャフタールを、おそらくウクライナ代表以上に愛していた。地域の代表だからだ」

アフメトフの天才的なビジョン

まさにアフメトフが夢に見ていた通りだった。ミルチェア・ルチェスクはすでに、アフメトフの野心の大きさを理解していた。二人が試合後にあらゆることを何時間も語り合ったいくつもの夜に、会長はクラブを欧州トップレベルに引き上げる新本拠地の構想を早い段階から説明していた。「神話を作りたい、伝説を作りたいのだと彼は言っていた」とルチェスクは回想する。「『会長、欧州で戦いたいのなら良いスタジアムが必要だ』と私は言った。我々の戦っていたスタジアム（オリンピイスキー）は十分なレベルではなかったからだ。どれくらいの観客が集まるかと訊かれて、『最大で三万人』と答えると、会長は『五万五〇〇〇人のスタジアムを作るつもりだ』と言った。彼は正しかった。実際にそれが、チャンピオンズリーグで超満員になったのだから。みんな本当に笑顔になり始めた。会長はチームとクラブを素晴らしくまとめていた。クラブにそれまでとは違った視点を与え、一歩ずつ、我々はクラブとしてもチームとしても非常にプロフェッショナルなレベルに（なってきた）。結果も出し始めた。そして私は彼に、こう言って納得させた。『良い結果を出したければ、観客を呼ぶ必要がある』と」

ルチェスクとアフメトフの相乗効果が表れた部分だった。彼らは同じサッカー観を共有しており、想像をかき立てるようなエキサイティングなサッカーがカギになることを理解していた。自分たちの希望を叶えるためだけでなく、ファンを惹きつけるため、シャフタールを絶対に目が離せないチームとするためにも。アフメトフは鮮やかな夢を描いていたが、それを具現化することは、より複雑なプロセスとなった。ドンバス・アリーナの建設について振り返ると、完成は予定より早まったが、「鉱夫の日」に合わせるためオープンを遅らせたということがよくいわれる。これは事実としては正しいかもしれないが、空想から計画を経て、そしてもちろん何度かの苦難も乗り越えて完成に至るまで長い時間を要した事実を無視した見方でもある。

「ほぼ五年かかった」とセルゲイ・パルキンは言う。「最初の一歩は、話をし始めたことだった。次に建築家を雇った。彼らは半年間設計に取り組んだ。それから、あらゆる調整について検討した。詳細設計の完成までには一年近くを費やした。建設中に二〇〇八年の経済危機があり、すべてがストップしてしまった。それでもトルコの建設会社（ENKA）と再交渉し、工事を再開した。長かった」と、彼は小さくため息をつく。

アフメトフのアイデアを実現させる仕事を任されたのは、世界三四カ国にオフィスを構え、スポーツスタジアム建設を専門とする建築事務所アラップ社だった。「私はロンドンで建築の仕事をしていた」と振り返るのは、アソシエイトディレクターのクリス・ダイト。ドンバスでの仕事は彼にとって同社で最初の大規模プロジェクトとなった。「私にとっては最初の仕事で、請負業者として働き、図面を引き、設計を完成させるチャンスが巡ってきた」。新鮮な気持ちでプロジェクトに参加した彼にも、シャフタールの会長が何を望んでいるのかはすぐにわかった。「シャフタール（のプロジェクト）が我々のものになった理由は、アリアンツ・アレーナ、北京（二〇〇八年五輪の「鳥の巣」）、そしてマンチェスター・シティの仕事をしたことが理由だった」

「基本的に我々は、新しいオーナーがやって来ると同時に連れてこられた。栄光の時代が到来したときだった」。プロジェクトのリーダーであるジェイ・パリッシュの下で働くダイトと同僚たちは、自分たちが大きな重責を担っていることを理解していた。スルナとチームメイトたちが自分たちの行き先を見ていたのと同じように、アラップ社のチームもまた、反対側の経験をしていたからだ。彼らの側から道の向こうを見渡せば、シャフタールがどこからやって来るかを正確に見通すことができた。

「彼らは旧オリンピックスタジアムにいた」とダイトは言う。「ちょうど道の反対側だ。まさに東欧的な、東側諸国らしい、クッキーのようにカットされたタイプのオリンピックスタジアムだった。前オーナーの時期には安全面で何度か問題が起きたため、新たなオーナーがやって来ると、彼らは何か新しいものを作りたいと思っていた。東欧サッカーの新たな拠点となるものを。ディナモに挑み、ウクライナサッカーの中心地になり、ウクライナサッカーのための新たなスペースを生み出すことが目標だった。典型的な労働者階級の街ではあったが、見た目的には、最初から信じられないほど素晴らしいものに思えた。公園の中にあるからだ」

それこそが、アフメトフの天才的なビジョンだったのかもしれない。自分の故郷の街に信じがたいほど近代的なスタジアムを構想し、資金を提供し、建設させたが、それだけではなかった。彼はそれを、もっと大きな何かの中心に据えようとしていた。ドネツクを台座の上に乗せ、世界中に誇示するような何かだ。これまではクラブにやって来る選手たちが我慢しなければならないような街だったが、その歴史や遺産を一切失うことはないまま、クラブに惹きつけられた未来の有望選手たちが愛することのできる場所になる。もともと選手たちは、クラブの環境や、クラブから受けられる配慮や気遣いを気に入っていた。これからは、街や地域も大好きになることができる。「スタジアムのグランドオープニングは、まるで五輪のようだった」。パルキンは、彼にしては珍しく言葉をまくし立てた。「ビヨンセを招待して、まるで……スタジアムを発表すると、街や国に対する我々の見方が変わった。文明の中心がキーウからドネツクに移った」と彼は笑う。

四億ドルのプロジェクト

しかし、二つの都市の違いを表現することも重要だった。ドンバス・アリーナが魔法をかけるためには、最初の考えに忠実であり続けることがカギを握っていた。平均以上に厳しい自然環境の課題を抱える場所であり街であるため、本道を外れてしまってもおかしくない場面は何度もあった。絵のように美しい公園の中に構想されたプロジェクトであろうとも、ドネツクという立地の影響を受けずにはいられなかった。いくつもの炭坑が地下に連なる場所である。「だから、建設は悪夢だった」とダイトは説明する。「設計するのも悪夢だ。あらゆる工学を組み込む必要があるからだ」。アラップ社には工学も建築術も提供できる力があったが、起こり得るすべての問題に備えるため、四つの異なるシナリオをクラブに提示しなければならなかった。二〇〇八年の世界的な金融危機が、最終的な仕上がりに大きな影響を与える恐れもあった。設計を請け負ったトルコの建設会社アンカは特に影響を受けた。「彼らは建設費を引き下げるため、すべてを変えようとしてくれた。我々の描いたものを保持するため、シャフタールは我々を雇い続けた。やり遂げたことについてとても誇らしく思っている」とダイトは語る。

新たなスタジアムを建設するにあたって、大陸全体から、さらには世界中からサッカー文化を採り入れて最高の要素を組み合わせるという発想は、近代のスタジアム文化の中でも比較的新しいものだ。トッテナム・ホットスパーは、二〇一九年四月にオープンした新機軸のスタジアムでその手法を採用した。例えば、スタジアムを設計したポピュラス社のクリストファー・リーが一七年一月に『GQ』誌に語ったところによれば、一層構造の南スタンドはボルシア・ドルトムントのジグナル・イドゥナ・パルクのゴール裏を占める広大な「ズュートトリブーネ」テラスをモデルにしたという。ロンドンのリヴァプール・ストリートから北へ向かう鉄道に乗りトッテナム・スタジアムを眺めると、ドンバス・アリーナと同じように、ドックに停泊した宇宙船のような雰囲気がある。

ただし、これはまだ二〇〇〇年代半ばのウクライナの話だ。プロジェクト全体にこのような国際的なアプローチを採ることは新鮮だった。ダイトによれば、スタジアムは過去にアラップ社が手掛けた建築と「非常によく似て」いたとしても、全体的な雰囲気はまったく異なるものだった。パルキンはこう説明する。「コーポレートボックス席を見ても、我々が世界中を旅してきたことがわかる。最高のスタジアムを回って、そこで使われているアイデアを採り入れた。スタジアム内部を見れば、ボウル型だ。建築業者には、五万四〇〇〇人の観客を収容した上で、全員がピッチを非常によく見渡せるようにするという課題を与えた。一週間かけてコンピューターで計算し、ボウルをシミュレートした」

細部へのこだわりは、プロジェクトが進むにつれてさらに強くなっていった。シャフタールの経営陣は、自分たちが何か特別なものを目にしているとわかっていた。だがそれは、さまざまな理由により、複雑で重層的なものだった。アフメトフは、決してここで小銭を稼ごうとしていたわけではない。彼は全力を注いでいるのであり、自分自身とシャフタールの名声の大部分を賭けた勝負に出ていたのだ。ウクライナのサッカーやウクライナのスポーツのみならず、ウクライナ全体にとって大きなことだった。「四億ドルのプロジェクトだった」とパルキンは率直に言う。「当時の国全体で、スポーツ建築に限った話ではなく、国内でこのレベルの建築は何もなかった。とんでもなく大きかった」。それほどエネルギーを費やすものでもあったと感じられる。「自分の一部になっていた」とパルキンは告白する。「人生の中で、何か本当に大きなことだ。とても重要なものだった。我々が新しいスタジアムを建設できたとき、それは奇跡だった」

アフメトフと働くということ

パルキンにとっては、二つのものの融合だった。ひとつは、我々が知っている通り、彼がずっと公然と関わり続けてきたシャフタール。もうひとつは、財務責任者を務めていた彼の前半生である。「シャフタールの前には、私はプライスウォーターハウスクーパースで働いていた。友人のマクシム・ティムチェンコは会長の持株会社であるSCMで仕事をしていて、ある日私に電話をかけ、サッカークラブで仕事をするチャンスがあると言ってきた。だが当時私は、二つの大きな生産工場の財務責任者だった」。パルキンは特に別の仕事を探していたわけではなかったが、ティムチェンコの話には説得力があった。「未来のために何か大きなものを作ることができる可能性があると彼は言ってきた。その財務部門を統括する助けが必要とされていた」と、パルキンは微かに笑みを浮かべながら言う。ティムチェンコは現在ではエネルギー会社DTEKを経営しており、同社はロシアの攻撃で破壊された重要インフラの大部分の復旧に取り組む業務で大きな話題を集めるようになってきている。

シャフタールはシャフタールで、岐路に立たされていた。二〇〇三年のことであり、つまりウクライナのトップクラブとしての地位を確立し始めてはいたが、欧州の強豪となるには程遠かった。当時、ウクライナリーグはまだ開始から一二年目。シャフタールも含めて、プロ化と近代化が必要だった。「UEFAはファイナンシャル・フェアプレー（FFP）を導入していた」とパルキンは語る。「すべてのクラブが従う必要があった。だから私の（仕事を引き受ける）条件のひとつは、FFPに備えること、財政面の組織的問題をすべて整えることだった。ウクライナ国立銀行に、移籍金をもっとうまく処理してもらえるようにすることもそのひとつだ。当時のクラブは、それがどういうことなのか本当に理解してはいなかった」

すぐに引き継ぎができたわけではない。実際のところ、まったく引き継ぎどころではなかった。「この仕事は一年半やった。それが終われば私はSCMの財務責任者になることで合意していた。だがこの期間中に、クラブの副会長から、私を暫定的に三カ月間クラブのCEOにすることを提案してきた。数字と計算だけの仕事を長年やってきて疲れていた私は、もう少し人間と付き合う仕事がしたいと思った」と彼は笑う。「『それじゃあ、やってみようか』と言った。そして、今ではもう二〇年近くになる」

クラブでの彼の物語は、スルナの物語と並行していた。「私とダリヨは同じ年にやって来た。彼は選手として、私は幹部として。彼は我々のクラブのレジェンドだが、同時にクラブ内部がどのように機能しているかもすべて理解している。会長ともすごく親しい。会長は、クラブ内のすべての戦略的プロセスに密接に関わっている。会長と同じ言葉で話し、何が起こっているかを正確に伝えてくれる誰かが現場側にいてくれるのは、私にとって非常に大事なことだ」

アフメトフがシャフタールに常に関わっていたいという願望を持ち続けていること、またシャフタールとブラジルの移籍市場との関係について話をしていたところで、パルキンの電話が鳴った。彼は一言詫びたあと会長と話を始めた。最新情報の交換や全般的な相談のため、アフメトフから彼に一日数回かかってくる電話のひとつだった。数分後、彼は元気を取り戻し、生き生きとした表情で戻ってきた。

その後アフメトフは、私とスルナがカリナンのロビーで話をしていたときにもスルナに電話をかけてきた。長年にわたって会長が信頼するグループの一員となっているスルナも、少なくとも一日に一回は会長と話をしている。スルナは、現在の状況下で、会長の人間的な資質を特に高く評価している。「初めて会ったとき、彼は外国人である我々をウクライナ人のように受け入れてくれた」と彼は明かす。「最初の一日から、我々全員に扉を開いてくれた。とても大事なことだ。私は彼と一緒に働いて彼から学ぶチャンスがあることをとてもうれしく思っている」。アフメトフと仕事をすることが、前進を続ける機会であることも彼は理解している。スルナは自分にスポーツディレクターの役割を務められる能力があると自負しているが、同時にまだ成長の途上にあることも自覚している。

「(アフメトフとの仕事から)人生の状況を分析する方法を学んだ」と彼は言う。「何かよくないことが起きたときには、分析する必要はない。良いことが起きたときにこそ分析し、どうすればより良くなるかを分析するべきだ。試合に負けたときに分析するのは簡単だ。だが勝ったときにこそ、さらに良くする方法を学ぶ必要がある」

開場への驚異的な反応

それが、アフメトフとシャフタールが二〇〇九年以降に直面した挑戦だった。成功を収め、トロフィーを獲得し、今や夢のホームも手に入れた。すべてをスタイリッシュにこなし、衝撃的なサッカーを披露している。では、次はどこへ行くのか。「我々の頭の中では、最低でもチャンピオンズリーグの準決勝に進むことを考えていた」とパルキンは認める。「会長は、違いを生むことのできるトッププレーヤーに投資し始めた。例えば、三〇〇〇万ドル近くをかけて獲得したベルナルジは、母国ブラジルですでにスター選手だった。会長はこれほどのサッカー帝国を築き上げていた。我々も大きく跳び上がりたいと思っていた。世界中に向けて、ドネツクとは何か、ウクライナとは何かを見てもらうために。我々の行動理念を掲げるとすれば、それはサッカーの世界大使となり、ウクライナと世界をつなぐことだった」

明確で赤裸々な野心があったが、あふれすぎて無謀に陥ることはなかった。アフメトフは大きな挑戦に慣れており、小さなステップを積み重ねていく覚悟があった。ドンバスの抱える難点が計画の頓挫につながらなかったことも一例だ。地形面の課題は、業界の専門家にとっても小さなものではなかったが、シャフタールには文字通りの意味でも比喩的な意味でも深掘りする覚悟があった。しかし、乗り越えるべき壁は物理的なものだけではなかった。

「何よりも興味深かったのは、オーナーの抱いていた熱望が、この街では見たことがないほど強いものだったことだと思う」とダイトは語る。まさに別次元だった。人目を惹くような何かで有名になったことなどなく、伝統的に労働者階級の街であった場所に、これほど壮大でこれほど仰々しいものが置かれたということなのだ。だがアフメトフはこれが、気づかれずに存在していたニーズに応えるものだとわかっていた。アリーナの開場に対する驚異的な反応がそれを証明している。「未来への本格的な願望を持ったことがなかった場所に、未来のように見える何かを持ってくるということだった。世界のサッカーエリートの仲間入りをしたいという願望があった」とダイトは続ける。

外から見れば、空想的で行きすぎた空虚なプロジェクトに見えたかもしれない。ダイトはさらに言う。「私が二〇〇五年にこのプロジェクトに取りかかったとき、友人たちに何をしているか話をすると、『それはいったいどこだ？』といった反応だった。しかし、（シャフタールは）チャンピオンズリーグにいて当然の名前だと思われるようになったと思う。毎年欧州で戦ってきたし、スタジアムもその一端を担ったと思っている」。すべてが変わった。外部への印象も、内部の期待も。シャフタールは大きく飛躍しており、ＥＵＲＯ２０１２では欧州全体を迎え入れるチャンスが待っていた。「この地域の発展と投資の道標となるものであり、希望だった。とにかく信じられないような感覚だ。信じられないほど誇らしくなれる」とダイトは強調した。

二〇一二年一〇月の夜

向上したシャフタールの地位を裏付けるため、あとはそれに見合う証明書だけが必要とされていた。それが手に入ったのは二〇一二年一〇月。欧州王者チェルシーがチャンピオンズリーグのグループステージの試合のため街にやって来たときだ。チェルシーはロベルト・ディ・マッテオ監督のもと、欧州の試合で無敗を継続していた。クラブのレジェンドであるディ・マッテオは前年三月にアンドレ・ヴィラス＝ボアスからチームの指揮を引き継ぐと、ベスト16ではナポリを相手に逆転劇を演じた。スタンフォード・ブリッジで行われた欧州カップの試合の中でも最も衝撃的な試合のひとつとなった。そのまま勝ち進んでミュンヘンでトロフィーを勝ち取ったチェルシーだが、彼らの連続無敗記録を不遜にも打ち砕こうとする相手が現れた。

満員のスタンドが騒然とする中、過去一一カ月間無敗で自信を強めていたシャフタールは、立ち上がりからチェルシーに襲いかかった。ルチェスクらしさのすべてがそこにあった。東欧らしい4バックを敷き、スルナが右サイドで主将を務める。DFラインの前（現在ではステパネンコのものとなったポジション）に位置するトマシュ・ヒュブシュマンの存在により、自陣から敵陣まであらゆる場所を動き回る自由を得たフェルナンジーニョは、そのチャンスを両手でしっかりと掴んだ。彼が攻撃参加すると、アレックス・テイシェイラ、ウィリアン、ヘンリク・ムヒタリアン、ルイス・アドリアーノと五枚の前線を構成するかのようだった。

その夜、シャフタールの攻撃陣にはそれ以上の人数がいるように感じられることさえあった。だが実際には、ホームチームが先制点を奪ったとき、チェルシーのペナルティエリア内にいたのは二人だけだった。ルイス・アドリアーノが混乱する相手守備陣の間をかき分けてお膳立てを整え、アレックス・テイシェイラが冷静なフィニッシュをファーポストへ送り込む。開始からわずか三分のことだった。スタンドから上がる歓喜の叫び声は、宇宙船のような天井のリングを浮き上がらせんばかりだった。

容赦などなかった。シャフタールはこの夜、（少なくとも名目上は）欧州最高のチームを相手に、実に一七本ものシュートを浴びせた。彼らしく躍動感あふれるパフォーマンスを見せたウィリアンには、ドンバスの観客から受ける歓声以外にもモチベーションがあった「チェルシーでプレーすることは夢だった」と彼は認めている。「プレミアリーグで、チェルシーでプレーすることが。二〇一一年一二月にチェルシーからオファーがあったことを覚えている。だから一二月から一月にかけて（シャフタールと）話をしていたが、返事は『ノー』だった。それから一二年夏、チェルシーがもう一度声をかけてきて、シャフタールはやはり『ノー』だった」。チャンピオンズリーグで優勝したとはいえ、チェルシーは再建の時期を迎えていた。勢いに乗る前進思考のチームで象徴的存在となっていた二四歳のウィリアンは、期待の持てる魅力的な選手だった。自分を欲しがるチームとの対戦で彼が見せたプレーも、その熱を冷ますようなものではなかった。

「チェルシー戦では素晴らしい試合ができた」と彼は振り返る。しかも二回だ。「ホームでは勝った。アウェーではもう少しで引き分けられるところだった。（アディショナルタイムにヴィクター・モーゼスが決めたヘディングで）最後は敗れてしまったが、二試合とも素晴らしい試合だった。私も本当に良いプレーをすることができた」。ウィリアンは二戦目のほうがさらに良かった。二ゴールを叩き込む決定力を発揮し、シャフタールはあと一歩で勝ち点一を持ち帰ることができるところだった。

その二週間前のドネツクでは、チェルシーは軽傷では済まなかった。二点目はフェルナンジーニョが爆発的な突破によって生み出し、自らフィニッシュも決めた。中盤から突進してアドリアーノとパスを交換したあと、ペトル・チェフの守るゴールの隅へ突き刺した。素晴らしいゴールであり、まるで金箔に墨で書かれた名刺のような、シャフタールのサッカーの真骨頂だった。それを讃える叫び声が観客席から降りかかり、耳を突き刺し頭蓋骨を震わせたことがすべてを物語っていた。「オレたちは止められない！」と。終盤にはオスカルが一点を返したとはいえ、チェルシーにとっては敗戦の意味から目を背ける意味しか持たなかった。グループ首位に躍り出たシャフタールは、最終的に前年王者をグループステージ敗退へと追い落とすことになる。それはアフメトフとルチェスクが夢見ていたような夜であり、ピッチ内外両方での力強い宣言だった。一途なファンで埋まった満員のスタジアムが、若く野心的で、挑戦する姿勢を持ち、自信にあふれるチームに興奮していた。結果も上々だったが、それ以上に勝ち方が完璧だった。これこそ彼らが望み続けていたものであり、多くの人々にとっては夢見ることすらできなかったものだった。

クラブで数え切れないほどの功績を残したパウロ・フォンセカも、これほどの夜を経験することはできなかった。しかし、クラブのベテラン選手たちが彼にドンバス・アリーナの話を伝えないはずはなかった。「もちろん、たくさん聞いた」とフォンセカは笑顔を浮かべる。「実際、用具係からメディカルスタッフ、パルキンに至るまで、クラブで働く全員がドネツク出身だった。チームがドンバス・アリーナで戦えないという事実に、彼ら全員がとても傷ついていることがすぐにわかった」。就任当初のフォンセカにとっては、それほどのトップレベルの施設でプレーできれば、クラブを率いる経験がさらに良いものになるだろう、といった考えが浮かぶ程度だったかもしれない。だが周囲の者たちの憧憬や喪失感を通して、そのスタジアムは単なる優れた拠点以上のものであることが理解できた。変化の象徴であり、拠点を地図に記したという感覚があり、ドンバスとその地の人々に推進力と前進を示すものであった。クラブに大勢の地元出身者がいること、彼らの人生から何かが失われたという感覚を感じ取ることを通して、フォンセカにも本当に大事なものが何であるかが伝わった。「ドネツクの人々はシャフタールに憧れており、誰もがスタジアムを訪れていた」と彼は続ける。「そして誰もが、そのことについてたくさん話をしてくれた。どれほど懐かしんでいるか、ファンの前でプレーできないことがどれほど残念か、という話を」

盗まれたクラブの歴史

二〇二二年二月の侵攻以前からすでに、故郷へ帰還する道のりは長く険しいものに思えていたが、それでも信じ続けなければならない。「スタジアム正面から瓦礫が崩れ落ちるのを見ると、少し心が痛む」とダイトは嘆く。「あそこが射撃訓練の的に使われているのを見るのもつらいことだ。我々は、未来のどこかの時点でスタジアムが蘇るという物語にぜひ参加したいと思っている。だが現時点では、あまりにも難しい状況にある」

ドンバス・アリーナを建設するために注ぎ込まれたあらゆる計画、想像力、願望、愛情を考えれば、シャフタールがその準備に費やした時間が、そこで実際にプレーできた時間よりも長いというのはとんでもない事実だ。二〇一四年に街から追われた時点で、クラブはドンバス・アリーナでまだ五年もプレーしていなかった。信じられないほど悲しいことだ。

「正しく健全な多額の資金が投じられたスタジアムだった」とダイトは断言する。彼はそれでも、いつになるとしても、明るい未来が訪れることを穏やかに信じている。「私の知る限り、スタジアムは損傷を被ったとはいえ、被害の大半は正面のデザインなど主に表面的な部分に限られている。そして我々の心の中では確かに、未来のどこかの時点でチャンスがあること、コンクリートの骨組みが出来る限り残ってくれることを願っている。来るべきときが来れば、クラブを助けられる機会が巡ってくるだろう。今あるものを再建するのかもしれないし、二〇二四年になればシャフタールの状況が変わっているかもしれない。もう一度やれるようにするための手助けに参加するチャンスを楽しみにしている」。夢を現実にすることこそが、ダイトと彼の同僚たちが得意としていることだ。

一方で、悪夢は続いている。ニュース記事やソーシャルメディアを本当に騒がせたのは、割れたパネル窓や損傷した屋根のような、表面的で修復可能な被害ではない。スタジアムが、チャンピオンズリーグの大一番を開催するのではなく、ロシアの購入したロケットランチャーを保管するために使用されているという事実である。肝心な問題は、さまざまな意味で、スタジアムがそのまま置き去りにされたように見えることだ。スタジアム外部の巨大横断幕の上には、タイソンの大きな横断幕が垂れ下がっている。タイソンはクラブの輝かしい過去を彩った英雄であり、八年間在籍していたが、二〇二一年にクラブを去っている。まるで何も変わっていないかのようだ。その嘘のような事実は、単に放置されたということではなく、スタジアムの現在の管理体制に反映されている。親ロシア派のメディアでは一八年五月に、ドンバス・アリーナの芝の修繕が発表された。サッカーは開催されておらず、経済活動もほぼ行われていないのに、いったい何のために、と不思議に思う者もいるだろう。身の毛のよだつような展開だ。占領者たちは、ドネツク人民共和国（DRP）の旗を掲げ、スタジアムは一七年から彼らの管轄下にあると発表したのだ。彼らはまた、地元メディアを通じて、クラブミュージアムを再オープンしたことも明らかにしている。会場が奪い取られたのみならず、クラブの歴史が盗まれている。

残念ながらこれが、二〇一四年以来シャフタールとウクライナの前進を阻んできたロシアの収奪政治の表れであり、それは今も続いている。

六章

ユーロマイダンとドネックの陥落

悲劇に耐えてきた壮麗な都市キーウ

現在を理解するためには、少なくとも過去を把握する必要がある。二〇一三年、私はキーウのことを知っているつもりだった。街中の通りも、観光地も、人々も、美味しい店も、それに歴史も十分に知っていた。その年の一一月、キーウに住む友人を訪ねて誕生日を祝った。一一月二二日、みんなでミニバスに乗り中心街から遠出したとき、私の鼻は窓に押しつけられた。何千、何万という人々が通りを埋め、ほんのわずかな路面すら見えないほどだ。目をそらすことができない光景だった。その後のキーウ中心街では、路上に集まった人々の思いが明らかに感じ取れた。彼らは心の底から声を上げており、怒鳴り散らすことはなくとも確固たる信念を抱いていた。集まった人々は皆、市内中心部へと向かっていた。具体的にはマイダン・ネザレジノスティ、つまり独立広場へと。

キーウが悲劇に耐えてきた壮麗な都市であることはすでに知っていた。一九四一年九月には、このウクライナの首都を舞台として、第二次世界大戦における最悪の残虐行為のひとつが行われた。二日間にわたって、三万四〇〇〇人のウクライナ系ユダヤ人がナチスの占領軍によって財産を奪われたあと、バビ・ヤールの渓谷まで行進させられ、そこで銃殺されたのだ。以来バビ・ヤールは聖なる追悼の地とされている。

ウクライナがポーランドとの共催でＥＵＲＯ２０１２を開催しようとする頃、キーウはレオニード・チェルノヴェツキー市長の混乱した執政のもとで、必要な準備を間に合わせるのに苦労していた。当時ＵＥＦＡ会長を務めていたミシェル・プラティニは一〇年春に、キーウが準備を整えられないようであればウクライナから開催権を剥奪すると明確に脅しをかけた。「これ以上時間を無駄にはできない。キーウがなければウクライナもなしだ」と彼は述べた。市内にホテルの客室数は一万七〇〇〇室しかなく、これは当時建設中だったオリンピイスキーの収容人数の三分の一にも満たなかった。旅行者の宿泊施設を何とか増やそうと奔走する市議会は、バビ・ヤールにホテルを建設する申請を承認していた。だがこれは、キーウのユダヤ人コミュニティにとって重大な侮辱だった。キーウには、欧州ではロンドン、パリ、モスクワに次ぐ規模である一一万人のユダヤ人が居住していた。

これはさまざまな理由によりデリケートな問題であった。単に神聖視されていた場所だというだけでなく、ウクライナのユダヤ人たちにとっては軽視されたことが大きなショックだった。キーウがまだソビエト連邦の一部だった一九七六年に最初の追悼碑が建てられた際には、虐殺の犠牲者がユダヤ人であることは具体的に言及されなかった。犠牲者は単に「ソビエト人」と書かれていた。ユダヤ人コミュニティは、認められるまで長くつらい時期を過ごしていたが、市政担当者たちは今回再び彼らの歴史を踏みにじったのだ。

しかし今回は、市民の思いを汲み取ろうとしない当局の態度はさらに無慈悲なものだと感じられた。ウクライナのヴィクトル・ヤヌーコヴィチ大統領が欧州連合との間で計画されていた連合協定の締結を一転して拒否し、ロシアとの緊密な関係を優先することを選ぶと、正義のために立ち上がるという伝統が再び前面に押し出された。ヤヌーコヴィチの動きは、非常に反民主的なものだと感じられた。ウクライナの議会であるラーダではその年の二月に、三四九人の国会議員のうち三一二人が賛成票を投じるという圧倒的多数で協定への署名が可決されていたのだ。

九三日間続いたユーロマイダン

一一月二一日、ユーロマイダンが始まった。息を呑むほどの規模だった。二〇〇四年のオレンジ革命の現場にいなかった者にとっては、独立から比較的日が浅い国家が抱いている正義と自決への渇望の全体像を理解することは難しかった。「あくまで非政治的だった」とポール・ニランドは主張する。彼は実業家であり作家でもあり、自殺防止とメンタルヘルスのヘルプライン提供の活動を行う「ライフライン・ウクライナ」の創設者でもある。ユーロマイダンは、特定の出来事に対する反応として始まったとはいえ、すぐに「マイダン（広場）」となった。単純に、抗議活動の震源地にちなんだ命名である。それは民主化を求める叫びであり、腐敗やロシアとの共謀は容認できないということを国民が明確にした転換点だった。〇四年の出来事も尾を引いていた。のちに大統領となるヤヌーコヴィチを中心とした大規模な選挙不正が行われたとして、抗議デモが広がったという一件だ。つまり、特定の出来事が契機だったとしても、抗議の対象は文化そのものだった。

「マイダンの人々は最初から……壇上に上がって演説をする政治家たちもいたが、特定の政党の政治的な旗や横断幕を掲げることは歓迎されないというのがマイダンの不文律のようなものだった。最初から、民衆による動きだった」とニランドは語る。二〇一五年のドキュメンタリー映画『ウィンター・オン・ファイヤー：ウクライナ、自由への闘い』の中で特に印象的な場面のひとつは、少なくとも西側の視点から見れば、国際的に尊敬されているヴィタリー・クリチコが支配勢力との交渉の中継役を務めたことで群衆からブーイングを浴びるシーンだ。クリチコは当時国会議員を務めており、間もなくキーウ市長となるところだった。

「マイダンは九三日間続いた。私は八九日間その現場にいた」とニランドは語る。「しかし、これが革命であり、我々は成功すると確信できた日は、あの一一月三〇日。それから一二月一日だ」。それは、警察の特殊部隊ベルクトがデモ隊を棒や催涙ガスで攻撃し、解散させようとしたときだった。翌日の反撃により、抗議者たちは市庁舎と労働組合ビルを占拠した。攻撃は運動を終わらせるどころか、両者の立場を固めることにしかならなかった。「数週間後には小さな都市のようになった」と、当時キーウに住んでいた英国人のピート・ジョスは言う。「だから、事態が本当に深刻になり始めたのは、一二月や一月になって気温が下がってきたときだった」

大きな転機となったのは二〇一四年一月一六日だ。自由な演説や自由な集会を制限する一〇本の法案群がラーダで可決された。抗議に対抗する法律だと受け止められるのは当然だった。当局に抗議者たちを「過激派活動」と認定する力が与えられる法案や、ベルクトが抗議活動家への攻撃を行った際に訴追免責を認める法案もあった。乱雑な手続きを経て、議場での採決は非科学的な挙手によって（しかも非常に雑な数え方で）急ぎ足で行われた。一月一九日に開かれた次の日曜集会では、マイダンに集まった抗議者たちの中で、一連の法律が導入されたことはマイダンがヤヌーコヴィチに対して優勢になりつつあることを裏付けていると野党の政治家たちが考えを述べた。ニランドによれば、その日曜日は「（マイダンが）非政治的な運動であることを示す重要な日のひとつ」だった。

急速な状況の変化

しかしこの変化は、ジョス一家にとっては、非現実的な事態をさらに懸念すべき状況へと変えるものだった。彼らは一年足らず前にキーウに移り住み、市内中心部のアパートメントで二人の幼い子どもを育てていた。デモ隊が最初にマイダンにバリケードを築いてキャンプを張った時点では、抗議自体も、参加者たちの決意も平和的なものだった。ジョスは私に、彼の自宅に飾られた写真を見せてくれた。スノースーツに身を包み、毛糸の帽子とマフラーを身につけ、木製のパレットを積み上げたバリケードの前で微笑む二人の少年の写真だ。しかし時間が経つにつれ、現地の事情は変化の兆しを見せ始めてきた。ジョスは毎朝、五歳の長男を学校へ向かうチャーターバスに乗せるところまで送って行き、一日の終わりには同じ場所へ迎えに行っていた。バスは「マイダンから一〇〇メートル離れた」彼らの住む通りの端から出発するものだった。「ある日私は、小さなバス乗り場まで息子を迎えに行った。すると、ホルスターに銃を入れた男がこちらを振り向いて言ってきた。『子どもを連れて路上にいては駄目だ。家に帰れ。子どもを通りに出すな。危険だ』と。ちょっと待て、これは単に傍観していればいいというものではない、と考えたのはそのときだった」

全体的なムードが変わってきていることを意味していた。それまでは、真剣に心からの抗議を行いながらも、本質的には善意に基づくものだった。マイダン周辺では、ヤヌーコヴィチとロシアを皮肉るようなノベルティグッズの小さな店も出店されていた。中心街の道路脇には臨時の露店が並び、ソ連軍の帽子やウラジーミル・プーチンの顔が描かれたトイレットペーパーが並べて売られていた。私もクリスマスに友人から「プーチン・フイロ（「プーチンはアホだ」）」と書かれたTシャツが送られてきたのを覚えている。しかし、マイダンキャンプの傍らで小競り合いが起こるなど、暴力行為の頻度は急速に高まってきていた。徒歩ですぐの場所に、ウクライナサッカーの名所のひとつであるヴァレリー・ロバノフスキー・スタジアムがあった。かつてディナモ・キーウが使用していたスタジアムだ。一月には何度か、デモ隊が夜にスタジアムに集まり、ベルクトとにらみ合ったことがあった。ある夜、ジョスは友人たちと飲みに行った帰りにその様子を見に行くと、スタジアムの前に並べられたタイヤが燃やされているのを挟んで両側にデモ隊と当局が陣取る光景を目にすることになった。

振り返ればこの光景は、優雅な街に何が起きているのかを示す最も悲しい指標のひとつだった。ランドマークに損害がもたらされているということだ。「ロバノフスキーの銅像は埃と炎にまみれていた。道路全体が燃えるタイヤで覆われていた」とジョスは振り返る。あとになって思えば、抗議の様子をそれほどの至近距離で確認しに行ったことは「愚かなことだった」と彼は考えている。しかし、それほど目まぐるしく変化する状況から目を背けるのは不自然なことであり、当時とそれ以後の事態の進展を予測するのは難しかった。すでに不安定なものとなっていた現状に、毎日別の変化や別の意味合いが加えられた。事態がエスカレートしていく中、各国は自国民を脱出させる必要があると判断した。だが英国政府からの勧告はなかった。「我々が避難させられることはなかった。国によっては、大使館が国民を避難させていた。特に騒がしい夜も何度かあった。わずか二ブロック離れたアパートメントに住んでいると、非常にリアルに感じられる」とジョスは語る。

最もリアルだったのは二月二〇日だ。抗議者たちはベルクトのやり口に関してヤヌーコヴィチに憤慨していたが、それとはまったくレベルの異なる残虐行為が行われようとしていた。ジョスの妻ジョリーンはキーウの外務省職員を務めており、いつものように歩いて出勤した。「彼女はいつもマイダンを横切ってオフィスまで歩き、毎朝途中で状況を報告してくれていた」とジョスは説明する。「その朝、彼女は歩きながら九時一〇分前に私に電話をしてきて、すごく静かだと伝えてきた。煙が上がっていて、キャンプはどこもかなり煙たかった。だいぶ静かだった。そして彼女は仕事へ行った。私がTwitterを見ていると、突然、マイダンで発砲があったという話がいくつも飛び込んできた。ジョリーンに電話をして、『大丈夫か、そこから離れるんだ』と伝えた」

彼は感情を交えずに話すが、それがかえって、この話をさらに恐ろしいものだと感じさせる。「応答はまったくなかった。彼女と連絡がつかなかった。必死に電話をかけていた。『いったいどこにいるんだ?』と。本当に奇妙な時間だった。彼女はオフィスに行った。朝には全員が安全対策のミーティングに参加していた。何もかもがすごく静かだった。そのミーティングを終えるまで、彼女は私からのメッセージを受け取ってはいなかった。狙撃兵たちが発砲したという話を、私からオフィスの全員に伝えることになった。その日だけで七〇人以上が亡くなったと思う。考えてみても、本当にヒリヒリするような時間だった。あの朝、(彼女は)何も知らないまま銃弾の雨の中に歩いていくことになっていてもまったくおかしくはなかった」。この街にとって、過去数十年間で最悪の一日となった。

あまりの激しさに、すべてが手に負えなくなった。「私たちが英国に戻ったのは、その直後だったと思う。私と息子たちは、とにかくそこから離れるために一週間帰省した。あのあと、あまりにも多くのことが起こりすぎたからだ。たくさんの暴力、たくさんの殺人。『少なくとも一週間はここを離れて、それから様子を見よう』と私たちは言った。そして実際に、私たちが離れてからほとんどすぐに、ヤヌーコヴィチは逃亡した」

マイダンを取り巻く状況は急速に変化しており、既存メディアの報道では追いつかないほどだった。その頃のジョス一家にとってはTwitterが命綱であり、他の同僚たちも同じだった。「現地にいる特定の人たちをフォローしていると、テレビで報道されるよりもずっと前に、いろいろなことが耳に入ってきた。まだ少し混乱している部分もあって、『いったい何が起こっているんだ？』とみんな考えていた。現地にいて何かが起きたときに何が起きているのかを正確に伝えてくれるジャーナリストやその他の誰かの話を聞くほうが、ニュース報道を待つよりずっとよかった」。急速に出来事が展開する混乱に加えて、政府広報とデモ参加者では真実の捉え方が大きく異なっており、ほとんど収拾がつかなかった。ジョスが言うように、「情報戦だった」のだ。

終わらない情報戦

そして現在も、あらゆる方面で情報戦が続いている。キーウでの抗議活動とサッカーがつながっていることは明白であり、ウクライナサッカー界のウルトラス文化がマイダンに関与していることを通して明らかになった話も多かった。マイダンの抗議の時期がウクライナ・プレミアリーグの長いウインターブレイクと大部分重なっていたこともあり、ディナモの各グループはデモ隊の中で特に活動的で中心的な部分を占めていた。「過去二〇年ほどにわたって東欧で繰り返されてきた大規模な街頭デモに連なるものだ」と、ジャーナリストのジョナサン・ウィルソンは二〇一四年三月に

『ガーディアン』紙で記した。「ウルトラスのグループは主に若く健康な男たちで構成され、組織化されており、警察との闘争や警察からの逃亡に慣れている。味方側にいれば便利な連中だ」。それは首都だけに限ったことではなく、国内全体で発生した同様の騒乱に共通するものだった。『ラジオ・フリー・ヨーロッパ』のデイジー・シンデラー記者は、一四年一月にこう書いている。「ドニプロペトロウシクでは一月二六日に、予想外に大規模な親マイダン派のデモ隊が地方行政庁舎を襲撃しようと試み、ドニプロのウルトラス数百人がそれを支援していた」

ディナモを観戦するためよくオリンピイスキーを訪れていたジョスは、三月に行われるシャフタールとの試合に向けて英国から数人の友人たちを招待していた。だがロシアがクリミアに侵攻すると緊張感が高まり、その試合も、再開が予定されていたウクライナ・プレミアリーグ全体も延期された。しかし、その余波としてポジティブな対応も取られた。ディナモのウルトラスと、すでに遠征を手配していたシャフタールのウルトラスが、トップチームに代わってオリンピイスキーで試合を行ったのだ。大勢の観客が詰めかけ、午後にはスタジアムの売店も営業されたほどだった。試合後には、ヤヌーコヴィチ政権下で投獄され大統領退陣後に釈放されていたディナモサポーターのセルゲイ・パヴリチェンコがスピーチを行い、集まった観衆は彼の提案に応じた。国内の両側から集まった二つのサポーターグループが、今ではお馴染みとなった「スラーヴァ・ウクライニ！（「ウクライナに栄光あれ」）」のチャントをお互いに向けて歌ったのだ。彼の収監中には、ルーマニアからポルトガル、さらにはロシアまでも含めた大陸中のウルトラスが、パヴリチェンコを支持するチャントを歌ったり横断幕を掲げたりしていた。

このことは、ウクライナを分断するよりも結束させようとする者が多かったことを強く示唆している。インディアナ大学の歴史学教授の黒宮広昭が、二〇一五年にリヴィウで開かれたドンクルト文化フォーラムで行った講演「ドンバスの謎：その過去と未来をどう理解するか」の中で指摘したように、ドンバスはこの上なく複雑であった。したがって、思い込みによる判断はいつも間違っていた。「ドンバスを問題の種だと見なすことは、ウクライナの国家建設という政治的問題を回避することだ」と黒宮教授は書いている。複雑で容易に理解しにくいものは、理解する価値のあることでもあり、多くのウクライナ人は理解しようと努めていた（今も努めている）。

「（キーウとドネックは）遠く離れているが、私が本当に気がついたのは、多くの人々がお互いにつながっていると感じていたことだった」とジョスは言う。「東部の人々はロシア語ばかりを話し、全員がロシアびいきだといわれるのは、いわゆるロシアのプロパガンダのひとつだ。彼らは西側のことやウクライナのことなどどうでもいい、とか。しかし、実際はまったく違っている。私がウクライナで知り合ったほとんどの家族は、どこでも家族の中に少しロシア人がいた。母親がロシア人であったり、父親がウクライナ人であったり」。地理的なギャップを埋め、先入観を取り除き、ウクライナ人を分断するのではなく一体化させるような理解を築くことが重要となり、今後の長年にわたってウクライナの強さの源泉となるだろう。その後、ヘルソンで独立の選挙監視員として仕事をするようになったジョスは、真実とはよく言われるほど単純なものではないという考えを強めている。

ジョリーンは、二〇一四年が進むにつれて街中の様子が明らかに変わってきたと語る。「私たちが最初にあそこへ行った頃は、ウクライナ人とロシア人にそれほど大きな区別はなかった。全員が両手を広げているようで、ロシア人とウクライナ人は入れ替えても何も変わらなかった。それから時が経ち、マイダンが拡大したあとクリミアが併合され、ドンバスですべてが本格的に動き出す前から、人々に変化が見られるようになった。民族衣装を着る人が増え、街中でロシア語を話さない人が増えた。彼らは主にウクライナ人だったから。それから、ベサラブスキー市場に行っても、もう誰もロシア語を話さないような状況に変わっていった。誰もがウクライナ語を話していた」

第一次ドネツク空港の戦い

クリミアの陥落後、ドンバスでは緊張が高まった。何もかもが関連し合っていた。シャフタールのオフィスでは、ジョー・パーマーがキーウで起きていることを心配していたが、彼のいる場所からは遠く離れていることだと感じられた。だが玄関先では潮位が高まってきていた。親ロシア派の抗議者たちは話し合いから行動へと移り、パーマーが住んでいた場所の真向かいにある地方行政庁舎を占拠した。「バリケードが築かれた」と彼は振り返る。「周囲はタイヤの壁で囲まれ、ブービートラップが仕掛けられていた。釘の刺さった野球バットを持って(周辺を)パトロールしている男たちがいた」。だが当時でさえ、ある意味ではマイダンのような自制があった。「暴力の拡大」はなかった、とパーマーは言う。

シャフタールのチーム内はおおむね落ち着いていた。おそらくは距離が離れていたことも理由のひとつだろうし、短期間で集中力を強く高める必要があるサッカー選手は物事を切り分けるのが非常に得意であることも理由なのだろう。それでも、普段通りの生活とは感じられなかった。「冬にキーウで始まって、それからドネツクでも何かが起こり始めていた」とタラス・ステパネンコは振り返る。「軍隊が地方政府を乗っ取った。私のような普通の人間としては……ただ練習をして、自分のいつもの生活を送っていた。ニュースは多少読んでいたし、母が（ザポリージャから）電話をかけてきて『タラス、何が起こったの？』と訊いてきたが、『大丈夫』と答えた。家族と一緒に、何も問題なく中心街を歩くことがまだできていた」

そのような「落ち着いて続けていこう」という感覚が広がっていたとパーマーは言う。それが最善だったのかもしれない。「ショッキングなことだとは感じたが……大半のウクライナ人たちは鈍感だった。だから私も、とりあえずは気が楽になった」。シャフタールの一員であることも、守ってくれる壁がもう一枚多いという感覚を生み出していた。「アフメトフの力のおかげで、我々は（ある程度）何が起こっているかを知っていたし、スタジアム周辺は警備が厳重だった」とパーマー。「特に脅威を感じたことはなかった。五月までは、緊張を感じる瞬間はあったが、それでも解決できると感じていた」

街中は冷めきったムードではあったが、ドネツクに住む外国人たちの間では、お互いにもっとコミュニケーションを取る必要があるのではないかという意識があった。彼らのコミュニティは、例えばキーウの外国人コミュニティほど大きなものではなかった。「他の外国人たちと、かなりの回数の集まりを開いていた」とパーマーは語る。「ドイツ、フランス、オランダの人たちがいた。そしてありがたいことに、スイス人の一人はドネツクのドンバス・パレス・ホテルを経営しており、彼は毎日スイスの諜報機関から情報を受けていた。何が起きているのか、彼はどうするべきか、どこに行くべきではないか、という説明だ。我々は状況を観察し、定期的な会合の回数をさらに増やした。毎日メールを交換し、最新情報を報告し合っていた。面白いことに、私は当時キーウの英国大使を知っていたが、彼から受けた連絡はキーウで開かれる大使主催の夕食会への招待だけだった。

非常に英国的だと思った！　ほとんど戦時中なのに、『夕食会へお越しください、何も問題ありません。紅茶でもいかがですか？』と」

礼儀正しい話し合いができるのは、ここまでだった。決定的な瞬間が迫りつつあった。「五月二五日に選挙が行われることになると、私たちは腰を落ち着けて自分たちに言い聞かせていた。『これがキックオフだ』と。誰が政権を取ったとしても、反乱者たちは（政権を）受け入れないだろう」。この頃になると、ステパネンコ一家でさえも慎重な側に回っていた。「代表チームのため家を離れ、妻がドネツクに残ったときのことだ。五月の末頃だった。何かすごくよくないことが起こり始めているのがわかった。だから妻には、息子を連れて荷物を持って、ザポリージャへ行くように言った」。パーマーも慌てて出発の計画を立てた。「出来る限り荷物をまとめて、土曜日に出発することにした。選挙は日曜日に行われ、月曜日にはキックオフのときが来た」

それは、ある種の控えめな表現でしかない。五月二六日の朝、親ロシア派と称する反政府勢力がドネツク国際空港を占拠した。政府軍がこれに対応し、「第一次ドネツク空港の戦い」が幕を開けた。その次に起きたことを伝える映像は、世界中に衝撃を与えた。戦闘は迅速に、残忍に遂行され、二日足らずで終了した。分厚く黒い煙が空に渦巻いていた。重装備を揃えた両軍が砲撃を応酬し、侵入者を排除するためウクライナ軍による空爆が行われた。パーマーは、彼が脱出できたかどうかを確認したい友人や知人たちから何通ものメッセージを受信していた。ドネツクの友人たちからは、そこで何が起こっているかを知らせるメッセージが送られてきた。まるで「ゾンビ映画のワンシーン」のように乗用車や緊急車両が乗り捨てられ、路上には遺体が転がっていた。パーマーは信じられない思いで問いかけた。「とにかく思った。ここで何が起こっているんだ？　なぜこれほど急にエスカレートしたんだ？」

彼はこの街から多くのものを与えられ、この街で明るい未来があると考えていたが、そこにいたのはこのときが最後となった。ドンバス・アリーナ、空港、再開発、さらにはインターナショナルスクールも開校するなど、ＥＵＲＯ開催後の発展はドネックが世界に向けて開かれつつある兆しだった。それはもう存在しない。最終的に空港が破壊されたことは特に象徴的だった。ドネックの進歩と未来を示す真新しく超近代的な看板が、瓦礫と化す光景である。言うまでもなく、世界中とつながって人々の行き交う場所になりたいという、この街の意志も同時に破壊された。ドネックは今や閉ざされた社会となった。「恐ろしいことだった」とパーマーはため息をつく。「だが幸い、私の親しい人たちはみんな脱出することができた。これは厄介なことになるかもしれない、いつ戻ることができるか、そもそも戻ることがあるのかわからない、と考えていたのは最初の数カ月だけだった」

一体化するウクライナ

二〇一四年二月二二日にヤヌーコヴィチがひっそりと国を離れ、最終的にロシア国内の安全な避難地へと向かうと、ある種の安定が始まるはずだと感じられた。だが彼はサイドライン際から口を出し続ける。有名なのは二月二八日のロストフ・オン・ドンでの演説だ。今になって振り返ると、論説の枠組みとしてプーチン風の言語を使い始めたことがさらにはっきりと見て取れる。「ウクライナにおいて完全な少数派である国粋主義者、ファシスト、若者たちによって権力が奪われた。マイダンを支援する西側の無責任な政治の結果によるものだ」と、ヤヌーコヴィチはウクライナ語ではなくロシア語で述べたのだった。

二〇〇四年のオレンジ革命のあと、一三年のユーロマイダンのあと、そして一四年にドンバスで戦争が始まったあとに投げかけられた質問は、「ウクライナの各地域はお互いをどの程度知っていたのだろうか？」というものだった。

「ロシアの偽情報マシンがあった」とジョリーンは強調する。「単純に事実ではない話を拾い上げていた。しかし、当時の偽情報に関して誰もが目にしていたのは、西側メディアも間違っていたということ。単純に正確ではないニュース報道が、どちら側からもたくさん流されていた。あのネオナチの話という点では、ロシア・トゥデイ（RT）も間違っていたが、西側メディアもそれを広めていた」

ウクライナは以前から誤解に対する抗議を行っていた。EURO2012の開幕予定日の数週間前、一二年五月に放送されたBBCのドキュメンタリー『EURO2012：憎しみのスタジアム』に対して怒りを込めた反応を取った。BBCは番組を強く擁護したが、ウクライナ外務省のオレフ・ヴォロイシュン報道官は同番組を大会組織に対する「直接的な攻撃」と呼び、事実関係よりも映像の構成に異議を唱えている様子だった。

ニランドと話をすると、私自身の言葉の使い方を見直すことになる。彼にもそう伝えた。二〇一五年の映像『シャフタール・ドネツク：亡命クラブ』の冒頭を改めて見返してみる。私も含めた共同制作で、『ガーディアン』紙に提供したものだ。シャフタールの試合が行われる夜に、私はアリーナ・リヴィウの外に立っている。「ドネツクは昨年の夏から親ロシア勢力の支配下にある」というのが私の最初の言葉だ。我々がどれほど誤りの潜んだ伝え方を繰り返していたのか、まさに衝撃を受けざるを得ない。

ロシアの継続的な「ガスライティング」がいかに消耗を強いるものであったか、ニランドは雄弁に語る。ロシアからの荒らし行為の標的とされ、彼は一時的にソーシャルメディアを離れなければならなかった。ロシアから荒らし行為を主導していたのはおそらく、サンクトペテルブルクで活動する工作企業のインターネット・リサーチ・エージェンシーだ。「当時はそこに、ドンバスで起きていたことについての捉え方も影響していた」と彼は説明する。「ドンバス全域ではないが、ドンバスの一部が何らかの形で分離主義運動を起こしていたという見方だ。だが実際にはそうではなかった。最初からロシアの運動であり、ロシアの作戦だった」

ニランドは二〇年以上キーウを拠点として活動し、自ら西側と東側のギャップを埋めてきた。彼の「ライフライン・ウクライナ」は、戦争勃発後に特に顕著になったニーズを満たしている。「我々が一緒に活動し始めた最初の理由は、二〇一四年以来ドンバスで戦ってきた戦闘経験者に、自殺予防の支援体制を整える必要があったことだ。英国でも、イラクやアフガニスタンで従軍して帰還した者たちに関して同じことが起きていた。そういう者たちに支援体制を整える必要がある。私はこの問題にどのように取り組むべきかを考え、アメリカの退役軍人省のモデルを研究した。一対一の支援体制がサポートを提供する上で最適だ。退役軍人を大勢採用し、毎日彼らと一緒に働いている」

そのような支援の促進に協力することでニランドは、差し迫る脅威に対処するだけでなく毎日トラウマを抱えて過ごさなければならないという戦争経験者を取り巻く問題へのより深い洞察を得られただけでなく、ウクライナの異なる地域にいた人々にとって一四年以降の経験がどれほど異なっているかも理解することができた。「我々は二〇一四年から、戦争の中で生きてきた」と彼は語る。「クリミアは比較的平穏だったが、ドンバス戦争はそうではなかった。距離も離れていた。しかし、二〇二二年二月二四日に本格的な侵攻が始まり、キーウ自体も砲火にさらされると……私はたくさん勉強して、戦争を知っていると思っていた。なぜあの退役軍人たちが特にＰＴＳＤの問題や、前線での経験を受け止める上での問題を抱えているかを理解しなければならなかったからだ。しかし全面的な侵攻が始まると、実際には私はほとんど何もわかっていなかったことに気がついた」

「今日のウクライナは若い国であり、その国と国家の建設プロセスは決して容易なものでも短いものでもない」と黒宮教授は記す。「しかし、民主主義、紛争、自由、そして国と国家の建設の間に根本的な矛盾はないと理解するべきだ。むしろウクライナの自由と民主主義の伝統は、たとえそれが厄介なものであったとしても、ロシアの独裁政治の伝統と比較すれば、不利ではなく優位点となるはずだ。この重要な点において、ウクライナはロシアをはるかに凌駕しているように思える」。

ロシアが長期にわたって分断と征服を試みてきたにもかかわらず、九年あまりを経てさらに続く戦争は、ウクライナをさらに緊密に一体化させてきた。

七章

故郷を遠く離れて

「戦争が私たちを変えるかどうかはわからない。戦争が終わったあとでわかることだと思う。ただ、戦争によって私たちは異なる条件下に置かれる。存在の条件が変わる。その条件下で、人間のままであり続けるか、動物になるか、テロリストになるか、襲撃者になるか、強姦魔になるかを選択しなければならない。戦争とは選択だ。そして、難しい選択だ。自分の敵への憎悪に毎日のように圧倒されるからだ。以前に過ごしていた人生を奪い去った敵への憎しみだ。しかし、憎しみを抑えなければならない。敵であることを知りながら、それでもルールに従って戦うべきだ。人間であり続けるように。そして、それこそが困難な選択だ」

――ヴォロディーミル・ゼレンスキー（ウクライナ大統領、二〇二二年一二月一二日、Netflixスペシャル『デヴィッド・レターマン：今日のゲストはヴォロディーミル・ゼレンスキー』より）

未承認の「共和国」による窃取

聞いていた通り、それは宝石だった。新たなドンバス、繁栄するドンバスの象徴だ。しかし今では、別のものになってしまっている。戦争の、恐怖の、絶望の、虚無の表れに。何もありはしない。以前には生活があり希望があり楽観主義があった場所で、現在は耐え抜くため、何がしかの生きる糧を掴むために断固たる決意も持たなければならない。ドンバス・アリーナのスタジアム内には何トンもの物資が山積みされ、食料配給を受ける市民が列をなしてその横を通り過ぎていた。隣には選手たちがトロフィーを掲げたりゴールを決めたりする場面の写真が並んでいる。チームは存在せずとも、シャフタールはまだそこにあるかのようだった。

ドンバス・アリーナにはもはや満員の観客席もなく、喜びもなく、サポーターの交わりも、地域の誇りの中心地も存在しない。だがそこは、別の種類の生命線となった。シャフタールとクラブのスタッフらは、本拠地や仕事場から慌ただしく追い出されたことで大きな心の傷を負ったかもしれない。それでも彼らは、まだ幸運な側にいたといえるだろう。

商店や事業所が次々と扉を閉ざし、生気を失ったドネツクと周辺地域に、多くの人々が取り残された。高齢者、病人、地域につながりのある家族を持つ者たちは身動きがとれず、未来を見失っていた。セルゲイ・パルキンは語る。「二〇一四年の侵攻が始まったあとドンバス地方は、経済的観点から言えば非常に貧しくなった。人々は仕事を失い……壊滅的だった。食べるものもなかった。我々は大量のトラックを手配し、ウクライナ国境やドネツクまで移動し、ドンバス・アリーナを物流の拠点とした。トラックが到着すると、ドネツクや地域全体に食料を配給した。アフメトフ会長は大きな助けになってくれた」。決して簡単ではなかったが、クラブは生まれ故郷の地と強い絆で結ばれ続けていた。シャフタールが街を離れてから三カ月も経たない二〇一四年八月に物流拠点が設置され、それから二年間で八〇〇万パック以上の支援物資が配布された。

「それから、あるとき急にそれが止まってしまった」とパルキンはため息をつく。「ドネツク当局、つまりあの偽物の共和国が、食料やあらゆるものを積んだトラックの受け入れを停止した」。リナト・アフメトフの支援への尽力は、大きな障害物に阻まれてしまった。オーナーの活動に政治的な意図はほとんど見られなかったが、市内およびドネツク州のロシア占領地域を管轄する未承認の「共和国」はもはやそれを歓迎しなくなった。共和国は、ドンバス・アリーナが自分たちのものであることを知らしめようと躍起になっていた。その後二〇一八年五月に親ロシア派メディアは、損傷したピッチが修復されたこと、現在では使用されなくなったスタジアムの他のインフラも修繕中であることを報じた。共和国はすでに、アリーナは彼らの管轄下にあると一七年初頭に発表しており、窃取は完了したことになった。

実際にはそれ以前にも、二〇一四年にドネツクを離れて以来、クラブは失ったものと折り合いをつけながら活動継続に向けた最善の方法を必死に模索していた。九年が過ぎてもダリヨ・スルナは、彼がまだ選手だった頃からずっとホームであった場所について考え続けていると認めている。「もちろんだ。あそこのキャンプにはまだ自分の部屋もある。自分のものもある……」と彼は息をつく。「そのことを考えるのはつらい。本当につらい。かつて我々はすべてを手に入れていた。それが……」

ドネツクを離れたことについては、話を聞く相手によってそれぞれ少しずつ異なる考えを持っている。それが何を意味するかということではなく、当時どう感じたかという点においてだ。二〇二二年二月二四日早朝の爆撃のように短く鋭い衝撃があったわけではないが、何かが忍び寄ってきて、出て行ったほうがいい、悠長に考え込んでいるべきではない、と勧めてくるような感覚だった。「私が立ち去った時点では、まだ完全に戦争ではなかったが、ある種の奇妙な雰囲気だった。本当に奇妙な。何かが空中に漂っていた」と、スルナは説明を試みた。

シーズンの終了を迎えようとする頃には、ゴールポストが動かされていた。「シーズン最終戦に、キーウ近辺のどこかでゾリャと対戦した」とスルナは語る。サッカー選手というものは、ファンやジャーナリストよりも細部について大雑把であることが多い。彼らの生活は練習、ホテル、ジム、ゲームでの勝負、家族への電話、試合、フライト、バス移動といったものの連続であり、すべてがひとつに溶け合っている。クラブが変化しつつあり物事が曖昧だったという背景を考えれば、スルナがこれくらい覚えているだけでも驚くべきことだ。

クリミア併合後の混乱

シャフタールが、名目上はアウェーゲームとしてゾリャ・ルハーンシクと戦ったのは、シーズンの最後から二戦目の試合だった。会場はキーウから南へ二時間半のチェルカシー。ゾリャのホームゲームではあったが、彼らもシャフタールと同じ状況にあった。ウクライナサッカー連盟（FFU）がハルキウ、ルハーンシク、ドネツクでは試合を行わないと決めたことで、根無し草となることを余儀なくされていた。東部で緊張感が高まる中、FFUは五月初旬に、ウクライナ・プレミアリーグのすべての試合は安全上の理由から無観客で行うことを発表した。政治情勢の影響ですでにシーズンの端々に綻びが生じており、セヴァストポリとタウリヤ・シンフェロポリはロシアのクリミア併合後にリーグから追放された（その後、両クラブとも解散）。シーズン途中にはアルセナル・キーウの財政破綻により、リーグはもう一チームを失った。現実の生活が、競技スポーツの開催条件にも大きく影響していた。

二〇一三年七月半ばには、シャフタールはドンバスの三万六〇〇〇人以上の観客の前でシーズン開幕を迎え、ホヴェルラ・ウージュホロドに二対〇の勝利を収めていた。その一〇カ月後には、同じスコアの勝利を収めながらも、孤独なチャンピオンとしてシーズンを終えることになった。ルイス・アドリアーノの二得点でヴォリン・ルーツィクを破った試合は、前節に続いて二試合連続でチェルカシーのスタディオン・ツェントラルニーで開催され、見守った観客はわずか二三〇〇人だった。シャフタールの選手たちとスタッフのほとんどがドネツクを最後に離れたのは、その最終戦のほんの数日前だった。突然の事態だった。彼らは混乱の渦中にあった。

「私は五月一六日に家を出て、何もかも置き去りにしてきた」とスルナは言う。「三台の車も、時計も全部。自分の服も、子どもたちの服も、妻の服も。何もかもだ。あそこに置いてきて、それから二度と戻ることはなかった」。二度と？「二度とだ」。家がまだあるのかどうかはわかっているのだろうか？「ああ、まだ同じ場所にある。情報によれば、数人のロシア兵か誰かが私の家に入ったらしい」。彼は言葉を止め、少し眉をひそめて薄ら笑いを浮かべる。「いや、私の元自宅に」。スルナがこの話をするのは初めてではなかったが、決して納得できることはない話だ。プライベートな空間が侵されたという感覚は、今も残っている。それでも彼とチームメイトたちは、すべてを置き去りにして前へ進み、切り替えて続けていくことを強制された。サッカー選手らしく、次の試合へと。

移転後のシャフタールが、最初に試合をしていた場所は……。「どこでもやっていた」と、スルナは辛辣に口を挟んだ。だが、クラブの世界が軸ごと歪んでいく中でも、アフメトフは可能な限りいつも通りに、人間的に仕事をしていこうと決意していた。「会長は何も変えはしなかった」とスルナは強調する。「給料も、ボーナスも払い続けた。その面では、モチベーションが変わることはなかった。しかし、ファンがいなければリーグ優勝を勝ち取るのはさらに難しくなる。時間が必要だ。最初の二年間で我々はすべてを失ったが、その状況の中で生き続け、一歩ずつ状況に慣れ始めてきた」

シーズン後のそれぞれの動向

機転と配慮が必要とされる状況だった。「こういうことに備えておくのは無理なことだ。一度に準備が整ったわけではない」と、ユーリー・スヴィリドフはチーム移転のプロセスについて語る。ある意味では、そのことが混乱を和らげた。シーズンを終えたことで、ある程度は平穏に街を離れることが可能になった。選手たちの多くは休暇に旅立ち、単純にそのままドネツクには戻らなかった。スタッフは、もう少し段階的に移っていった。「どの選手も、どの幹部も、どの人間も、あのときにドネツクを離れていった。五月、六月、七月にかけてのことだ。私自身は七月五日に出て行った」とスヴィリドフ。彼は故郷への別れを噛みしめるかのように、一瞬の間を置いた。パルキンもその月にドネツクを離れた。クラブの再始動時には、整理すべきことがたくさんあった。まずはスイスでプレシーズンキャンプを行い、それから徐々にキーウへ移った。「七月に、ほとんど一番最初から始めなければならなかったのを覚えている」とスヴィリドフは語る。

多くの非ウクライナ人にとっては事情が異なっていた。クラブ上層部の一人であるジョー・パーマーは、間一髪のところで逃げ出してきたような感覚だった。クラブが再調整を強いられる中、彼はクラブ運営の戦略面・商業面を続行しようと試み続けていたが、簡単なことではなかった。以前の目標は、ドンバス・アリーナへの移転やピッチ上での成功を通してクラブの名声を次のレベルへ押し上げることだった。それが一瞬にして、とにかく続けていけるようにすることだけが目標となってしまった。

「私はクラブで働き続けていた。大きな国際化プロジェクトにちょうど取りかかろうとしたところだったからだ」と彼は説明する。「我々の世界をどのように広げていけるかを検討する戦略だった。商業的機会という点では、ウクライナ・プレミアリーグだけではかなり限られているのが明らかだったからだ」。国内には限度がある状況で、ブラジル人たちの存在を頼りにすることは理に適っていた。それは、国外にも広く知られるようになってきていたシャフタールの大きな特徴のひとつだった。彼らの持つ魅力や異国情緒を活用することでシャフタールは、過去にどのウクライナのクラブも実現できなかったほど容易に国外に売り込めるクラブになれる可能性があった。パーマーは、ブラジル市場がシャフタールにぴったりであり、お互いに好感触が得られているという感覚を抱いていた。彼はテレビ局やスポンサーとの提携関係構築に取り組み、すでにマーチャンダイジングの展開も視野に入れていた。短期的には、ウクライナを離れて国外で働くことになっても、パーマーが即座に影響を受ける部分はほとんどなかった。彼の焦点は国際的展開に絞られていたからだ。「時々キーウにも飛んでいた。だが、アメリカとブラジルへのプレシーズンツアーを通してどういう形で発展を続けられるかにとにかく集中していた」と彼は付け加える。

シャフタールにとって当面の課題は、ブラジル人を残留させることだった。状況をかなり楽観視しているような選手であっても、母国の親族の中には、テレビ映像を通して暴力と混乱の様子を立て続けに伝えられ気が休まらない者もいた。マルロスは二〇一五年に、『シャフタール・ドネツク：亡命クラブ』の収録中に私に話してくれた。「自分たちは大丈夫で、特に問題を抱えてはいないということを説明しなければならなかった。親戚にも説明しようとしたが、誰も本当に理解はしてくれなかった。ブラジルではよくないニュースしか聞かされていなかったからだ」。マルロス自身の場合は少し違っていた。メタリスト・ハルキウで二年間を過ごしてウクライナに慣れていたということもあるが、彼はシャフタールが流浪の旅を始めたあとでクラブと契約を交わした選手でもあった。「私自身は、何も困難を経験したわけではなかった。シャフタールは私たちのために、いつも何でもスムーズに対応してくれた。いつも落ち着いて、良い気分で過ごさせてもらえた。サッカーをプレーするだけでいいように」

主要スタッフはほぼキーウへ

すでにクラブにいた選手たちにとっては、クラブの移転ははるかに不安なものだった。シャフタールは日々の活動のやり方を新たに作り上げ、七月初旬頃になると比較的落ち着きを得られたように感じられていた。チームはスイスでプレシーズンキャンプを行い、その月の下旬にディナモ・キーウと対戦するウクライナスーパーカップに向けて準備していた。計画は立てられていた。「ホームゲームはハルキウで戦うことになっていた」とスヴィリドフは言う。「その時点で、すでにハルキウに家を借りていた選手もいた。そして、七月一七日に悲劇が起きた。MH―17だ」

MH―17とは、ルハーンシクとドネツクの中間付近にあるドネツク州の小さな村グラボベの近くで、地対空ミサイルによって撃墜されたアムステルダム―クアラルンプール間のマレーシア航空便のことだ。乗客・乗員二九八人全員が命を落とした。オランダ司法省とその合同調査チームにより、航空機への攻撃に使用されたブーク・ミサイルが攻撃当日にロシアからウクライナに移送され、翌日にロシアへ戻されたことが判明した。

ハルキウは次善の策だった。ドネツクではないが、北へ三〇〇キロほど離れているだけだ。だが今では、ハルキウの利点だった本拠地との近さのせいで、クラブが追い出される理由となった暴力や不安定さに近すぎるのではないかという考えが持ち上がり、メンバーの中には耐えきれなくなる者もいた。「ウクライナに戻ることを拒否した選手も五、六人いた。彼ら全員を失ってしまう可能性があり、我々にとっては大きな危機だった」と、スヴィリドフは沈痛な面持ちで言う。別の計画を、早急に立てなければならなかった。「そこで、ホームゲームをリヴィウで戦うことが決定された」。西部の街リヴィウがポーランド国境に近いこと、またクラブが懸念に対して素早く対応しようとする姿勢を見せたことが、平穏な雰囲気をもたらした。「それがうまくいった。選手たちは少しずつ、一人ひとり戻ってきてくれて、チームとして一緒に居続けることができた」

クラブの移転はまだ完全に完了したわけではなかった。クラブスタッフの中には、まだドンバス・アリーナを拠点とした人道支援活動に従事している者もいた。スヴィリドフは続ける。「キーウへ移った者もいたし、別の街へ移った者もいた。我々は散り散りになった。文字通り、国中に散り散りになった。その時点では、(定められた)解決策(あるいは方針の合意)はなかった」。シャフタール経営陣は、移転の影響を受ける数百人の従業員が、それぞれ納得できる状況に落ち着けることを望んでいた。スヴィリドフによれば、最終的にはキーウへの移転はおおむね自然に実行され、クラブの主要人物は全員がキーウに集まることになった。

クラブ存続に向けた試行錯誤が行われる中で、パーマーは、非常に特殊な状況となったクラブに自分は不要なのではないかと感じ始めた。「二〇一五年になる頃には、この状態がしばらく続くような気がしていた。私はもう何も貢献できないと感じるほどになった。クラブの状況は非常に厳しいものだった」と彼は嘆く。彼が遠く離れている間に、同僚たちはホテル・オペラやキーウで仕事をしており、彼らの多くはそこに居住もしていた。同時にクラブ全体が、首都キーウと、試合を行うリヴィウという不慣れな土地にいることを受け入れつつあった。「我々はどこが自分たちの最適地なのか調査を行っており、ここは間違いなく最適な場所に含まれてはいなかった」とパーマーは言う。理想的ではないが、現実的ではあった。しかしそれはまた、パーマーが追い求めていたビジョンとは程遠いものでもあった。自分が必要とされていない感覚を強めた彼は、クラブを去ることになった。「クラブはとにかくサッカーだけに、試合をできることだけに集中する必要があった」と彼は話してくれた。

育成組織の再編成

一方、再編成が必要なのはトップチームだけではなかった。クラブは数百人が従事する重層化された複雑な事業であり、トップチームの必要とするものだけでなく、考慮すべきさまざまな事柄や責務が広がっていた。その対応に当たったのが、シャフタールがドネツクを去る前年の二〇一三年からU―21チーム監督およびユースアカデミーコーディネーターを務めていたミゲル・カルドーゾである。二つの仕事は一人の人間にはおそらく荷が重すぎるものだったが、ミルチェア・ルチェスクは彼が兼任することを直々に要請した。「U―21チームはトップチームにつながっていたが、アカデミーはすべてバラバラだったからだ。組織に別の二本の腕があるようなものだった。その体制を変えることにした」とルチェスクは理由を説明してくれた。

ルチェスクのプレースタイルを、すべての年齢層のチームに適用する計画だった。もちろんそれは、アフメトフの推奨するスタイルでもある。カルドーゾは語る。「ルチェスクの話を聞き、彼や彼のスタッフと一緒に働くことが私の役目だった。そして、トップチームのプレーの考え方に出来る限り近い形で、我々をうまく導いていく具体的なプログラムを調整し作り上げられるようにすることだ。ルチェスクはシャフタールの監督を一二年間務めていたため、クラブには一定のアイデンティティがあった。それは会長の信念や意志や嗜好ともつながっており、それらに基づいて組み上げられたものだった」

カルドーゾはすでに、アカデミカ、スポルティング、ブラガでドミンゴス・パシエンシアのアシスタントとしてトップレベルの経験を豊富に積んでいた。二〇一一年にはブラガでパシエンシアとともにUEFAヨーロッパリーグ決勝進出も果たしていた。しかし、彼の親友でありシャフタールのスカウト部長を務めるルイス・ゴンサウヴェスは、カルドーゾがもっと指導的な役割を果たすことができると考えていた。「彼はいつも私に対して挑戦的だった」とカルドーゾは笑う。「例えば、『君はいつか自分の人生を自分の手に握るべきだ』といったように。そして、彼は実際にそうした。つまり、ある日彼は私を自分の家に招いて、Skypeでセルゲイ・パルキンにつないだ。だから私のシャフタールとの最初の接触は、ブラインドデートのようなものだった。クラブのCEOと話をすることになるなんて知らずにルイスの家に行ったわけだから。そして彼は、ほとんど状況を私に丸投げしてきた」。次にカルドーゾが知ったのは、彼がドネックで数日間過ごすよう招待されたということ、ドネツク美術館に隣接するシックなイタリアンレストラン「カヴァッリーノ・ビアンコ」で、パルキンとルチェスクとディナーをともにするということだった。

ルチェスクは、カルドーゾがすでに宿題を済ませていると感じていた。ブラガのベンチでパシエンシアの隣に座り、二〇一〇年秋のUEFAチャンピオンズリーグでシャフタールと対戦していたため、シャフタールのことはすでに細部まで知っていた。「つまり、両者の間には良いつながりがあって、共感があったということだ」と彼は言う。「そしてランチの途中で、ルチェスクがセルゲイにウインクした瞬間があった。彼は練習があるので去って行って、それから我々がランチを終えたあと、セルゲイは私をドンバス・アリーナの事務所へ連れて行った。そしてすぐにこう言ってきた。『ミゲル、ここに来て私たちと一緒に働いてほしい』と」。

非常にシャフタールらしい、人と人とのつながりの話だ。細かい部分はあとから片づければいい。その信頼と責任は長く続くものだった。二〇一四年五月、カルドーゾは短い帰省旅行を計画していたが、何か大きなことが起こりそうな予感をパルキンから感じ取っていた。「私がドネックを発ったとき、セルゲイは『君はもう戻ってこないだろう』と言ってきた。『戻る』と言ってドネツク空港から出発したが、一週間後に空港が爆撃された」。しかし、クラブが当面の未来の計画を立て直す中で、パルキンはカルドーゾにさらに大きな仕事を要求しようとしていた。

U―19チームの躍進

シャフタールのトップチーム、そしてウクライナ・プレミアリーグ全体が二〇一三―一四シーズンを何らかの形で最後まで戦い抜こうと検討していた頃、U―19年代とU―21年代のシーズンは打ち切られた。翌シーズンを再開するための計画が必要だったが、決して簡単なことではなかった。

カルドーゾは語る。「街はすでに分離派に占拠されていた。私はキーウへ行き、セルゲイと状況について話し合った。『ミゲル、ドネックに戻ってくれることはできるか？』と彼は訊ねてきた」。クラブのU―19チームとU―21チームはまだドネックにおり、シーズンを始める準備をしていた。カルドーゾは、大きな仕事であると知りながら即座に同意したが、どれほどの責任を引き受けたのか理解できたのは実際に向かい始めてからだった。「私はハルキウに飛び、ハルキウからは通訳と運転手と一緒にミニバンに乗った。ドネックへ向かうと、一四カ所の検問所を通過することになった。一四だ。つまり戦争の最前線を越えて、ゴーストタウンに到着した。そのときのドネックはゴーストタウンだった。通りには誰もいない。まったく誰も。それから二週間、私はシャフタールのアカデミー練習場で、午前にはU―19チーム、午後にはU―21チームを指導した」

カルドーゾと彼のスタッフは、信じがたいほど力を尽くした。スタッフは全員がウクライナ人だった。「テクニカルスタッフを一緒に連れて行くことは認められていなかった」と彼は説明する。彼の仕事には、もうひとつ別の側面があった。コーチを育てることだ。しかし、状況は耐え難いものだった。「その二週間の間、キーウのポルトガル領事から何度も電話がかかってきた。その頃、夜になると爆撃や砲撃の音が聞こえてきた。もう明らかに戦争だった。そして一〇日後には、ドネックを去らなければならなくなった。領事に言われたからだ。『ミゲル、我々はもう君のことに責任を持たないとポルトガル政府に伝える』と。そこで私は、パルキンに電話をかけて言った。『セルゲイ、こういう電話を受けたから街を離れなければならない』」。パルキンはカルドーゾに、計画を立てるので落ち着いて待機するようにと頼んだ。「翌日になると彼から電話がかかってきて、U―19チームとU―21チームの選手全員、ウクライナ人スタッフとメディカルスタッフ、それに私を二、三台のバスに乗せる手はずが整ったと言われた。私たちの前と後ろには警察がついて、最前線を通っていった。ロシアに入国し、ウクライナに戻り、ポルタヴァという街へ行った」

コンクリートの隙間からバラの花が育つ。カルドーゾがそう強調しようとしたのもうなずける。トップチームが適応に苦労する一方で、年代別の各チームはシャフタールに誇りを感じさせていた。「ひとつ言わせてほしい」とカルドーゾ。「これは歴史的なことだからだ。我々がポルタヴァにいた年は、U―19チームが（UEFA）ユースリーグの決勝へ進んだ年だった。つまり、クラブにとって最も困難な年が、我々のアカデミーがピッチ上で最大の業績を残した年になった」。ドネツクを離れてから一年が経とうとする二〇一五年四月に、シャフタールは年代別のチャンピオンズリーグ決勝というべき試合に辿り着いたということだ。

驚くべきことだった。シャフタールの若者たちは、チェルシーと対戦する決勝に進むまでの九試合で一度も敗れることはなかった。その決勝は、非常に手強いチームを相手に惜しくも二対三で競り負けた。チェルシーのメンバーにはルベン・ロフタス＝チークや、現バルセロナのアンドレアス・クリステンセンなど、よく知られた名前も並んでいた。ローマとイングランド代表でプレーするタミー・エイブラハムも終盤に交代で投入された。四月の晴れた日の午後にニヨンで行われた試合に先発したチェルシーの一一人のうち、現在六人がイングランドやイタリア、スペインなど欧州のトップリーグに定着してプレーしている。また、近年のシャフタールで主力となったミコラ・マトヴィエンコとオレクサンドル・ズブコフもこの日プレーしていた。ズブコフは大会を通して上位のアシスト数を記録した選手の一人でもあった。アンドリー・ボリャチュクや、現在イタリアのスペツィアにいるヴィクトル・コヴァレンコも出場していた（コヴァレンコは交代出場からこの試合のベストゴールを挙げたが、チームの追い上げはあと一点届かなかった）。

終焉を迎えたカルドーゾの奮闘

クラブにとって利益になることはすでに明らかだったが、カルドーゾがいったいどのようにして要求に応えられたのかは謎である。「その後、U―12からU―17までの練習を開始することができた」と彼は言う。その少年たちは、キーウから東南のボリスピル空港方面にある村シチャスリヴェでトレーニングキャンプに取り組んでいた。そこはシャフタールがキャンプを設置しようとしていた場所だった。「シーズン中に私は、ポルタヴァでのU―21チームの指導と、キーウへ移動して他の年代のチームを調整する仕事を両立させなければならなかった。だから夏の気候の中で、毎週少なくとも四〇〇キロは車で移動していた。二日間はキーウ、五日間はポルタヴァ。冬には電車で、兵士たちと一緒に、戦争の空気の中で移動していた。キーウ、ポルタヴァ、ハルキウ、ドネツクをつなぐ道は、キーウからドネツクへ人々を運ぶ道だからだ」。カルドーゾにとっては、クラブが何を失ったのか、そのすべてがどれほど不安定なものであったかを思い知らされる道中だった。「ウクライナはとても大きい」と彼は強調する。「キーウに住んでいると、ドネツクで戦争が起こっていても、毎日戦争と隣り合わせの生活ではあっても戦争と向き合う必要はない。ポルタヴァは平穏だった。戦争を感じることはできなかった。しかし、キーウからポルタヴァへ移動していると戦争が感じられた。毎日、人々の顔から戦争を感じることができた」

ドネツクに戻った直後は、彼と彼の家族にとって最も困難な時期だった。「その頃私は、定期的に、ほとんど毎日のようにポルトガルのテレビからインタビューを受けていたからだ。だから彼ら（家族）は状況をわかっていた。テレビでどこにでも伝えられていた。ポルトガルのテレビチャンネルで、どこでも。そしてもちろん私には、人々と話をしてほしいという要求もたくさんあった」。それでも彼は落ち着きを保つことができていた。「毎日爆撃の音は聞こえていたし、毎晩ジャーナリストたちが訪ねてきたが、私は本格的に脅威を感じたことはなかった」。最終的に彼はそのジャーナリストたちと同じ宿泊施設へ移ることになり、スポーツと実生活を切り分けることは実際には選びようがないと理解させられた。戦争記者や映像オペレーター、カメラマンらと毎日話をし、彼らが極度の困難に直面しながらも見せる不屈の姿勢や、自分たちの放送局へ毎日必ず報道を届けようとする様子を目にしたことは、カルドーゾに深い影響を与えた。「人間的なレベルで、普通ではあり得ない経験だった」と彼は語る。このことを通して彼は、母国の家族が抱く不安を和らげるために必要なレベルの客観的視点も得られた。いずれにせよ、そこで仕事をするのは一時的なことであり、永続的なものではないというメッセージは何度も伝え続けていた。「シャフタールが私を守ってくれるということもみんなわかっていた。シャフタールはリスペクトされていると信じているので、自分たちが標的になるわけではないと知っていた」

カルドーゾは彼なりの落ち着きで状況に対処していたとはいえ、諦めなければならないものもあった。カルドーゾとスタッフがすべての準備を整えていた時点では、この状況がそれほど長くなることは想定されていなかった。「シーズン中に何度も話し合った。全員がバラバラでいるわけにはいかないので、このやり方で仕事はできないという話だ」。ルチェスク、パルキン、カルドーゾは皆同意見であり、最終的にはアカデミー全体がシチャスリヴェへ移ることになった。「二〇一四年に移ったとき、我々はピッチを借りて改修を始めた。五面のピッチと、観客二〇〇〇人が入る小さなスタジアムがあった」とパルキンは語る。通常であれば計画と実行に数年を要するような開発プロジェクトが、わずか一二カ月あまりで形になった。「クラブはホテル一軒をまるまる管理していた」とカルドーゾは、ホテル・オペラに拠点を置いたトップチームと似た状況だったと説明してくれた。「空いていたピッチを管理して、一年後には全員が再び集まることができた」

「私は丸一年間、こういう状況にいた」と振り返ると、カルドーゾの元気な声に彼らしくない疲労感が感じ取れた。年代別チームの運営の形はトップチームを模倣するように変化していき、ポルタヴァで三チーム、キーウで五チームを維持していたカルドーゾの奮闘は終わることになった。「信じられないほど頑張った」と彼は誇らしげに言う。「金銭的にも、組織的にも、技術的にも、そして人間性と人間関係という点でも。全員が生き残るために信じられないほど頑張った」

そのすべてを支えていたのが、シャフタールが長い年月をかけて築き上げてきた名声だった。少年たちの親から信頼が得られていなければ、何ひとつうまくいかなかっただろう。「我々にとっては、ドネツクを離れるよりも前から、シャフタールというブランドがあったのがよかった」とパルキンは指摘する。「どこへ移ろうが関係ない。つまり、ドネツクで我々のキャンプを見てもらえば、トップレベルのキャンプだった。子どもを連れてくる親たちの全員が、そこにいたいと思ってくれる。素晴らしいことだ。今は活動を見せることができないが、我々にはこのクラブのブランドがある。ブランドがあるからこそ人々はやって来て、子どもたちを連れてきて、我々と協力したいと思ってくれる。例えば（ミハイロ・）ムドリクだ。彼が二〇一六年にアカデミーに入団したとき、我々はもうキーウ近郊で活動していた。今は大人になったメンバーが揃っている。ドネツクから来た者もいるし、一四年以降に加わった選手たちもいて、彼らは一九年前後にトップチームに上がってきた」

カルドーゾの仕事、そしてクラブのビジョンと信念が、現在のシャフタールに大きく寄与している。修繕と準備を重ねてきたこの数年間がなければ、二〇二二年二月二四日以降の彼らが、スポーツ面の事柄にあれほど対処することは間違いなく不可能だっただろう。とはいえ一四年から一六年にかけて、建物自体は豪華だったとはいえホテル・オペラでの共同生活や、果てしないフライトの連続に慣れることは大変だった。ドネツクを離れてから最初の二年間ほど、クラブの上には紛れもなく倦怠感の霧が漂っていた。

同胞からの拒絶

マルロスは二〇一五年五月に、私にこう語ってくれた。「ファンの温かさを身近に感じることができなかったという意味で、難しい一年だった。すべての試合をホームから離れて戦っていた。チャンピオンズリーグもそれで何かが変わったのかもしれない。バイエルンとの戦いを考えると……（リヴィウでの試合を〇対〇で引き分けたあと、ミュンヘンでのリターンマッチではオレクサンドル・クチェルが三分でレッドカードを受け、ドイツ王者が七対〇の勝利を収めた）。あの試合をドネツクで戦えていれば、もっと良い結果が出せていたかもしれない」。単なる空虚な憶測ではない。その夜のアリーナ・リヴィウは、三万五〇〇〇人弱の収容人数が満員となっていたが、スタンドにいた観客は必ずしもシャフタールを勝利へ後押ししたわけではなかった。「試合を見に来ていた人たちは、シャフタールよりもバイエルンを応援していた」とマルロスは付け加えた。

チャンピオンズリーグで戦えたことは、本拠地を離れて一年目の二〇一四―一五シーズンに弾みをつけるものとなるはずだった。豊かな時代の名残であり、かつての威風堂々とした、憂いのないシャフタールにつながる大会だ。しかし実際にはそれも、チームにとって、また毎週のように顔ぶれを入れ替えながら彼らを見に来ていた愛想の悪いファンたちにとって、消耗戦だった。

その同じ週にウクライナカップ準決勝2ndレグのドニプロ・ドニプロペトロウシク戦をリヴィウで戦った直後、スルナは率直に語ってくれた。「簡単ではない。見ての通り」と、彼はメディアゾーンから観客席に向けて軽く頭を振った。「我々はここに来て一年になる。チャンピオンズリーグをここに持ってきたが、彼らは相手チームを応援する。ディナモと対戦するときにも、我々ではなくディナモのほうを応援している。だが今は、我々の人生の中でこういう時期だと思うしかない。プロフェッショナルにならなければいけない。我々のクラブのため、我々のファンのためにプレーし、すべてがうまくいくようになると信じていなければならない」

タラス・ステパネンコは当時まだ二五歳だったが、すでに守備的MFとしてチームの支柱だった。彼にとってはスルナ以上に大変だったかもしれない。人生を引っかき回されていたのはチームメイトたちも同じだったが、彼にはもうひとつ、同胞から拒絶されているという状況が加わっていた。彼によれば、ウクライナ人の多くは単純にシャフタールが移転した理由を理解しておらず、彼らがどのような経験を経てきたのか正確に把握してはいなかったのだという。シャフタールはすべてを置き去りにしてきたが、ウクライナ西部では、その理由を不思議がっている者が多かった。「正直に言って、最初は本当に大変だった」と彼は語る。「自分たちのスタジアム、自分たちの街、自分たちの練習場を離れたからだけではない。キーウとリヴィウの多くの人々の態度が理由だ。当時、ウクライナの東と西の間には境界線のようなものがあった」。キーウにやって来ると、彼やチームメイトたちは、なぜドネツクに残らなかったのかと何度も質問された。他クラブのウルトラスたちは、ステパネンコを直接的にもソーシャルメディア上でも挑発した。オレンジ革命を支持しマイダン運動を支援していた者たちの多くは彼を、ひいてはシャフタールを、イデオロギー的に自分たちの敵だと考えていた。「それは誤解だった」と彼は言う。

ソビエト連邦からの余韻、そして西ウクライナの大半が抱いていた、ドンバスは文化的にも地理的にもロシアに近いという観念がシャフタールに貼りつけられた。「彼らは他のどこに行ってもまったく必要とされていないと感じており、その事実に折り合いをつけるには長い時間がかかったと思う」と、ジャーナリストのアンドリュー・トドスは語る。「私の感覚としては、ドネツクに住んでいたがキーウに移った多くのドネツク市民と同じように……一例として、ウクライナではナンバープレートは地域ごとにつけられる。だからドネツクのナンバープレートをつけている者は一部の人から敬遠されるとか、そういったこともある。一般的にはそういったことは少数派だが、とにかくすべてが初めてのことだらけで、人々はまだ壁を作っていた。（ロシアとの）つながりがある（と思われていた）せいで、ドネツクから来た人々が本当に信用されてはいなかったからだ」

突きつけられた次なる一手

スポーツ面でも、まだ癒えきらぬ傷があった。才能ある選手が少しずつ、少しずつ流出しつつあった。二〇一五年七月にはドウグラス・コスタがバイエルンへと去り、その翌日にはルイス・アドリアーノがミランへ移籍した。一六年二月にはアレックス・テイシェイラが移籍金五〇〇〇万ユーロで中国スーパーリーグの江蘇蘇寧へと移った。チェルシーのラミレスが推定二八四〇万ポンドで江蘇蘇寧へ、アトレティコ・マドリードのジャクソン・マルティネスが四二〇〇万ユーロで広州恒大へ移籍したのに続いて、中国の移籍金最高額記録が更新されたのは一〇日間で実に三度目のことだった。マルティネスのスペインからの移籍が決まったのは、アレックス・テイシェイラが移籍に踏み切るわずか二日前だ。記録はそこから一二カ月間のうちにさらに二度更新されることになる。

シャフタールにとってはエリートクラブの仲間入りを果たす夢が遠ざかっていることを示す動きではあったが、中国サッカー界の大判振る舞いに助けられた部分もなかったわけではない。負債が積み重なり収入減少が半永久的に続くことになりそうな時期だったが、高額移籍の新たな中心地となった中国のおかげで、アレックス・テイシェイラの売却から最大限度をさらに上回るほどの利益を得られたのだ。厳選された新戦力をユルゲン・クロップ新監督に提供したいと熱望していたリヴァプールもアレックス・テイシェイラの獲得を争っていたが、度肝を抜かれるような江蘇蘇寧のオファーに吹き飛ばされた。以前にルチェスクが語っていたように、ガラスの天井にあまりにも強く寄りかかり、大きくなりすぎていた、良くなりすぎていたシャフタールにとって、こういうときがやって来るのは避けようがなかった。しかし、流出する才能の穴を埋めることは以前よりも難しくなっていた。

シャフタールはまた、最善を尽くしているにもかかわらず、ピッチ内でもピッチ外でもほとんど何もうまくいかないという感覚を払拭できる何かを必要としていた。二〇一五年にリーグ優勝を逃したことは、状況を考えれば予想できないことではなかっただろう。だが、リヴィウで行われた前述のドニプロとの準決勝を制して勝ち上がった一五年ウクライナカップ決勝でディナモと対戦した際には、厳しいシーズンが少なくとも多少は報いられるような結果を期待していた。オリンピイスキーでの試合は一二〇分間を無得点で終えてPK戦に突入。シャフタールの最初の三人が決めたのに対し、この試合の前にすでにリーグ王者となっていたディナモは三人のうち二人が外してしまう。シャフタールはトロフィーに片手をかけた。しかし、そこからタイソン、ヤロスラフ・ラキツキー、オレクサンドル・フラドキーがいずれもシュートを決められず、ディナモが二冠を達成。シャフタールは苦悩に苛まれた。

翌二〇一五―一六シーズン、シャフタールはレアル・マドリードやPSGと同居したチャンピオンズリーグのグループを突破できずヨーロッパリーグに回ったが、そこで準決勝まで勝ち進む。シャルケ、アンデルレヒト、ブラガを難なく葬り去っていった。四強でも、最終的に大会を制するセビージャを相手に善戦。リヴィウでの熱戦を二対二のドローで終えたあと、アンダルシアで行われた2ndレグも同点でハーフタイムを迎えた。セビージャのブラジル人右SBマリアーノが遠距離から回転をかけた素晴らしいシュートを決め、ウナイ・エメリのチームは全力を出し切った末にようやくシャフタールを片づけることができた。そのエスタディオ・ラモン・サンチェス・ピスフアンでの夜、南スペインの猛暑の中で、シャフタールは試合に敗れて優勝のチャンスを失っただけではない。熱狂的な観客は、地元ファンからの無条件の愛情という意味で、シャフタールに彼らの失ったものを改めて思いださせた。リーグ戦は最終的にディナモに勝ち点七の差をつけられて終えることになり、ライバルにタイトル防衛を許した。今回ばかりは対応に窮した様子だったルチェスクは去って行った。次の一手こそが肝心だった。

その一手とは、ルチェスク以後にも、そしてさらに重要なのはドンバス・アリーナ以後にも、勝ち続ける術を見つけることだ。クラブ内にはずっと、ドネツクを離れるのは一時的なことであってほしいという願いがあった。その楽観主義を持ち続けることは、士気を高めるためにも正気を保つためにも不可欠だ。だがクラブ周辺の人々は、目の前の仕事に集中するため、それを恒久的なものであるかのように扱うことを覚えた。続けていくために希望は重要ではあるが、現実的であることも重要だ。勤勉な姿勢と、クラブ自身の創造的精神から希望が生まれるようにしなければならない。

フォンセカによる方針転換

クラブはパウロ・フォンセカに誘いをかけていた。かつてアフメトフがルチェスクを追いかけたときほど長い時間をかけたわけではなかったが、状況の進行はゆっくりとひそやかなものだった。「(二〇一六年初頭に)最初に接触があったのはブラガにいたとき、代理人のアマデウ・パイションから連絡を受け、会ってみる気があるかと訊かれた。彼はセルゲイ・パルキンと仲の良い友人であり、今もクラブと協力している。正直に言って当時の私は、ウクライナのことはほとんど知らなかったが、シャフタールのことは欧州の大会で知っていた。質の高いブラジル人を大勢抱え、いつも非常に良いチームであったことも知っていた」

パーマーもそうだったようにフォンセカも、よく観察してみると、プロジェクトの規模の大きさに驚かされた。「少し深く探ってみると、シャフタールが巨大なクラブであることがわかった。シーズンを終える前にクラブとの最初の会談を行い、それはうまくいった。クラブの会長とCEOは変化を望んでいた。ルチェスクは一二年ほどクラブにいたため、変化への欲求があった。シーズン終了間際、私たちは合意に達した。彼らは私が来ることを強く望んでくれていて、私も迷いはしなかった。他国で仕事をしてみたいと思っていたので、仕事を引き受けてシャフタールへ行った」

最初にコンタクトを取ったのはブラガにつながりのあったカルドーゾであり、そこから話が進んでいった。ピッチ上での新たなスタートであると同時に、過去のシャフタールとの決別でもあった。幻のような希望にしがみつくのではなく、現実に対処するということだ。「これが一時的なことで、またすべてが以前のように戻るとは考えないようにしよう」。カルドーゾは状況をそう捉えていた。「そうではなく、これが我々の現実だ（と受け入れよう）。我々はこうして生きていく。そして、フォンセカは以前のシャフタールとは何の関係もないというのが事実だ。なぜなら、それまでドネックに住んでいたポルトガル人は、私自身が唯一なのだから」

シャフタールの一部が取り残されつつあることを、カルドーゾはわかっていた。故郷に帰る夢はまだ生き続けていたが、現在の状況が意味することも誰もが理解していた。選手たちはキーウに自分の家やアパートメントを買い始めており、結果として、おおむねそれまで以上に落ち着きを感じることができていた。クラブも根を下ろしつつあり、フォンセカが新たなエネルギーや新鮮な視点をもたらしてくれたこともその助けになった。同胞のカルドーゾとともに、彼らはスヴィアトシンのジムやフィットネスエリアに変化を加え、本当の意味で彼らのものにしていった。新たなスタートが切られようとしていた。「受け入れることがおそらく、新たな意識の持ち方のスタート地点だったのだろう」とカルドーゾはうなずく。

これは我々の側から、結果論だからこそ言えることだ。フォンセカにとっては厳しいスタートだった。シャフタールは、ウクライナ・プレミアリーグのシーズン開幕一週間前にはウクライナスーパーカップでディナモに敗れ、チャンピオンズリーグでは予選三回戦でヤング・ボーイズに敗れ去った。スイス・スーパーリーグ前年二位の、十分に勝てるはずの相手だった。どちらもPK戦での敗戦である。欧州での戦いはシャフタールにとってすべてであることを、フォンセカもすぐに悟った。「いつも移動を強いられていたので、簡単ではなかった。そして、リヴィウにはシャフタールのファンがほとんどいないことも厳しかった。ごくわずかな観客しかいないスタジアムで試合をしており、ファンからの愛情を感じることはできなかった。ほとんど観客のいないような試合で選手たちのモチベーションを高めるのは非常に難しかった。欧州の大会では違っており、スタジアムにはもう少し人が多くなる。欧州の試合を見るため、シャフタールのファンが国内各地から集まってくるからだ。しかし、最初は苦しかった」

ヤング・ボーイズ戦の敗戦が頭上に影を落とし、フォンセカはそれ以上先へ進めないことも十分にあり得た。アフメトフが美しいサッカーを絶え間なく求め続けていることも相まって、文化を変えるのは容易ではなかった。パルキンは、クラブがかなり早い段階で新時代の幕引きを考えたことを認めている。「フォンセカがやって来ると、（以前とは）異なるシステムで戦うようになった」と彼は理由を語る。「それまで我々は［4―2―3―1］で戦っており、そのタイプのやり方に合わせた選手たちがいた。彼は［4―4―2］で戦い始めた。だがヤング・ボーイズに敗れ、リーグ戦のスタートも非常に悪く、クラブはそのときにこれ（フォンセカ体制）を終わりにする決断を下してもおかしくはなかった。ダリヨと話をして、会長とも話をして、『よし、我慢しよう』と決めた。彼にあと三試合任せてみよう、と。相手は当時かなり強かったカルパティと、ディナモと……簡単な試合ではなかった。そのとき、すべてが変わった。カルパティとアウェーで戦い、〇対二でリードされていた。私は自宅で観戦しながら、これで終わったと思っていた。だが後半には一対二になり、二対二、三対二……そしてその後、彼はウクライナ国内ですべてを勝ち取った。リーグ三連覇、カップ戦、チャンピオンズリーグでも結果を出し始めた。ファンが殺気立っていて、記者たちも殺気立っていれば、我慢するのは難しい場合もある。だが我慢強くなれることは何より重要なツールだ」

考えてみれば驚くべきことだ。あの八月の午後、シャフタールが当時事実上の本拠地としていたアリーナ・リヴィウでカルパティ・リヴィウ相手に振るわないままだったとすれば、三シーズンでリーグ戦とカップ戦の三年連続二冠達成という結果が実現することはなかったかもしれない。フォンセカは、いったいどう乗り切ったのだろうか。「第一に、彼は間違いなく非常に優れた監督だということだ」とカルドーゾは語る。「第二に、クラブが十分に我慢強く、サッカーでは何か異なることを数日で育て上げられるものではないと理解していたことだ。何も受け継いでいない監督であれば、交代させるのはとても簡単であり、そのほうが楽なことだ。だがルチェスクから受け継いでいるものがあった」

それはフォンセカ自身も認めている。「簡単ではないことは最初からわかっていた。ルチェスクはあそこに一二年間いて、あれほどのものを勝ち取っていた。非常に大きな挑戦だった。チームにいた選手たちの中には、ほとんどルチェスクとしか仕事をしたことがない者もいた」。それでも彼は、シャフタールを移転後の低迷から脱却させるというチャンスに強いモチベーションを感じていた。「欧州の大会で戦えるチャンスがあることはモチベーションにつながった。しかし、ドネツクを離れて以来、キーウに来て以来、勝てていないクラブでもあった。その前の二年間は（タイトルを）勝ち取っていなかった。したがって、シャフタールをもう一度チャンピオンにできるように取り組むというのは大きな挑戦だった。それが私にとって大きなモチベーションになった」

彼にはチームのブラジル人たちと共通言語を話せるというアドバンテージもあった。ピッチ外で進化を続けていくことのほうが明らかに必要ではあったが、フォンセカの指揮によりピッチ上で大きな方針転換が行われていた。「私のサッカーに対する考え方は、ルチェスクのそれとは完全に異なっている」と彼は強調する。「ほとんどルチェスクのやり方しか知らない選手たちに、新たな考え方をもたらすことも効果的になり得ると信じていた。そして、ウクライナの選手たちは非常に規律正しく、非常に勤勉で、学習意欲が旺盛であることにも気がついた。こういう選手たちに新たな考え方を示すことも、非常に効果的である可能性があると思った。それが私の見方だった。大変であることは理解しながらも、同時にとてつもない挑戦であり、非常にモチベーションが高まることでもあった。もちろん、ルチェスクの後任として大きな責任があることもわかっていた」

運命のマンチェスター・シティ戦

選手たちは間違いなくオープンな姿勢で受け入れた。かなりの調整が必要となることではあったが、ステパネンコは、それが自らのキャリアと成長の方向性を変えたと認めている。「彼（フォンセカ）は新しい世代のコーチであり、サッカーに対する考え方が違った。戦術的にも技術的にも、多くのことを教わった。彼は本当に細部にまでこだわっており、その細部が私自身のプレースタイルを変えることになったからだ。彼からは、ボールを受ける際の身体の位置や、ボールを扱うポイントを変えるようにと強く言われた。私がもっと縦へ向かうサッカーをすること、もっとラインの間でプレーすることを彼は望んでいた。その頃のチームには、マルロス、タイソン、ベルナルジのような本当に素晴らしい選手たちがいた。狭いスペースでボールを受け、ワンタッチやツータッチで、相手が動きに反応できないくらい素早くプレーできる選手たちだ。今でも練習するたびに毎回そのことを考えている」

刺激的なメンバーを揃え、会長の気に入るスタイルで、フォンセカの運命は上昇の一途を辿っていった。苦難のときを経て、新監督は確かな手腕を見せ始めた。シャフタールのそれまでのやり方にちょっとした楽しさを加え、新たなタイトルも手に入れられるようになった。ハルキウにイングランド・プレミアリーグの強豪マンチェスター・シティを迎えて勝利を収めた二〇一七年一二月の試合は、笑顔と栄光の両方を少しずつもたらしてくれた。ペップ・グアルディオラのチームに二九試合ぶりの黒星を味わわせるというのはとてつもない大仕事だった。マルロスのドリブルからボールを受け、ダニーロの内側に切り込んで絶妙に曲げたシュートでＧＫエデルソンを破ったベルナルジの先制点は、グアルディオラに「見事」と称賛された。追加点も、チャンピオンズリーグでのシャフタールの往年の名場面が蘇るかのようなゴールだった。隙を見せたシティのＤＦの裏へ、マルロスがピッチを横切る絶好のパスを送り込む。エデルソンが出てきたがイスマイリが先に触り、エデルソンをかわしてゴールへ流し込んだ。

ハルキウの満員のスタンドは大歓声に包まれた。その光景もまた、古き良き時代を思いださせるものだった。チームは必要な後押しを存分に得ることができていたが、ハーフタイムを迎える前にさらに盛り上がっていた可能性もあったかもしれない。試合序盤の負傷を乗り越えて真のキャプテンとして役割を果たしていたタイソンがゴールに迫ったが、シティのクロスバーをかすめたボールは、厚く霜の降りたゴール裏へと落ちていった。セルヒオ・アグエロのPKでシティが一点を返したとき、時間はすでにアディショナルタイムに入っており、シャフタールは勝負を決めていた。二対一の勝利でチャンピオンズリーグ一六強進出を果たしたことは、栄誉という意味でも収入面でも大きな成功だった。スルナはボックス席で大きく立ち上がり、両拳を突き上げた。だがその後、記者会見で主役を演じたのはチームの指揮官だった。

「クラブに協力してくれていたジャーナリストから、子どもの頃にハロウィンで誰の仮装をしていたかと訊かれた」と、フォンセカは笑顔で言う。「子どもの頃は馬が大好きだった。それに簡単に作れる仮面でもあったから、怪傑ゾロの仮装をしていた。そう答えた。そのときはそれで終わりだった。会見を終えると、（チームマネージャーの）ヴィタリー（・フリヴニュク）が話しかけてきた。彼はずっと私と一緒にいて、ローマでも仕事をしていたが、今はシャフタールに戻っている。その彼が言ってきた。『監督、賭けをしよう。もし明日我々がマンチェスター・シティに勝ったら、ゾロの格好で記者会見に出てくれないか？』。私は『問題ない、やってやろう。もしシティに勝てたら何でもやってやる！』と答えた」

会心の勝利を収めた喜びの中で、このことは完全にフォンセカの頭の中から抜け落ちていた。だがスタッフは違った。「会見室に行くと、ユーリー（・スヴィリドフ、クラブの広報部長）とヴィタリーとアンドレイ（・バベシュコ、広報担当）がゾロの衣装を持って現れた」と彼は笑う。「チャンピオンズリーグ一六強を決めてあまりにもうれしかったので、迷いはしなかった。ゾロの仮面をつけて記者会見に向かった。マーケティング戦略か何かだったと考える者もいるかもしれないが、そんなものではなかった。単なるジョークだったんだが、大きな反響を引き起こすことになった。サッカー界ではあり得ない状況だ。サッカーの世界では、物事を深刻に考えすぎることもあると思うが、こういう気軽な場面があるのもよいことだ。もちろん私はひどく批判も受けたが、単なるジョークがうまくいっただけのことだ」

しかし、フォンセカがシャフタールに来てからわずか三シーズンで選手たちを三度のリーグタイトル、三度のウクライナカップ優勝、さらにはウクライナスーパーカップ優勝にも導いたことはジョークではなかった。苦しかった最初の二年間を経て、人生が肯定されるようだった。クラブと経営陣の安定性が証明され、ピッチ上ではドネツク以後にも成功できる道をフォンセカがシャフタールに示していた。彼にとっては、今でも大きな意味を持っていることだ。

ハルキウを好んだ理由

「最初に勝ち取ったタイトルのことは決して忘れはしない」と彼が言うのは、二〇一七年のウクライナ・プレミアリーグ優勝のことだ。ハルキウでゾリャに三対二の勝利を収めた時点で、四試合を残して優勝を決めた。「我々は本拠地を持たずに優勝したのだから。シャフタールはドネツクを離れて以来、その前の二年間はリーグで優勝していなかった。ホームがなくともタイトルを勝ち取ったことは、クラブで働いていた者たちや会長にとってとてつもなく大きな意味があった。素晴らしいことだった。あのような困難な状況で優勝できるのは素晴らしいことであり、私は決して忘れることはない。何よりも、あの人々の喜ぶ姿を見ることができたのは、困難な時期にどれほど大事だったことか。彼らは故郷を離れ、宿敵の街(キーウ)を拠点にしなければならなかった。そして勝利できたのは素晴らしいことだ」

フォンセカがホームゲームの会場として好んで使っていたのはハルキウであり、それはルチェスクも同じだった(二人には共通する部分もあった)。ルチェスクは、リヴィウの敵意が選手たちに強いダメージを与えているという持論を明確に主張していた。たとえ完全に満員ではなく本物のホームではなくとも、より多くの観客で埋まるグラウンドへ移ることは前進だった。「ハルキウでプレーするほうがよかった。まだホームは持っておらず、厳しい状況には変わりなかったが、それでもファンからのサポートを感じられたからだ」とフォンセカは言う。余分な移動が増えることは大した違いにはならなかった。移動は絶え間なく続くものであり、フォンセカが話をしながら暗算したところによれば、チームは年間一二五回前後のフライトを経験していたという。それが普通になっていた。

理想的とは程遠いとしても、行動をルーティン化することが重要だった。「我々は二〇一五年以来ここに住んでいる」と、ステパネンコはキーウで言う。「私の息子たちも二人はキーウで生まれた。今はこの街が大好きだ。本当に優しい人たちがいる。時が経てば態度も変わるし、人生観や状況に対する考え方も、過去の状況をどう見るかも変わってくる」。最初に存在していた隔たりも、時間とともに消え失せていった。「二〇一四年にキーウに移ってきた頃は、最初の一年間で一〇〇回くらい飛行機移動をしていた。リヴィウにいる時間が長すぎて、選手たちにとっては本当に難しかった。試合の前後はいつもホテルに滞在しなければならないからだ」

ステパネンコは思慮深く話をする男であり、丁寧に言葉を選ぶ。物事をよく考え、熱心な読書家でもある。現代の大金持ちのサッカー選手という一般的なイメージとは一線を画している。過去九年間に彼のチームメイトや元チームメイトたちが受けたメンタルヘルス面の影響についても熟慮している。特に、ショックと否認の狭間で揺れ動き、ベルトコンベアーに乗せられているような絶望感を常に抱えていた最初の頃がどれほどつらいものであったかについて。

「鬱病になった選手もいたし、家族に会えない者もいた。本当につらかった」と彼は語る。ステパネンコはフォンセカのサッカー的な頭脳も気に入っていたが、それ以上に彼の人間性が大好きになった。「フォンセカがシャフタールに来てからは、少し変わった。チームはほとんどの時間をキーウで過ごすようになり、試合の直前にハルキウに行くようになったからだ。オリンピイスキーで試合をするようになると、私としてはさらにやりやすくなったし、チームの他のみんなも同じだった。試合後に四時間もかけて家に帰らなくてよくなったからだ。そのことは何度も考えていた。ハルキウやリヴィウで試合を終えると、シャワーを浴びたあと空港へ行き、キーウまで飛んで家に帰っていた。少なくとも四時間は休養の時間が削られるということだ。キーウにいれば、試合をしてから三〇分で帰宅できる。私としてはそのほうがはるかによかった」

ホームではあるが、ホームではない

シャフタールとキーウの人々の間に温かな感情が生まれたことは、首都で行われる彼らのチャンピオンズリーグの試合にも影響を及ぼした。シャフタールにとっては、二〇一九年にフォンセカが去ってからも、クラブが本来生み出せる興奮を思いださせてくれる機会となっている試合だ。「もちろん、いつも五万人が試合に来てくれていたドネツクのような雰囲気ではないが」と前置きする必要は感じながらも、フォンセカは言う。「観客の数は相手にもよる。レアル・マドリード戦なら満員だ。相手が例えばドイツ・ブンデスリーガの四位チーム、ヴォルフスブルクやボルシアMGであったとすれば、二万人といったところだろう。いつも良い雰囲気ではあるが、ドンバス・アリーナと比べることはできない」

パルキンも、その違いを決して意識から消し去ることはないだろう。「ホームを失うというのは難しいものだ」と、彼はアンタルヤのホテルのロビーで淡々と言う。「我々はもう九年間も本拠地のない状態が続いている。例えば、昨日我々はトルコリーグの試合を見に行った。アンタルヤスポルの試合だ。スタジアムも見たし、ファンたちも見た。感覚が違う。すべてが違っている。我々はドネツクを離れ、リヴィウに移ってプレーするようになった。その後はハルキウに移ってプレーするようになった。それからキーウへ移った。確かに、人々は我々を見に来てくれるが、ドネツクと同じ人数ではない。リヴィウ、ハルキウ、キーウでは平均で、あるいは最大でも一万一〇〇〇人だ。まったく話が違う。ホームゲームではあるが、ホームゲームではない。ホームゲームとは、なぜあるのだろうか。ファンがチームを応援するため、ピッチ上で一二人目の選手のようになるためだ。だが我々にはそういうアドバンテージがない」

そのことは、外部から来る困難を少なくとも覆い隠している。「フォンセカとともにチームはチャンピオンズリーグのグループステージを突破し、ヨーロッパリーグ準決勝にも進んだ。だが、そういった（我々の倒した）クラブがキーウの（トレーニング）キャンプを訪れて、我々の置かれた状況を目にしたとすれば、『冗談か何かか?』と言うことだろう。ピッチは一面しかなく、更衣室は六〇年か七〇年前に作られたものだ」と、彼は頬を膨らませる。

どんな投資もどんな準備も、いつも一歩進んでは二歩下がってばかりだ。スルナは言う。「フォンセカを連れてきて、彼は素晴らしい結果を出してくれた。フレッジや他の選手たちを売却し、キーウではある程度普通の生活に戻ることもできたといえる。みんなアパートメントを購入し、小さな（トレーニング）キャンプを整えた。今の我々は、それすら持っていない。（二〇一四年）当初は、私はチームが一緒に居続ける助けになりたいと思っていた。我々全員にとって大きな（学習）経験だった。『これ以上悪くはなりようがない』と言っていた」。二〇二三年を迎え、彼が口を尖らせながら言うのも無理はない。「今はさらに悪くなっている」と。

八章

再び起こっている

「二〇一四年にクリミアやドンバスについて今のような反応がもしあったとすれば、これは決して起こらなかったといえるだろう。こんなことは不可能だとプーチンは理解できたはずだ。交渉する必要があると。民主主義圏全体が我々のほうを支持すると。そうすれば起こらなかった。わかりやすく言えば、プーチンは、一歩目を踏み出して反応がなければ二歩目を踏み出す、そういう種類の人間だ。では今、なぜ欧州全体がウクライナを支持しているのかと言えば、彼らは理解しているからだ。ウクライナが侵略されれば、次はポーランドだと。プーチンは力だけを理解している。相手が弱ければ、彼は破壊してしまう。だから、一四年にもし世界が今のような反応をしていれば、戦争はなかっただろう。私はそう言いたい」

——セルゲイ・パルキン（シャフタールCEO、二〇二三年二月六日）

緊迫の二〇二三年

一年というのは、やはり長い長い時間だ。同じ場所を二度訪れるのは、長期にわたる日常生活の中では起こることだが、この場合はかつて持っていたものと失ったものの対比を際立たせている。シャフタールが二〇二二年一月から二月にかけてアンタルヤで毎年恒例のシーズン半ばのトレーニングキャンプを行っていた頃には、戦争を心配する声がささやかれていた。そこからどれほど急速に状況が移り変わっていくのか、選手たちやスタッフは知る由もなかった。そして一二カ月後に再びキャンプのためトルコを訪れる際には、それまでこの季節の恒例行事でしかなかったものが、彼らにとっては久しぶりに味わう安定した拠点的なものになっていようとは。

今も昔も、シャフタールだけではなかった。ウクライナのクラブは、裕福なニューヨーカーたちがハンプトンズで夏を過ごすのと同じように、この時期になるとアンタルヤに集まってくる。まず基本的に、ここは気候が良い。二月のウクライナよりはるかに暖かいことはもちろんとして、夏の真っ盛りにはしばしば五〇度にも達するようなアンタルヤの夏と比べればはるかに穏やかでもある。快適なホテルやリゾート、優れた小規模スタジアムや専用ピッチなどの施設もある。そして、トルコ・リラが暴落している近年であれば特に、すべてがリーズナブルな料金で利用できる。キーウからアンタルヤまでの距離も、気候の温暖な他のキャンプ候補地と比較すれば、例えばマルベージャまでの距離の半分程度だ。

どのチームもやって来る。二〇二三年一月から二月にかけてシャフタールは、夏には観光客で賑わうララ・ビーチからさらに奥へと離れ、ベレクにある豪華なグラウンドや手入れの行き届いたフルサイズのピッチを利用していた。ディナモ・キーウはもう少しアンタルヤ市街地の近くを拠点とし、マルダン・スポーツ・コンプレックス（二〇〇八年UEFA U－17欧州選手権の開催地）でトレーニングを行っていたが、車でわずか一五分の距離だった。私がシャフタールのキャンプ地にも程近いベレクにある自分のホテルにチェックインすると、ヴェレス・リウネ（冬季中断時点でウクライナ・プレミアリーグ九位）の選手たちがロビーのビリヤード台の周りに群がっていた。地下のフィットネスセンターに降りると、クラブのエンブレムをコピーしたボードが受付の窓ガラスに貼りつけられ、選手たちの貸し切りとなる時間帯が記されていた。

アンタルヤへの訪問は、ウクライナのクラブにとって単に効果的なトレーニングであるだけではない。この非日常的な時期に、何かの一員であることを実感できる機会であり、選手たちや多忙な幹部らが見知った顔に出会えるチャンスでもある。安全な領域でもあり、ささやかなサポートが示されるような出来事も起こる。ウクライナのボクシングヘビー級チャンピオンであるオレクサンドル・ウシクは、開戦直前の二〇二二年にアンソニー・ジョシュアとの再戦に向けて準備を進めていた頃、ポリッシャ・ジトーミルの一員としてウインターカップのヴェレス戦に出場。サッカー選手としての「プロデビュー」だと広く伝えられた。実際に彼にとってプロチームでのデビュー戦だった。二三年にもウシクは再びプレーするのではないかと噂されたが、子どもの頃からお気に入りのクラブであるディナモが北マケドニアのシレクスと対戦したフレンドリーマッチを観戦するに留まった。逆にディナモのようなチームにとっては、難民の子どもたちを招待し、試合を見せたり選手に会わせたりする機会にもなった。

二〇二三年の雰囲気は、二二年とは大きく変わっていた。ウクライナは今や戦争状態にあるとはいえ、トルコには前年にはなかった穏やかさがあり、その違いが際立っていた。いつも馴染みの行事としてカレンダーに書き込まれている真冬のトレーニングキャンプは、ゆったりとした経験であり、ウクライナのサッカークラブが現代の世界で絶え間なく動くことを強いられているのとは対照的だ。「(二二年の)トルコには非常に緊迫した雰囲気があった」と、ロベルト・デ・ゼルビは振り返る。「ブラジル人たちはすごく心配していたし、我々コーチ陣もすごく心配していたからだ。ウクライナ人にとっても、家族がウクライナにいるので同じことだった」。キャンプはチームを外界の不安から切り離し、シーズン再開への準備だけに完全に集中できるようにすることを意図している。二二年はそのまったく正反対だった。懸念は強まり、不安は高まる一方だった。

「こういう状況により、あの時期にはトレーニングセッション中に浮き沈みがあったことを覚えている」とデ・ゼルビは言う。「選手たちの頭の中は、ピッチ上のことだけに完全に集中してはいなかったからだ。もちろん（彼らは）メディアの報道を追っていた。ロシアの大軍がウクライナとの国境付近に集結しているとか、ロシア軍が侵攻の準備をしているとか。だから、我々はトルコにいる頃からすでに戦争が始まるかもしれないという予感は抱いていた」

二度と戻ってこない外国人選手

シャフタールがウクライナに戻ると、イタリア人指揮官とスタッフは不気味なほど明瞭な感覚を抱いた。すでに賽は投げられたと彼らは考えており、それは正しかった。トルコから戻ったのは土曜日であり、選手たちには身体を休めて家族と会うために日曜日にオフが与えられ、月曜日からスヴィアトシンで練習が再開された。デ・ゼルビとスタッフは月曜日の夜にウラジーミル・プーチンの記者会見をテレビで見た。彼は何度かソビエトの歴史に言及していた。「現代のウクライナは完全にロシアによって作られたという事実から始めよう。より正確に言えばボリシェヴィキ、共産ロシアによってだ」とプーチンは切り出した。その様子を見ていたデ・ゼルビと彼のチームの感覚は一致していた。プーチンは侵攻を計画している。しかし、チーム内には奇妙な穏やかさが漂っていた。デ・ゼルビは語る。「月曜日、火曜日、水曜日には、キーウで素晴らしい練習ができたことを覚えている。最高の形で終えられたといえると思う。そして木曜日の朝にロシアがウクライナに侵攻し、その瞬間からすべてが変わってしまった」

最も直接的に変えられたのはシャフタールの、そしてウクライナの運命だが、世界全体も変えられてしまった。影響の与え方はそれぞれ異なる。英国の人々がウクライナやウクライナ人たちの窮状に同情したのは、肌の色に理由があるという主張もあった。彼らは単純に、シリアやイエメンなどの国々で想像を絶するような苦難を味わっている人々よりも肌が白いため、その苦しみに共感しやすかったのだと。おそらく、一部の者にとってはそれも事実なのだろう。私としては、個人的な理由だった。私にはキーウが自分の家であるという感覚、キーウへの帰属意識があった。二〇〇九年の初訪問以来、何度も訪れていた。建築や歴史、自然、川、人々に、そしてもちろんサッカーに魅了されていた。独立広場、市庁舎、ヴァレリー・ロバノフスキー・スタジアムの前にある有名なベンチなど、あの美しい歴史のモニュメントの数々が傷つき朽ち果てていく様子を想像していた。すべては単なる物にすぎず、人々のように替えの利かないものではないとわかっている。それでも、歴史の象徴が冒涜されたということは、その人々に、街に、国に、彼らの人生に何が起こったかを示していることも知っている。

逃げることができた選手やスタッフ、その他の人々には、次にどうするかという疑問があった。外国籍選手の多くは、もう二度と戻ってこないことがすぐに明白となった。イスマイリのように、これが二度目の経験となる者もいた。古参の左SBである彼がシャフタールにやって来たのは二〇一三年二月であり、その一年あまりあとにドネツクを離れたグループの一員でもあった。フェルナンジーニョやウィリアンなど、彼の前にシャフタールにしばらく在籍していたブラジル人たちとは異なり、彼にはシャフタールがドネツクに、彼らの街に、彼らの地域に帰属していると本格的に感じられる機会はほとんどなかった。数えられないほどのフライトとホテル宿泊を繰り返すキャリアを過ごしてきた。イスマイリは誰よりも長くチームに留まった選手の一人でもあり、元監督のパウロ・フォンセカが率いるリールへ移籍したのは二二年八月のことだ。

その他の選手たちには、シャフタールに馴染む時間すらほとんどなかった。ダヴィジ・ネレスは、UEFAチャンピオンズリーグ準決勝まで勝ち進む快進撃で目を引いたアヤックスの一員であり、ノックアウトステージのレアル・マドリード戦とユヴェントス戦で重要なゴールも挙げていた。彼がシャフタールにやって来たのは、侵攻が起こる一カ月あまり前だった。シャフタールはこのWGを獲得するため、最大で移籍金一七〇〇万ユーロを支払うことになる契約を交わしていた。流浪の数年間を過ごしながらも、シャフタールにはトップクラスのブラジル人タレントを惹きつける魅力がまだあること、リナト・アフメトフにはそのために大金を投資する意志がまだあることを確かに示すものだった。ダヴィジ・ネレスは二四歳で、かなりの将来性を持った優秀な選手だった。野心と明るい未来を象徴する存在だった。しかし、公式戦でオレンジとブラックのユニフォームに袖を通すことは一度もなく、六月にはベンフィカへと移籍していった。

デ・ゼルビが以前に私に話してくれたことだが、彼の築き上げたすべてのものも、彼の計画のすべても、大雨に打たれた新聞紙のように崩れ去ってしまった。このメンバーは、彼の望む仕様に合わせて組み上げられたものだった。例えばマルロンは、デ・ゼルビの率いたサッスオーロで、彼のゲームビジョンを最終ラインから描いていく上で大きな役割を果たしたCBだった。ダヴィジ・ネレスは特別なレベルの才能を持った選手であり、高額なサラリーや欧州の大会で戦えるというニンジンのないセリエA中堅クラブのサッスオーロではそう簡単に連れてくることができなかっただろう。「仕事という観点では、シャフタールの話をするのはつらいことだ」とデ・ゼルビ。「私の生み出したものだったからだ。私の強く望んだものであり、それを改善していくために大きなエネルギーを注ぎ込んでいた。別の国に移るという大きな挑戦を受け入れることを決意したが、自分の生み出していたものが私の手から奪い取られてしまった」。彼にとっては大舞台へのステップアップであったといえる。そして、彼の前にはミルチェア・ルチェスクもそうだったように、ビジョンを持った監督であるデ・ゼルビは、自分の望む完成品を作り出せる自分だけの王国を築き上げていた。

デ・ゼルビの招聘と船出

二〇二二年五月二五日の午前中、デ・ゼルビはクラブとその関係者、施設を知るため初めてキーウの空港に降り立った。彼を出迎えたのは少人数のクラブ関係者だった。代表者であるダリヨ・スルナは流暢なイタリア語（現役キャリアの終盤にカッリャリでプレーした時期の名残だった）で新監督と会話を交わし、ホテル・オペラのクラブ本部を案内し、SCMのオフィスで彼をアフメトフに紹介した。オーナーは新監督とともにうれしそうに写真撮影のポーズを取った。二人が両側を掴んだシャフタールのユニフォームには、背中に「デ・ゼルビ」のネームが入れられていた。彼ほど若く有能な、そしてシャフタールに新鮮なプレースタイルをもたらしてくれる可能性を持った監督を迎え入れることができ、アフメトフが満足していることは明らかだった。

その訪問中にスルナは、スヴィアトシンの練習場を開発・発展させる計画についてもデ・ゼルビに説明した。キーウの中心街から約二四キロ西にあり、クラブが二〇一四年以来活動拠点としていた場所だった。デ・ゼルビが細部にまで鋭い眼差しを向け、綿密な準備を好んでいることを認めたからこそだ。数年間の流浪生活でも、革新的かつ野心的なシャフタールは魅力を維持しており、才能ある指導者や才能ある選手らとつながりを築く力を持った思想家たちを擁していた。

　初期の兆候は、うまくいきそうだと感じさせた。フォンセカと同じくデ・ゼルビも、すぐに正念場へ放り込まれた。チャンピオンズリーグのグループステージ進出を懸けた重要な試合である。前年にはルイス・カストロの率いたチームがこの大会で目覚ましい戦いぶりを見せたが、ウクライナ・プレミアリーグではタイトルを獲り逃し、もう一度その舞台に戻るためデ・ゼルビは回り道をしなければならなかった。

「チャンピオンズリーグの予選四試合では、非常に良い戦いができた」と彼は振り返る。少なくとも三試合は彼の言う通りだった。ベルギー王者ヘンクを（最終的には）葬り去り、最終ラウンドとなるプレーオフの1ｓｔレグでも、モナコとの厳しいアウェーゲームに勝利を収めたのだ。しかしハルキウに戻り、前年のフランス・リーグアンを三位で終えていたチームを迎え撃った試合は別の話だった。「モナコは非常に強いチームだ」とデ・ゼルビは強調する。「実際のところ、あのときのモナコの選手のうち一人（オーレリアン・チュアメニ）は現在レアル・マドリードでプレーしており、もう一人（ブノワ・バディアシル）は二日ほど前にチェルシーへ移籍したところだ」。モナコは先手を取り、ハーフタイム前に二点を奪った。耐えるしかなかったシャフタールは、マルロンのゴールで延長戦に持ち込みはしたが、終始劣勢を強いられていた。「正直に言って、ホームゲームでの我々は少しラッキーだったと思う」とデ・ゼルビは告白する。

　今彼が振り返るとしても、同じことを言うだろう。アンドリー・ピャトフは往年の輝きを取り戻し、素晴らしいセーブを連発。後半アディショナルタイムには左に飛んでケヴィン・フォラントのゴールを阻んだ場面もあった。決まっていればモナコを突破に導いていたはずのゴールだった。最後は延長戦も残り少なくなったところで、疲労困憊のメンバーに替えて投入されていたミハイロ・ムドリクが、今ではお馴染みとなった左サイドからの突破を繰り出す。ムドリクはペナルティエリア手前のアラン・パトリッキへボールを通そうとしていた。甘いパスはモナコ主将のルベン・アギラールにブロックされたが、こぼれ球は空中へ浮き上がり、アレクサンダー・ニューベルの頭上を越えてモナコのネットに収まった。「まるで宝くじが当たったようだ。自分の番号がぴったりと出てきたみたいに」と、BTスポーツの解説者ポール・デンプシーは楽しげな様子で声を張り上げる。ハルキウでの白熱した夜を終え、シャフタールはグループステージ進出を果たした。新体制は、少なくとも、フォンセカと彼のスタッフが五年前にやって来たときには恵まれなかった幸運を手にすることができた。

宿敵を圧倒的に蹂躙

国内での最初の大きな試練は、二〇二一年九月にオリンピイスキーでディナモと対戦するウクライナスーパーカップだった。一三カ月前には、観客席は無人だったとはいえ、シャフタールが同じ会場で同じ相手と戦って敗れていた試合だ。この試合は新体制での初タイトル獲得への挑戦であっただけでなく、カストロ体制の最後にディナモにタイトルを奪われていたチームが、即座に反撃を繰り出すチャンスでもあった。シャフタールには、結果以上のものが必要だった。あれほど大げさに動いてまでデ・ゼルビを連れてきたのだから、それに見合うメッセージを発しなければならない。「私はピッチ上に秩序を作り出すことに力を注いできた」とデ・ゼルビ。「ボールを持っているときも、ボールを持っていないときも組織的であり続けられるようにするためだ。選手がただピッチ上を走り回るのは好きではない。ピッチ上で正しいポジションを占めるようにしてほしいからだ」

しかし、戦術だけではなかった。単なるゾーン守備やカウンタープレッシング、ハーフスペースの使い方だけでない、それ以上の意識の持ち方が必要だった。シャフタールは打ちひしがれていたのであり、もはや王者ではなくなっていたことを忘れてはならない。デ・ゼルビは言う。「メンタル面にも取り組んでいた。私が来る前のシーズンには、シャフタールはディナモに一一ポイント離されて二位だった。だが我々はシャフタールであり、勝たなければならない。だから、すべての試合に四対〇や五対〇で勝てるようにチームを強く駆り立てていた。どこまで行ってもまだ足りないと考えることがメンタリティの改善につながるからだ」

ウクライナスーパーカップで、シャフタールとデ・ゼルビは最初から強烈なインパクトを残した。開始数分、ディナモのGKデニス・ボイコがゴールエリア内で足元にボールを受けると、彼には十分な時間があるかに思えた。だが突然のように、アラン・パトリッキが彼に狙いを定める。ボイコのクリアボールにアラン・パトリッキが突進して弾いたボールは、ボイコにとっては幸運なことに、ゴール内ではなく横へ逸れていった。先制点は、マルロンが後方からドリブルで持ち上がり、右サイドに空いたスペースで受けたドドーが素早くボールを持ち替えてクロスを送り込み、ラシナ・トラオレが頭でフィニッシュしたゴールだった。トラオレの先制点の前にはヴラディスラフ・スプリャーハのシュートがポストを叩いており、特に前半のうちは、ディナモも間違いなくピャトフを脅かしていた。しかし、そのオープンな戦いぶりもすべて筋書きの一部だった。すでにシャフタールはすっかりデ・ゼルビのチームとなっており、積極的でエネルギーにあふれ、大胆で、少しばかり無鉄砲な部分があった。

チームは機能し始めた。シャフタールは試合の流れを掴み始め、タラス・ステパネンコが遠目から狙ったシュートはわずかに相手選手に当たってポストを叩く。そして流れるような動きからトラオレが二点目を加えた。ペドリーニョがターンを入れたあと、浮かせたパスでディナモの右SBトマシュ・ケンジオラの頭上を抜くと、イスマイリが猛然と追い越していく。ゴール前を横切らせたボールにトラオレが合わせ、ファーポストから難なく押し込んだ。デ・ゼルビはタッチライン際で跳ね上がり、目を見開いて喜びを露わにしていた。すべてがうまくいった。国内での低迷のシーズンを乗り越え、シャフタールはまさに溜飲を下げようとしていた。

三点目はすべてを象徴するかのようだった。ディナモの主将セルヒー・シドルチュクが、シャフタールのゴールから二七メートルほど離れたピッチ中央付近でボールを受ける。マイコンがすぐに襲いかかり、シャツに掴みかからんばかりにボールを奪い取り、アラン・パトリッキへつなぐ。ハーフウェーラインを越えて駆け出したアラン・パトリッキは右足でボールを収めると、ボイコの守るゴールのトップコーナーへ強烈なシュートを叩き込んだ。マイコンがシドルチュクのボールを奪ってからネットが揺らされるまで、わずか一一秒間の出来事だった。さらに一〇分後、またしても右サイドで流れるような動きを繰り出すが、ドドーがオレクサンドル・シロタの乱暴なタックルで倒されて断ち切られる。シャフタールのスタイルがディナモを本当に苛立たせていたことが明白に見て取れた。監督にとっては、早くも自らの正しさを証明する戦いだった。宿敵を圧倒的に蹂躙し、デ・ゼルビはウクライナスーパーカップで優勝を飾った初めてのイタリア人となった。

達成感があった。シャフタールが名目上はオリンピイスキーをホームとしていたとしても、そこは依然としてディナモのグラウンドだった。試合を終えた選手たちとスタッフは、オレンジ色に身を包んだ少人数のサポーターと一緒になってスタジアムの片隅で喜びを分かち合った。シャフタールのファンは増えてはいたし、クラブは首都に根を下ろしていたが、それでもやはり彼らが少数派であることは強く感じられた。「キーウは素晴らしい街だが、我々のファンがいてくれたわけではない」とデ・ゼルビは振り返る。二万七五五三人の観客の大半は、当然のことではあるが、首都のチームを応援していた。ある意味では習慣になっていたことだとしても、シャフタールはいまだに、ライオンの檻の中で自分たちの歌を歌い踊っているようなものだった。翌日の九月二三日には、メインユニフォームスポンサーであるパリマッチ社がクラブを祝福するため、特製の気球にシャフタールのユニフォームをつけて宇宙へと飛ばした。クラブの歴史の新たな一章が始まると感じられた。

ほんのひとときの強さ

チャンピオンズリーグの本戦自体は、より厳しい戦いになったと言わざるを得ない。プレーオフラウンドは素晴らしい冒険だったが、感情面でも肉体面でも力を尽くしたことが響き、カストロの率いていた前年のグループステージほど伸び伸びとプレーすることはできなかったのだろうか。監督にとっても、欧州の大会で指揮を執るのは初めての経験だった。「チャンピオンズリーグもリーグ戦と同じだ。プレミアリーグもセリエAと変わらない。サッカーはいつもサッカーだ」とデ・ゼルビは主張する。しかし、学びの過程にいたのは監督だけではなかった。クラブは数年間にわたって緩やかに規模を縮小してきており、才能はあっても未熟な選手たちが自分の道を見つけようとしているところだった。「チャンピオンズリーグでの私のシャフタールは平均年齢二一・二歳だった。(大会で)最も若いチームのひとつだ」。当然ながらデ・ゼルビは、チームを引き締めるのではなく、彼らが自分たちのプレーを表現できるように指導していた。「選手たちを能力主義で指導し、出来る限りクオリティの高い選手たちを先発メンバーに入れようとしていた。楽しめるようにすること、いつも良いサッカーをすることに取り組んでいた」

それは崇高な感情だった。現実はもっと厳しかった。特に、アウェーのモルドバ(ティラスポリ市の自称によればトランスニストリア)で行われたシェリフ・ティラスポリとの初戦には〇対二で敗戦を喫した。ユーリー・ヴェルニドゥブ監督の率いるシェリフが、この次の試合ではサンティアゴ・ベルナベウでレアル・マドリード相手に衝撃の勝利を飾ったことを考えれば、ある程度は許される余地のある結果だとも感じられる。その後のシャフタールの戦いぶりには良い部分もあったが、あまり報われなかった。「ホームでのインテル戦はあまり運に恵まれず、勝てていてもおかしくはなかったが最終的には引き分けた。レアル・マドリード戦も(同じだった)。順位は四位に終わったが、内容的にはそれ以上だったと思う」とデ・ゼルビは主張する。ヴェルニドゥブは五十代半ばのウクライナ人であり、西部の都市ジトーミルの出身。彼はチームがUEFAヨーロッパリーグのベスト32でポルトガルのブラガに敗れたあと、すぐにシェリフとトランスニストリアを離れ母国に戻って軍に入隊し、その後ウクライナ・プレミアリーグのクリウバス・クルィヴィーイ・リーフの監督に就任した。

シャフタールとしてもデ・ゼルビとしても、ポテンシャルを十分に発揮しきれないという感覚に慣れなければならなかった。選手たちは応えてくれていた。「彼は大きな変化をもたらした」と、マノール・ソロモンは振り返る。「もちろん、彼が力強い考えを持った素晴らしい監督だということは就任からすぐにわかった。常にプレスをかけ続けるのが彼の好む戦い方だった。常にボールを持ち続けるのを好んでいた。フォーメーションは少し違ったので、選手たちは適応する必要があった。ロベルトは本当にトップクラスの監督だと思う。今のブライトンを見てもわかる。彼がシャフタールに残っていれば、間違いなくあそこで何か大きなことを成し遂げていたと思う」

ウインターブレイクを迎えたとき、チームはディナモを勝ち点二ポイントリードしていた。中断前の最後の試合は二〇二一年一二月一一日、オレクサンドリーヤにアウェーで二対一の勝利。だがそこから、リーグ順位は永遠に凍結されてしまった。二二年七月を迎えると、シャフタールはウクライナ・プレミアリーグの一位チームとしてチャンピオンズリーグ出場権を獲得したが、リーグタイトルが与えられることはなかった。フォンセカも、カストロでさえも、クラブからは時間を与えられていた。デ・ゼルビにも、クラブは時間を与えるつもりが十分にあると感じられた（たとえ就任当初の印象があれほどよくなかったとしても、おそらくそうなっていたことだろう）。しかし、現実世界がそれを許さなかった。

「このときのシャフタールは素晴らしいチームだった」と、彼は残念そうに言う。ブライトンにやって来て、世界で最も裕福なリーグで充実した役職に就き、自らのやり方で王国を築き上げるチャンスと、世界中から注目される舞台で賢く進歩的な監督として尊敬を勝ち取るチャンスを手に入れようとも、後悔や未練の感覚は残っている。今でもデ・ゼルビにとって大きな心残りであることは明らかだ。

「私のチームは多くの勝利を得られたかもしれないと思うし、戦い方や選手たちの優れた才能、そしてチャンピオンズリーグでどう戦えたかを考えれば、伝説になることもできたかもしれないと思う。素晴らしいチームだという感覚が……」。明らかに彼は、母国語のイタリア語であっても言葉を見つけるのに苦労していた。彼はキーウで何かに触れたが、その何かに慣れ親しんで発展させるだけの本格的な時間は持てなかった。

「残念ながら、ほんのひとときだった。私が実際に指導をしていた時点では、あのチームがどれほど強かったかを実感する時間はあまりなかった。チームを向上させるため、毎日賢明に取り組んでいた。今になってあのシャフタールのことを考えると、本当に悲しく感じる。私にとって、キャリア全体を通した中で経験した最も素晴らしいものになっていたかもしれないからだ」

そして、それは消え去ってしまった。使命を持ち理想を築き上げようとしていたが、現実世界の出来事に、しかも最悪の部類の出来事にひどく打ちのめされた。あとは別ればかりが続いて、最後はほとんど何も残らなかった。特に、ジュニオール・モラエスまでもが去って行ったことの意味は本当に大きかった。ブラジル生まれの彼は、トラブルが起きてもすぐに逃げ出そうとはしなかった。ウクライナの国と文化に完全に溶け込んでおり、ウクライナ国籍を取得して代表チームでも一試合に出場したほどだった。そのジュニオール・モラエスは自身にとってすべてのスタート地点であったサンパウロ州の州都へと戻り、三月一六日にコリンチャンスへ移籍することになった。誰よりも勇敢で順応性の高い選手であり、助けを求める人々が身を寄せ合うホテル・オペラから、赤ん坊のオムツを手に入れるため飛び出していった男だ。その彼までもが若手時代に慣れ親しんだ安全な土地への避難を必要としていたのであれば、他の者たちも同じだという明確なサインだった。すぐに事態が解決されないことは、誰もが心の奥底でわかっていた。少なくとも今のところは、多国籍チームの夢は終わってしまった。

ブラジル人のチームからウクライナ人のチームへ

実際のところ、その理想はしばらく前から失われつつあった。ドネックを離れたあとの数年間、シャフタールは自分たちの独特のブランドが揺らぎつつあるのを抑えようと努めていた。「残念ながらシャフタールはこの一〇年間で、ブラジルのあらゆる社会階層から人気と関心を失ってしまった」。そう語るのは、サッカーに特化したブラジルのデジタル・Eマーケティング代理店サンバ・デジタルの創設者兼CEOであるフレデリック・フォセールだ。二〇〇九年にUEFAカップ優勝を飾ったあと、シャフタールは自分たちのアピールを最大限に高める方法を模索し続け、欧州サッカー界における地位をもう一段階上げていくことを視野に入れていた。チャンピオンズリーグやヨーロッパリーグを目指す有望選手の予備校的なクラブというイメージを越えた新たな地平を拓き、クラブの物語や特徴を世界に向けて売り込んでいくことが次のステップだった。ブラジルで最も強力かつ視聴者層の広いメディアプラットフォームであるTVグローボがシャフタールと提携する話もあったが、ドネックからの移転後には立ち消えとなった。

フォセールによれば、その時点で見込まれていたブラジル市場へのアピールには二つの段階があった。まずは、彼が言うところの「若く有望な選手たち」、つまり未来のスターがやって来ること。ウィリアンやテテがシャフタールに移籍したのは、一二年の開きはあるが、どちらも一九歳のときだった。第二段階は、「そういう選手たちが欧州各国リーグのサッカーの中心地に移籍し始めたとき。この段階になると、（シャフタールの）人気が上がってきた」。言い換えれば、若い選手を集めて注目を引くことと、ある国の選手たちが自国から遠く離れた地で故郷と呼べる場所を見つけることの間には、違いがあるということだ。シャフタールが頂点への道筋であることが明白になれば、単に物珍しいクラブではなく、輝かしい夢を構成する要素となる。だから、シャフタール・ブランドにとって最大のアンバサダーとなったのは「ドウグラス・コスタ、ウィリアン、ルイス・アドリアーノ、フェルナンジーニョの順だった」とフォセールは言う。彼らはシャフタール急行に乗って、イングランド、ドイツ、イタリアの最大級のクラブに到達した選手たちだ。

シャフタールがブラジル人主導の才能あふれる多国籍軍からウクライナ人のチームへと再構成されたのは、意図的というより必要に迫られて行われたことだったが、現時点ではそういったつながりを生み出す可能性を閉ざすことになる。しかし、スポーツの枠を超えて極めて大きなものが必要とされる時期に、クラブは世界中に彼らのメッセージを伝える力を大きく高めていることが明らかになった。以前には誰も、おそらく彼ら自身さえも、想像していなかったほどに。

シャフタールは、長年にわたって実践を続けてきた。自分たちの窮状や不安を伝え、ストーリーを発信する。欧州では一般的ではないと考えられるストーリーだが、それにより彼らは、同時代にUEFAの大会に参加する他クラブとは一線を画すことになった。戦争がウクライナへの本格的な侵攻へと発展すると、彼らが八年間にわたって語り続けていたことに世界中が耳を傾けたいと思うようになった。そして彼らには、自分たちの主張を伝えるスキルがあった。それは予測できたことであり、何年もロシアの意図の影に隠れて生きることを強いられてきたウクライナの公人たち全般が、自分たちの懸念や問題点を巧みに表現する技術を身につけてきたともいえる。二〇二二年二月以来、ヴォロディーミル・ゼレンスキー大統領と西側とのつながりは注目すべきものとなった。「ゼレンスキーは、とても自然にやっている。西側の企業であれば、何百万ドルもかけて本物だと認められようとする類いのものだ」と、英国のジャーナリストであるアダム・クラフトンは語る。

計画の次の段階は、シャフタールの「平和のグローバルツアー」であった。同時期にはディナモも、ウクライナ国内でのピースツアーを行っていた。サッカーが知名度とコネクションを活用することは当初から見込まれていたが、彼らはそれを驚くべきスピードで立ち上げ、実行に移した。まずはギリシャからスタートし、四月九日にオリンピアコスの本拠地ゲオルギオス・カライスカキス・スタジアムで彼らと対戦。さらにシャフタールはトルコ、ポーランド、クロアチアでも試合を行った。ディナモもドイツ、スイス、ルーマニア、エストニアで試合をした。シャフタールのユニフォームの背中には、通常の選手名に代えて、ロシアの砲火にさらされたウクライナの都市名が記されていた。ブチャ。チェルニヒウ。ハルキウ。マリウポリ。デ・ゼルビがシャフタールのベンチにいたことも合わせて、それは心を打つものだった。彼はクラブに寄り添っていた。本気だった。

ソロモンも応援の旗を掲げた。彼は一二月に入って一週間後に行われたチャンピオンズリーグ最終戦のシェリフ戦以来、イスラエル代表のフレンドリーマッチで合計一〇八分間しかプレーしていなかった。「ぜひとも力になりたいと思ったし、もう一度彼らと一緒になりたかった。できるだけコンディションを整えられるように、フィットネスコーチやパーソナルコーチと一緒にトレーニングした。だからこの時期には本当に頑張った。家族と一緒にいられる時間でもあったし、サッカーに関する面では自分の弱点克服に取り組める時間でもあった」。本格侵攻からまだ二カ月も経っていない頃、スルナの仕事は可能な限りチームを安心させることであり、不安だらけの状況の中でもチームをまとめていこうとすることだった。ブラジル人たちはもちろん不在だった。クラブお抱えの代理人フランク・ヘヌダは、ブラジルの移籍市場が閉まる四月一二日までに多くの選手がレンタル契約を交わせるように動いていた。「スルナから電話があって、来るように頼まれた」とソロモンは振り返る。「私が参加することは重要だとマネージャーに伝えてきた。チームの助けになるし、ツアーで得られたお金はすべて寄付されるので、ウクライナのためにもなると。だから、『もちろん行く』とすぐに答えた」。外へ出て行くのは、シャフタールにとってもソロモンにとっても良いことだった。「数日後に到着すると、トルコの雰囲気は本当に素晴らしいものだったといえる。ウクライナの人々は落ち着いていた。彼らにまた会うことができて本当にうれしかった」

深刻化するさまざまな状況

ウクライナ代表チームがそのバトンを引き継ぎ、五月にボルシアMG、エンポリ、リエカとの親善試合を行った。その状況下では、芝の一本一本も、パスの一本一本も、すべてが小さな奇跡のように感じられた。メンヒェングラートバッハでは、フル代表で初出場を果たしたムドリクが先制ゴールを記録。経験豊富なGKヤン・ゾマーを難なくかわしてネットにボールを転がした優雅なゴールは、二〇二二年の秋にクラブで大活躍を見せる時期に彼の一八番となるプレーだった。自ら手に入れた喜びを、子どものように笑顔で表現しながら駆けていく。その彼の胸に記された文字が目を引いた。「ウクライナのために団結を」と書かれており、ウクライナを支援する国々の国旗を並べて表現されたウクライナの国境線がその言葉の周りを縁取っていた。

その一方で、ロシアの傍若無人ぶりは増していった。サッカーに関してもそれ以外でも、ウクライナを率先して支援したのはポーランドだった。本格侵攻の二日後、ポーランドサッカー協会（PZPN）のツェザリ・クレシャ会長は、同国代表チームが翌月に予定していたワールドカップ予選プレーオフでロシア代表と対戦することを拒否すると発表した。「これが唯一の正しい決定だ」と彼はTwitterで記し、ロベルト・レヴァンドフスキとポーランドのアンジェイ・ドゥダ大統領も即座に賛同する返信を送った。「ロシアのサッカー選手やファンたちに責任はないが、何も起こっていないふりはできない」とレヴァンドフスキは書いている。同様の対応は他のスポーツにも広がり、二〇二二年四月二〇日にはオールイングランド・ローンテニス・アンド・クローケー・クラブ（AELTC）が、その夏のウィンブルドン選手権からロシア人選手とベラルーシ人選手を除外すると発表した。

しかし、国際オリンピック委員会（IOC）はロシアとベラルーシのアスリートたちの出場禁止を回避し、できれば中立の選手として競技に参加させる形を模索していた。トーマス・バッハIOC会長は二〇二三年三月、アスリートを復帰させる考えに反対している各国政府は「嘆かわしい」振る舞いをしているという発言で失笑を買った。パリのアンヌ・イダルゴ市長は二四年パリ五輪に向けてそのような中立的立場を取る方針に反対の声を上げたが、スポーツ界の態度を一本化させる戦いは明らかに成功とは程遠かった。

アフメトフは、スポーツに関する決断を金銭面の理由に基づいて下しはしなかった。過去にもそうしたことはないし、今後もないだろう。「彼は大金を失った。まずはドンバスで、そして今はマリウポリでも」とスルナは、畏敬の念を込めた顔で言う。しかし、大半の人間であれば背筋が凍るような金額を失おうとも、アフメトフは考えを変えようとしなかった。「彼が電話をかけてくると、今でも熱意にあふれ、幸福感にあふれ、自信に満ちている。彼はいつでも前向きだ」

とはいえ、そこから方針は変わっていくことになる。地理的な理由と金銭的な理由の両方から、そうならざるを得なかった。今でもウクライナで最も裕福な男であるアフメトフが収支を気にし始めなければならないとすれば、他の者たちも当然同じだった。二〇一四年五月の移転以降には物資が減少する中で生きていかなければならなかったが、それがさらに深刻化していた。

公式戦を戦うのはまだ難しいと考える者がほとんどだった。二〇一四年にドネツクを離れたあと、シャフタールが最初にホームゲームの会場として固定したのはアリーナ・リヴィウだった。ポーランドへつながる国内西部のその場所は、今では難民に当面の食料や避難所を提供する人道支援センターとなっており、メインスタンドのエグゼクティブエリアの床にはマットレスが敷かれて人々が宿泊できるようになっていた。外国籍選手が脱出に成功したあと、パルキンはこのアリーナでボランティア活動に参加する日々を過ごしていた。

代表とクラブの奮闘

ポーランドと同じくウクライナもワールドカップ予選プレーオフに進出しており、プレーを再開する上ではクラブより代表チームが優先されることは明白となった。ウクライナの対戦相手であるスコットランドは寛容に対応し、延期に快く応じたが、ある程度は先延ばしされたとはいえ試合に向けた道のりは険しいものに感じられた。「戦争がいつ終わってくれるかはわからない」とステパネンコは語る。彼も同胞たちも、永遠に待つことができるわけではないと言いたげだ。「当時は信じられない思いだった。ウクライナに残っている選手も、欧州にいる選手もいて、ウクライナが国としてどうするべきかわからなかった。どうすればチームを集められるか、どうすればトレーニングキャンプを手配できるか、どうすればスコットランドとの試合を戦えるのか。大混乱だった。そしてもちろん、ムードは最悪だった。ニュースを読むたびに、サッカーのことは考えられない。国民のことを考え、国のことを考え、戦争のことを考える。難しいことだった」

しかし、再び集まることができた瞬間に啓示を得られたかのようだった。「私も他のみんなも、自分たちの国を支えるやり方はひとつしかないことに気がついた。強くなること、スコットランドと良い試合をすること、母国を称えること、ウクライナ国内の情勢から少しだけ目をそらし、少しだけサッカーを見て代表チームを応援できるようにすること。そこから本当にパワーをもらうことができた。感動をもらうことができた。みんな本当に勇気づけられた」

二〇二二年六月一日にグラスゴーで行われたその試合は、あらゆる面で感動的であり、サッカーの国際試合として最高限度を超えるものだった。「ウクライナ国歌を聞いたときには鳥肌が立った」と言いながら、ステパネンコは手のひらでゆっくりと自分の前腕を撫でる。「本当に、涙が抑えられなかった。他にもチームの何人かが泣いていた。私たちに会いに来てくれた難民もたくさんいた。英国がどれほどウクライナ人を助けてくれていたかも実感できた。スコットランドのファンは素晴らしい迎え方をしてくれた」。ハムデン・パークでウクライナが三対一の勝利を収めた試合は、長く記憶に残ることだろう。たとえその四日後のカーディフで、アンドリー・ヤルモレンコの不運なオウンゴールによりウェールズに敗れ、最後のハードルを越えることができなかったとしても。

少し離れて見ていると、ウクライナ代表が戻ってきてプレーを再開できたこの五日間に関わるすべてが奇跡に近いものだと感じられた。英国とスコットランドのメディアがプレーオフの日程変更について報じた時点では、それは善意の対応のように感じられた。あるいは、ウクライナは最終的に降伏するだろうという愚かな思い込みを持つ者たちに対する反抗のようにも。試合が現実に開催されるのは、並大抵のことではなかった。ウクライナが見せた勇敢で誇り高い不屈のパフォーマンスは、単純に信じがたく素晴らしいものだった。

クラブサッカーも確かな対応を見せ始めた。チャンピオンズリーグの予選二回戦では、ディナモがポーランドのウッチを仮のホームとしてトルコの金満クラブであるフェネルバフチェとの試合をドローに持ち込み、早くも価値ある姿を見せたと感じさせた。二〇二二年七月末には2ndレグを戦うためシュクリュ・サラジオウル・スタジアムに乗り込む。ディナモにとっては一三年前にUEFAカップ制覇を目指し、宿敵シャフタールがそのタイトルを手に入れた決勝の地でもあった。そこで彼らは大きな試練に直面する。長期の活動休止による調整不足、コパ・リベルタドーレス優勝監督となったジョルジュ・ジェズスが率いるフェネルバフチェの豊富な戦力と高い期待、そして一部の地元観客からは許容範囲をはるかに超えた誹謗中傷もぶつけられた。プーチンを支持する悪趣味なチャントもあった（その後ディナモに拍手を送った地元ファンもいたが）。

ディナモは怒りを封じ込め、ホームチームの弱点を突く。オレクサンドル・カラヴァエフがファーポストから強烈なシュートを突き刺して延長戦の末に勝負をものにし、ミルチェア・ルチェスクはカドゥキョイの地でまたひとつ栄光の瞬間を味わった。次のラウンドでオーストリアのシュトゥルム・グラーツを下したのも大きな快挙だった。これでディナモは、最後のプレーオフラウンドの結果がどうなろうともヨーロッパリーグ出場は確保できる。そして、実際にそうなった。チャンピオンズリーグのグループステージ進出を懸けた戦いではベンフィカに完敗。ベンフィカが三対〇の勝利を収めたリスボンでの2ndレグで、最後のゴールとなったのは驚異的な曲がり方をしたダヴィジ・ネレスの左足シュートだ。ついにディナモと戦う機会を得たダヴィジ・ネレスだが、この年のはじめにシャフタールのファンが期待していたものとは異なる場面だった。

ジャーナリストたちの自覚

国内では、再開に向けたプランが二転三転していた。シャフタールの元アカデミー代表であるパトリック・ファン・レーウェンは、ウクライナに戻ってゾリャ・ルハーンシクの監督を務めることが二〇二二年六月に合意に達した。仕事を引き受けた時点では、ウクライナ・プレミアリーグが再開されるときには国境外での開催になるだろうという感覚を彼は抱いていた。だがそれは最善の選択肢ではないとウクライナ政府は判断し、リーグは国内に留まることになった。「(選手たちの)同胞全員に何らかのモチベーションを与えるためにそう決められた」と、ファン・レーウェンは母国オランダの放送局オムループ・ウェストに語っている。「国内で何かポジティブなことを起こせるように。ウクライナ人やファンだけでなく、外の世界に向けたメッセージでもあった。国民もアスリートたちも、戦争があろうとも、スポーツを通した発展を続けることができるというメッセージだ」。条件はすぐに設定された。試合は当然ながら無観客で開催され、使用されるスタジアムには防空シェルターが備えつけられていなければならない。もし空襲警報が鳴れば、選手とスタッフは速やかに秩序正しく避難できるようにする。

八月二三日、シャフタールは名目上のホームゲームとしてメタリスト・ハルキウをオリンピイスキーに迎えた。二〇二二―二三シーズンの開幕戦であり、二一年一二月半ば以来となるウクライナ・プレミアリーグの開催だ。ファンはいなくとも祝祭の空気に包まれていた。キックオフ前にはゼレンスキー大統領による録画メッセージが大型スクリーンで流される（「我々にはいつも青と黄色の国旗を守る覚悟がある」）。続いて通路から現れた選手たちは、全員がジャージに代えてまさにその国旗で身体を包んでいた。　その後の数カ月間にわたってお馴染みとなる光景だった。

観客席にサポーターはいなくとも、いくつかの国から派遣されたメディア関係者の姿はあった。現地入りは容易ではなく、時間もかかりリスクも感じられる。スポーツ記者たちが、最前線そのものとは言わないまでも戦地の間際へ送り込まれることになるが、それでもだ。メディア各社のリスク査定担当者らは神経を尖らせ、保険会社と何時間も電話交渉を行ったり、出発前の記者に危機管理訓練を受けさせたりしていた。

ウクライナの記者たちにとっては、彼らの届けるコンテンツがそれまでにないほど重要になったということであり、一方で製作体制はますます厳しいものとなっていた。スタジアム内だけに限らず、行動の中断を強いられることは日常茶飯事となっていたが、それでも続けなければならないという自覚は揺るがなかった。「私たちの仕事は、一日たりとも終わることはなかったといえる」。『トリブーナ』の記者イリーナ・コジウパはそう話してくれた。「ロケット弾が打ち込まれ、空襲が行われる中で仕事をしていた。この困難な一年間を通して、私たちの執筆は一日も止まることはなく、ニュースを届け続けた。電力不足や停電が起きたときでさえも」

ノートパソコンや携帯電話のバッテリーが切れたり、リポート送信のため使用可能なインターネット回線を探したりすることには、ほとんどのジャーナリストたちが慣れきっている。戦時下においては、こういった問題が別次元の意味を持つことになる。「私も同僚たちも、自分たちの仕事ができるように、記事を書けるように、あらゆる可能性を試している。たとえ一日に三時間しか電気が使えなくとも、いつも電気とインターネットが使えるレストランやその他の場所を探して仕事をしようとしている」とコジウパは続ける。

ウクライナの人々にとって選択の余地はなかった。再開二日目の八月二四日、ウクライナ独立記念日であるこの日に、改めてそのことが確認された。リヴィウで行われたルフ・リヴィウ対メタリストの試合は「決して終わらない試合」になった、とディマ・レブロフ記者は『Vavel』で伝えている。メタリストが二対一で勝利することになった試合がキックオフされたのは現地時間午後三時。空襲警報による三度の中断と、それに伴うスタジアムの防空シェルターへの避難を経て、ようやく試合を終えられたのは四時間半近くあとの午後七時二七分だった。「『終わることのない』試合を通して、この時期のサッカー開催には依然としてリスクが伴うことが確認され、現実を突きつけられたと感じた者もいた」とレブロフは記した。

ヨヴィチェヴィッチが掴んだチャンス

したがって、ここへ戻ってくることを選ぶ外国人は、姿勢を正して警告に耳を傾けなければならない。現場でジャーナリストを務めることと、はるかにセキュリティの整った国内最高峰のクラブで仕事をすることには明らかな違いがあるとしても、イゴール・ヨヴィチェヴィッチが帰還を選んだことは注目に値する。家族をザグレブに残してウクライナで二年間仕事をしてきた彼に、なぜそうしたのか訊いてみなければならない。「（本格侵攻後に）私はクロアチアに戻って、四カ月間そこにいた。ウクライナの人々や、自分のチームや、クラブの会長を……金銭面、人道面で支援していた」。離れた場所から支援を行いつつ、別の場所で、おそらくはもっと好条件な別の仕事を引き受けて指導者としてのキャリアを続けていったとしても、彼を責める者はほとんどいなかっただろう。しかし、彼には断固とした決意があった。「別の場所で仕事はしたくないと言った。それは不誠実だからだ。サウジアラビアやUAE、その他の国から仕事のオファーはあったが、自分の心がノーと言っていた。これは戦争だ。だから私の心はあそこに、ウクライナの人々とともにある。単純に金目当てで動くことはできない。だから、（仕事に）戻るとすればドニプロに、ウクライナに戻ると決めていた」

ヨヴィチェヴィッチはドニプロ－１に戻ることになると考えていた。彼はこのクラブを（二〇二三年二月のウクライナ・プレミアリーグ中断時点で）予想外の三位へ、そしてヨーロッパリーグ出場圏内へと導いていたのだ。「ドニプロは前進している」と彼は語る。「しかし、プレシーズンの数日前にロベルト・デ・ゼルビが去り、シャフタールは私に具体的なオファーを出してきた。ウクライナ最大のクラブに加わるオファーだ。私にとって非常に難しい場面だった。純粋にサッカーに関する部分だけで判断した」

それは誇張ではない。ドニプロ－１は二〇一五年に設立され、ドニプロ・ドニプロペトロウシクの施設を徐々に吸収していった。一五年にはヨーロッパリーグ決勝にまで進んだドニプロだが、一七年にウクライナサッカーのトップレベルから追い出され、一九年には完全に活動を終えた。新クラブは一九年にトップリーグに昇格したばかりであり、それほどすぐに上昇するとは予想されていなかった。

「このクラブでは、二年間で歴史を作ることができた」と、ヨヴィチェヴィッチは控えめな語り口で言う。「一歩や二歩前進したのではなく、一〇歩（前進）だ。しかし人生には、決してノーとは言えないオファーもある」。彼がいたドニプロ－1のユーリー・ベレザ会長は、そう考えてはくれなかった。ヨヴィチェヴィッチがシャフタールへ移る選択をすると、彼は憤慨した。その後ヨヴィチェヴィッチは、変化した状況下でもウクライナで仕事を続けたいということを家族に説明する必要もあった。だが「家族は私が心の中で望んでいることを支持し、すぐに同意してくれた」と彼は言う。スルナと同じく、彼はクロアチア人ではあるが、事実上の名誉ウクライナ人だ。「彼は選手としても、その後監督としても、カルパティ・リヴィウでキャリアの長い時間を過ごした」とジャーナリストのアンドリュー・トドスは指摘する。「だから、彼があそこにいた間に、母国の誇りや愛国心が植えつけられたようなものだと思う。今では、彼はそういった考えを体現している」

ヨヴィチェヴィッチにとっては、掴むべきチャンスだと感じられるものでもあった。実際のところ、ドニプロ－1では目を引く仕事をしていたとはいえ、状況が異なれば彼にシャフタールからオファーが届くことはおそらくなかっただろう。シャフタールにとっては、彼は状況に迫られて選んだ男だった。コジウパは語る。「彼はウクライナを知っていて、ウクライナ語を話すことができて、若い選手たちの扱いにも長けている。一方で、我々が彼から感じ取ったのは、本当に聞く者に刺激を与えられる話し上手だということだ」。彼には、シャフタールの持つ使命を世界の舞台で表現していくため、この時代に完璧に適した哲学や能力がある。

コジウパがヨヴィチェヴィッチと初めてじっくりと話をしたのは、彼の就任から約一週間後の二〇二二年七月半ば、ロッテルダムでのことだった。シャフタールはいくつかのフレンドリーマッチを行うためオランダを訪れていた。「私にとっては、侵攻が始まってから初めてのウクライナ国外訪問だった。この時点ではまだ、彼が果たして仕事に適した人物なのかどうかと誰もが考えていた。彼はウクライナ語を話せるし、私は彼のことをウクライナで選手としてプレーしていた頃から知っている。だから、彼はウクライナを熟知している。それでもまだ、大きな疑問があった。若いウクライナ人選手が多く、前のシーズンとはまったく別物になっていたチームを、彼はどう扱うのか。最初の試合でのことだ。アムステルダムでの初戦に、彼は一〇人のウクライナ人を起用した。それからは、ウクライナの顔を持ち、ウクライナ語を話す監督に率いられた、新たなブランドの新たなシャフタールについて誰もが話題にし始めた。私が彼について気に入っているのは、実験を恐れず、すごく重要な試合でも若い選手をピッチに送り出すこと。彼はうまくモチベーションを高められる。チームに闘争心があり、彼らがファイターになれているのは、おそらく彼のおかげだ。彼はチームが最後まで戦い抜くように後押ししている」

それはまさにシャフタールが望んでいる姿だ。パルキンは今でも、トップから、つまりアフメトフからのメッセージを何度でも飽くことなく伝え続けている。「会長は、ウクライナは勝てると言っていた。軍事や戦争の専門家たちが、ウクライナにチャンスがあると口を揃えて言うよりも前から」と、パルキンは心から確信した様子で言う。「我々にとっては、それがすごく大事なことだった。会長は、我々が自分たちの仕事をするために必要なエネルギーや信念を与えてくれた。我々の仕事は、未来のための結果をもたらす。そして、それは未来に活用することができる。我々は平和を手に入れ、勝利するのだから」。人々は戦争のニュースによって打ちひしがれ、恐怖に鈍感になる。インフレ、生活費、電気料金の高騰など、西側諸国も苛烈な影響を受けていることで、その大きな要因のひとつからは目を離してしまうこともあり得る。このようなときに行われる儀式や式典は、行われている残虐行為を世界に思いださせるため、どうしても必要なものだ。

旅立っていくスターたち

というのも、二〇一四年の時点ではウクライナ国内でさえ、半日常的な感覚が芽生えていたからだ。より厳しく混乱したものではあるが、それでもある種の日常だという感覚が。アドレナリンは無尽蔵に湧くものではない。変化は起こっていく。大きな変化もあれば小さな変化もあるし、予期していない場合には少しばかり大きすぎる変化になることもある。ステパネンコにとっては、二〇二三年一月に友人のセルヒー・クリフツォフがメジャーリーグサッカー（ＭＬＳ）からのオファーに応じ、二年契約でインテル・マイアミに移籍して去って行ったことがそれだった。二人が初めて会ったのは、欧州最大の原子力発電があり、ロシア軍の砲撃の的にもなったザポリージャだった。一五年以上前、メタルルフ・ザポリージャで若手選手として頭角を現してきた頃だ。一〇年五月に同時移籍でシャフタールに加わって以来、当時二〇歳と一九歳だった彼らはずっと友人でありチームメイトだった。

別れのときが来たのはつらいことだった。カリナンのロビーで選手たちが半円形に並ぶ中、ヨヴィチェヴィッチは旅立っていくスター選手たちに向けて話をした。クリフツォフは民族衣装に身を包んでいた。ピャトフには涙がこみ上げ、監督のスピーチ力の高さが示されていた。ヨヴィチェヴィッチの向かい側に立っていたステパネンコも、静かに涙を流し始めた。二人の友人たちが心をこめた強いハグを交わしたあと、クリフツォフは上着を取り、ホテルの入口に向けて歩き出した。ステパネンコとクリフツォフはいつも何をするにも一緒だったが、今はただ親友同士として別れを告げようとしていた。

その数週間後、同じホテルの地下のカフェでステパネンコと同席したとき、私はまずそのことについて聞きたいと彼に伝えた。「ああ」と彼は答える。信じられないほど聡明で話し上手な男が、このときばかりは寡黙となった。思いだすのは難しい。「本当に悲しかった」と彼はうなずく。「シャフタールの前から、ザポリージャ時代からの友人だったから。一三年半もルームメイトで、いつも一緒だった。だから彼が去って行くのは、私にとって少し心苦しいことだ。一緒にたくさんトロフィーを勝ち取ったし、時には大事な試合に負けたこともあった……とにかく、一生続く友情だ。家族ぐるみで付き合っていて、子ども同士も友達で、妻たちも友達だが、今はみんな大きく離れている。私の家族はスペインにいる。彼の家族はポーランドにいて、彼自身は今はアメリカだ。人生はそういうものだし、物事は変わり続けていくということを実感するときもある。それでも進んでいくしかない。彼のような友人との強いつながりを持ち続ける必要がある」。この率直さ、この人間性こそが、ステパネンコがこれほど魅力的なリーダーたるゆえんだ。

選手、スタッフ、友人たち、家族が安全快適に過ごせるようにするためには時間がかかる。ミゲル・カルドーゾがユースアカデミーの指揮を執っていたときと同じく、二〇二二年二月にもシャフタールの少年選手たちに適切な対応を取る必要があった。アカデミーは一時的にクロアチアに移り、一〇歳から一七歳まで八五人の少年選手たちが、スプリトでスルナの手配した宿舎に滞在することになった。彼らを守らなければならないという道徳的義務に加えて、適切なリーダーシップがなければ次の世代が失われかねないという考えがあった。彼らはシャフタールが、再び強く頼ることになるであろう世代だ。

再出発が必要だと感じて去って行く者は必ずいるし、それを批判することはできない。ウクライナ代表とアーセナルで現在プレーするオレクサンドル・ジンチェンコも、シャフタールで育った選手の一人だった。ウクライナ代表がウェンブリーでＥＵＲＯ２０２４予選初戦のイングランド戦を戦う前に、二三年三月二六日に放送された「チャンネル４」のインタビューの中で、彼はプロ選手として踏み出した第一歩について質問を受けた。シャフタールのアカデミーを離れることを決意した彼が加入したのは、ロシア・プレミアリーグのクラブであるウファだった。ジンチェンコは戦争の本格的な勃発以来、ウクライナを離れた者たちについてしばしば雄弁に語ってきたが、ここでは慎重に質問をかわすことを選んだ。「自分の人生のその部分は、単純に忘れたいと思っている」と、彼はクリシュナン・グル＝マーシーに語った。

自らの直面している何かから逃れられないこともある。二〇二三年のシーズン半ばにアンタルヤで行われたトレーニングキャンプが不思議な巡り合わせであったことは、毎晩のように明らかになった。ホテルは見渡す限りのウクライナ人選手であふれていたが、ロシアからの休暇で訪れた客もそこかしこにいた。トルコはロシアに対してまだ門戸を開いていた数少ない欧州の国のひとつだった。選手やスタッフらは、自国にあらゆる種類の不幸をもたらした者たちの同胞を目の前にして、不安な雰囲気に包まれた者もいた。それでも観光客の中には、悪びれることもなく威張り散らす者もおり、何の悩みも抱えていないかのようだった。朝食時に、熊の絵柄の隣に「メイド・イン・ロシア」と書かれたTシャツを着た男と隣り合わせたのは特に不快なものがあった。

挑発が行きすぎてしまうこともある。『ヴズビルナ』は、シャフタールのダニーロ・シカンが、ホテル内で少しばかり敵意を込めすぎた態度を見せたロシア人観光客を殴ったという記事を掲載した。クラブは報道内容を否定はしていない。どこよりも自分の家のように感じられるはずの場所が、そうではなくなってしまうこともある。

九章

ワルシャワへようこそ

抱擁を交わす間柄へと移行した夜

トニ・クロースが得意な形から高く蹴り入れたクロスが不吉に宙を舞う。一〇月の肌寒い空の下、ボールがまばゆい照明の光に向かう軌道を辿っていくと、何かよくないことが起こりそうだとわかった。誰もが心の中で、シャフタールの若く優秀なGKアナトリー・トルビンに「出てくるな」と言ったが、彼が出てくることはわかっていた。ラインから飛び出しボールに向かってジャンプしたトルビンは、アントニオ・リュディガーと交錯する。レアル・マドリードのCBである彼は、チームが必死に同点ゴールを追い求める中で事実上のCFを務めていた。トルビンとリュディガーは空中で頭をぶつけたが、リュディガーはその前にボールに届いてゴールへと向かわせる。ポストの内側を叩いたボールはラインを越えてネットに転がり、シャフタールにとっては痛恨の失点となった。

オレンジと黒に身を包んだ選手の何人かが芝に沈んだ。彼らはすべてを出し尽くしていた。トルビンとリュディガーはそのまま倒れ込んだ。リュディガーは流血した頭にタオルを当てながらフィールドを去って行く。その後彼は左目の上に並行した二本の傷を合計二〇針縫い、慌ただしくドレッシングルームをあとにしていった。トルビンは翌日、頭に包帯を巻いた姿でポーズを取った写真をInstagramに投稿した。シャフタールは、UEFAチャンピオンズリーグ前年王者である偉大なチームを相手に、快挙というより奇跡にも近い歴史的勝利まであと一歩に迫っていた。ルイス・カストロの率いていた二〇二〇年にはグループステージでレアルから衝撃の二勝を挙げたが、そのどちらよりも大きな勝利となるはずだった。誰もが無意識のうちに鋭く同時に息を呑み、観客席から酸素が吸い上げられるような感覚を覚えた。こういった試合終盤の劇的なワンプレーこそが、強いつながりを生み出す瞬間のように感じられる。それはシャフタールとワルシャワが、握手を交わす間柄から抱擁を交わす間柄へと移行した夜だった。

サッカークラブをサッカークラブたらしめているものは、このような、場所に対する感覚である。それがクラブを作り上げ、アイデンティティを与え、誇らしい感覚を与え、コミュニティを代表する存在として団結感を与える。シャフタールがあの、畏怖の念を抱かせるような未来的外観のドンバス・アリーナに、五万二〇〇〇人を収容する宇宙船に、強く誇りを抱いた理由も同じだった。チームはそれ以前から存在していた。多少の違いはあれども、同じくらい才能豊かで魅力的なチームだった。そして、そこにアリーナが加わった。「世界最高のスタジアムのひとつ」だったとセルゲイ・パルキンはかつて私に言ったが、そこには誇張のかけらもない。ピッチ上の偉大なるチームにふさわしいアリーナだった。

ドンバスはシャフタールに翼を与えていた。特にチャンピオンズリーグの試合を迎えた夢のような夜には、大陸の強豪たちと正面からぶつかり合う彼らを、超満員の観客が叫び声で後押ししていた。ドネツクは、キーウのような優雅さからは程遠い、何の変哲もない工業都市だった。シャフタールがチェルシーを迎えてチャンピオンズリーグであの熱戦を演じた二〇一二年、試合のため街を訪れる人々に向けて、何をして何を見ればいいかというアドバイスをフェルナンジーニョに訊いてみたことがあった。何も思いつかない、出かけたことがない、というのが彼の返事だった。ドンバスはこの街にとって、ひとつの名高い名所となった。生きて、呼吸して、叫んで、汗を流すことができる誇りの源であり、それ以上の存在だった。リナト・アフメトフによる巨額の投資や、パルキンの戦略や、ミルチェア・ルチェスクの描くスタイルに支えられてクラブがどこまで進んできたのかを、欧州中に、いや世界中に見てもらうことができる。そんな社交の場となる夜が持つ意味はあまりにも大きかった。

だからこそ、その場所にいられなくなった彼らは大きな虚無感に見舞われた。シャフタールは二〇一四年に、ほとんど一夜のうちに退去を余儀なくされた。キーウで単調なホテル暮らしを強いられ、リヴィウやハルキウで「ホームゲーム」を戦わなければならない。さらに、チャンピオンズリーグなど欧州の試合を他クラブのスタジアムで開催しなければならないのは最悪だった。首の裏で産毛が逆立つような興奮を感じられた試合が、今ではまるで上等なエキシビジョンマッチだ。メインディッシュのないディナーパーティー、スピーカーからボサノバしか流れてこない「バイリ・ファンキ」ブロックパーティーのように感じられた。シャフタールは、二二年にはポーランドを拠点として欧州の試合を開催していた。家を求めて、人々に見てもらえる場所を求めて、終わらない旅が続いていく。

避難民を受け入れるポーランドの文化

ポーランドとウクライナは伝統的に親密であり、ロシアの本格侵攻後にはその関係の深さと誠実さが示された。国連難民高等弁務官事務所（UNHCR）によれば、新たな侵攻が行われてから三週間で二〇〇万人以上のウクライナ人が難民としてポーランドへ逃れた。したがって、ウクライナサッカー界が再び立ち上がるため隣国を頼ったのは自然なことであり、現実的でもあった。六月半ばにウクライナ代表が、首都ワルシャワから南西約一二〇キロに位置するウッチでUEFAネーションズリーグの二試合を開催できたのは、ちょっとした奇跡のように感じられた。それ以前にも試合はあった。資金集めのためのフレンドリーマッチをメンヒェングラートバッハ、エンポリ、リエカで行い、グラスゴーではワールドカップ予選プレーオフという真剣勝負も戦った。オレクサンドル・ペトラコフのチームがスコットランドを葬り去った夜は理屈抜きに感動的だった。ワールドカップ出場の夢はその四日後のカーディフで絶たれたが、その場にいられたこと自体が絶対的な勝利に他ならなかった。

そのウッチでの六月の連戦の二試合目、アイルランドとの対戦を終えたあと、ルスラン・マリノフスキーは国境外へ逃れたウクライナ国民のためにプレーすることの喜びを私に語ってくれた。「チームのことをすごく誇りに思う。これまでの試合でみんな全力を尽くしてきた。今日は国全体のために戦った。大勢の人々が家を失ったこと、仕事を失ったこと、すべてを失ったことを知っているからだ。こういう形で彼らの力になれるし、ピッチ外でも助けることができる。試合の前や後でさえも、自分の中の感情を抑えておくのは難しい。どの試合でも彼らがすごく熱心に応援してくれるし、ポーランド中から集まってきてくれるからだ。この二試合は素晴らしい雰囲気だったと思う」。彼はまた、チームバスに乗り込む前に、ウクライナ代表とウクライナの人々の訪問を支援してくれたグラスゴー、カーディフ、ダブリンのサポーターに感謝の思いを伝えてほしいとも言ってきた。「今回の試合のサポーターは本当に素晴らしかった。彼らの愛情を強く感じることができた。これこそがサッカーだ。誰もが勝ちたいと思ってはいるが、戦いを終えて結果が出たあとは、サポートを感じられることが誇らしい気持ちになる」

そこから家へ帰っていく選手もいれば、別の場所へ帰る者もいる。国を代表して戦う試合を自国以外で開催するのは困難なことだった。しかし刺激的ではあったし、代表チームと国民の決意を示すことができた。ポーランドでは、避難民と受け入れ側が力を合わせる文化がすぐに見て取れた。小さな移動販売車で売られていた青と黄色の旗を振ったり、フェイスペイントを施したり、スタジアム内外の通路に集まってウクライナの伝統音楽を演奏したり、最前線で戦うウクライナ軍を応援する歌を歌ったり。ウッチのヴィジェヴァ・スタジアムでの二戦目となったアイルランド戦を一対一のドローで終えたあと選手たちは、ウクライナファンの大半が集まっていた南側スタンドと西側スタンドの境界付近に集まって輪になり、アイスランド風の「ヴァイキング・クラップ」を先導し、力を込めてリズムに乗りながらチャントの歌詞を部分的に口にしていた。「オー、クライ、エーン、ア、オー、クライ、エーン、ア。オー・クライ・エーン・ア。ウクライナ」と。一緒にいることが、ただそこにいることが祝福だった。

情熱や親しみがなくても

だからこそ、ウクライナのクラブがUEFAの大会に出場することになったとき、ポーランドはホームとして迎え入れることを申し出た。ディナモ・キーウはウッチを拠点としてチャンピオンズリーグ予選の各ラウンドを戦ったあと、UEFAヨーロッパリーグに回ることを余儀なくされると、そのグループステージでは南部のクラクフへ会場を移した。シャフタールは首都を選んだ。二〇二二年七月一五日にクラブは、二一年ポーランド王者であるレギア・ワルシャワとの間で、彼らの本拠地スタディオン・ヴォイスカ・ポルスキエゴを借用する合意を発表した。ウクライナ王者として自動的に出場権を獲得したチャンピオンズリーグで、まずは三試合のホームゲームを戦うことになる。「我々の必要性に応え、彼らのスタジアムを提供してくれたことについて、レギアの経営陣に感謝したい。シャフタールとレギアのファン、現在ワルシャワや他都市に居住しているポーランド人とウクライナ人の皆さんが応援してくれることを心から願っている」とパルキンは声明を出した。シャフタールはまた、レギアの練習場であるクションジェニツェにも迎え入れられた。市内から南西方向へ二五キロほど離れた村落である。チャンピオンズリーグの開催週には、シャフタールのブランド表示が施された。施設外ではエントランスにクラブのエンブレムが掲げられ、周辺に横断幕も並ぶ。内部にも、選手たちがくつろげるように個人用のロッカーが用意された。

もちろん、試合の夜になれば別の話だった。マリノフスキーが自らの経験として語ったような状況が期待されてはいたが、それまで拒絶されてきたクラブにとっては未知の領域への一歩だった。シャフタールの最初の「ホームゲーム」は九月一四日。スコットランド王者のセルティックを迎えた試合では、三万人収容のヴォイスカ・ポルスキエゴがわずかに完売に届かない程度だった。しかし、ホームが本当の意味でホームになるには時間がかかる。レギアは「素晴らしい条件」を提供してくれたとパルキンは熱弁していたが、「ファンがスタジアム内に信じられないような雰囲気を生み出す」までには待つ必要があることがすぐに明らかになった。乗り込んできたセルティックファンは圧倒的な少数派であり、アウェー席を埋めたのは一五〇〇人ほどのサポーターだった。それでも彼らは、ホーム側スタンドを終始圧倒する歌声を発し続けていた。シャフタールが以前のディナモ戦や、過去数年間の欧州大会の試合や、母国の外で戦うこの試合で得られたサポート以上に、ホームらしい確かなサポートだった。現地の人々は応援してくれていたし、好意や共感も向けてくれたが、情熱や親しみはなかった。少なくとも、まだ。

試合が終わり、スタジアム外で送迎の車を待っていると、その対照的な感情が明らかに感じ取れた。ワジェンコフスカのスタジアム正面には、クラブショップとチケット売り場に挟まれて、大きなバーが設置されている。賑やかな声に誘われて、ガラス越しに覗き込んでみた。チャンピオンズリーグの別の試合で何かすごいことが起きたのではないかと想像していた。しかし、そこに集まった数百人のポーランド人ファンがビールを飲みながら熱狂していたのはEUROバスケットボールの準々決勝。彼らの代表チームが、スーパースターのルカ・ドンチッチを擁するスロベニアに衝撃の勝利を収めようとしていた場面だった。彼らは、その夜に観客席で肺から吐き出したどの声よりもはるかに大声で叫んでいた。好奇心と本気の応援を対比できる事例だった。

シャフタールが自分たちを哀れに感じていたわけではない。ウクライナ・プレミアリーグは間違いなく象徴的な意味を持っており、何があろうとも続けていくことの重要性を誰も忘れてはいなかった。しかし、スポーツ的な面や純粋に感覚的なレベルでは、こちらのほうが数段上だった。声がこだまするようなガラガラの観客席ではなく、スタジアムが満員にさえなっていれば、全員が筋金入りの熱狂的なファンではないことはさほど問題にならなかった。国内の大会が肉とジャガイモだとすれば、これはシャトー・リュー-セック・ソーテルヌに添えて味わうデザートのようなものだ。

ライプツィヒ戦の完璧な略奪劇

選手たちには上質な一口を味わう資格があった。チャンピオンズリーグでは厳しく思えるグループに組み入れられており、彼らが結果を出せると期待する者はさほど多くなかったが、ワルシャワでの初戦を終えた時点でシャフタールはすでに勝ち点四を確保していた。九月六日に行われたRBライプツィヒとの初戦で勢いに乗ることができた。立ち上がりから深いラインで守ったシャフタールは幸運に恵まれる。GKペーテル・グラーチがドリブルするのかパスを出すのかを迷ってボールともつれ合い、マリアン・シュヴェドにプレゼントしてしまう。シュヴェドは無人のゴールへと蹴り込んだ。

六〇分になろうとするところで、ライプツィヒは流れるような動きからモハメド・シマカンがネット上部へシュートを突き刺して同点に追いつく。流れはライプツィヒに傾いており、重要な一点になると感じられた。確かに重要ではあったが、予想とは異なる形だった。すぐに攻守は入れ替わり、ミハイロ・ムドリクが左サイドに開くと、シュヴェドへボールを送り込む。ストライカーの放ったシュートはDFヴィリ・オルバンに弾かれて逆サイドのネットへ収まった。アウェーのシャフタールが再びリードを奪い返すまで、わずか八〇秒間の出来事だった。

そしてムドリクの出番だ。二度目の同点弾を狙うあまり、前がかりになりすぎたライプツィヒは後方を突かれてしまう。右サイドへ抜け出したヘオルヒー・スダコフは、彼とムドリクがたった一人の相手DFと対峙する形であることをすぐに認識した。友人のスピードなら追いつけると確信し、ピッチを横切るボールを送る。その通り追いついてみせたムドリクは開花しつつある才能を発揮し、ゴール隅へ低いシュートを打ち込んだ。さらに、またしても速攻を繰り出したシャフタールは再びムドリクが左サイドを駆け上がり、そこからのクロスに交代出場のラシナ・トラオレが合わせる。タッチライン際は歓喜に包まれた。シュート五本で四得点。美しく完璧な略奪劇だった。

シャフタールの苦闘を刺激的に描く連載記事を執筆するため現地を訪れていたアダム・クラフトンが、彼らの最高のスタートについて語ってくれた。「ショックだったと思う。あんなことを本当に予想していた者は誰もいなかった。あの試合の前半、あるいは一対〇だった時間までを観戦していた者は、あんなスコアになるとは考えなかっただろう。たまにああいう異常な試合がある。本調子ではないチームに対し、深く守るチームがカウンターから二点くらい奪い、さらにクレイジーなことが起こっていくというような試合だ」

シャフタールはドイツ・ブンデスリーガ屈指の強豪チームのホームで、望みを抱くことすら不可能に思えたグループの突破に向けて最初の足がかりを築くことができた。クラフトンは語る。「これで基本的には、彼らは（おそらく）最後まで勝負できることになった。最初の二試合で勝ち点四を獲得。そしてレアル・マドリードのようなチームがグループにいるのなら、他の相手をすべて倒してくれる。だからある程度のチャンスはある。私としては大きな安心感を覚えたが、そこにはひとつの物語があった。スタメンのうち七人か八人は二一歳以下のウクライナ人という非常に若いチームだ。ウクライナ出身ではないのはラシナ・トラオレとルーカス・テイロル、あとは二人ほどのクロアチア人だけだと思う。あとはもちろん監督だ。それ以外はほとんどが、長年お互いをよく知っている選手たちのグループ。わずかな経験者に率いられてツアーを回る子どもたちのようなものだ」。

イゴール・ヨヴィチェヴィッチものちにこう話してくれた。「私の人生で最も幸せな一日だった。最初は自分たちがどれほどの力なのかわからない。あの翌日のホテルでは、みんなお互いの目を見て『おい、お前すごいな』と言い合っていた。誰も経験はなかったが、とにかく自分たちに言い聞かせた。『やってみよう。ダビデはゴリアテに勝てる』と」

不安定な状況下でも、いやむしろそれだからこそ、選手たちは本当に魔法のように感じていた。セルティック戦の前日に、私はルーカス・テイロルに質問をした。過去一〇年間はいつも一〇人以上のブラジル人がいるチームだったが、彼はこのとき唯一のブラジル人だった。前年には風光明媚な北ギリシャのＰＡＯＫで過ごしていた彼が、なぜ戦火に包まれた国のクラブにやって来ることになったのか。ピッチの端に立った彼は、まるで答えは自明だと言わんばかりに軽く肩をすくめた。「大きなクラブ、ブラジルでは有名なクラブだ。それに、チャンピオンズリーグで戦うのは夢だった」。他に何か考えるべきことがもしあったとしても、彼の頭にはほとんど入ってこなかったようだ。シャフタールの魅力は本物であり続けた。その欧州での戦いは、誰もが想像していた以上にシャフタールの命綱となっていく。

現地で起きたシャフタールへの強い好奇心

それは監督のヨヴィチェヴィッチにとっても同じだった。この雄弁で社交的な指揮官がロベルト・デ・ゼルビの後任として七月にやって来ることになると、彼の古巣クラブには大きな驚きが引き起こされた。しかし、規模を縮小し再構築中のチームを率いて大陸の強豪と戦うという難題について話を振ると、彼は笑顔を浮かべて目を輝かせた。「こういう試合こそが私にとって挑戦だ。自分が快適な場所にいると思ったら、何かを変えなければならない。たとえそれがリスクであっても。人生の中で冒すリスクこそが我々を形作るのだから」

ウクライナの国境から外へ踏み出すことは、（パルキンが「我々にとって非常に残念」だと言うように）見方によっては必要な妥協だったが、選手やスタッフにとっては息抜きをして安心を得られる機会でもあった。実際のところ、あらゆる意味でチャンスとなる。しかるべき注目を集めるチャンスであり、ニュースの話題になるチャンスであり、ドネツク脱出後に四度のリーグ優勝と四度のカップ戦優勝と二度の欧州カップ準決勝進出を成し遂げているシャフタールが、さらに苛烈な立ち退きを強いられたあとでさえも健在であることを人々に思いだしてもらうチャンスだ。報道のサイクルが移り変わっていきかねない中で、ウクライナを前面に押し出すことが強く求められており、UEFAは巨大スクリーンでの表示も含めて「ピッチ・イン・フォー・ウクライナ」への注目喚起に協力することで合意した。これは、オーナーのアフメトフが過去一〇年近くにわたって提供してきた人道支援をさらに進めるものだ。そして、チャンピオンズリーグほど大きな注目を集める舞台は他にない。

シャフタールの存在は、現地からの強い好奇心を引き起こした。本格侵攻からちょうど一年が経過した二〇二三年二月二四日、『プジェグロンド・スポルトヴィ』紙のアダム・パフルキェヴィチ記者は、シャフタールの継続的な成功とポーランドの多くのクラブの停滞を比較しつつ、「あれほど多くの問題がありながらもドネツクのクラブが素晴らしい結果を出しているのはなぜだろうか？」と問いかけた。ライプツィヒでの勝利を収めたあと、その疑問の答えが知りたいという欲求は高まり続けていた。大方の予想通りに大敗を喫していたとすれば、セルティックを迎える試合はエキシビジョンマッチ的な様相を強めていたことだろう。だがワルシャワが迎え入れたシャフタールは、活動を続けていく意志を持ったチームであり、そして同じくらい重要なことに、新たな信念を抱き、新天地の観客を繋ぎ止め続けるため懸命に戦う覚悟のあるチームだった。

　現地の人々が客人を温かく迎え入れようとする兆候は数多く見られた。シャフタールは大きな存在であり、国内サッカーでも欧州サッカーでもトップレベルで戦えるように作り上げられたチームだが、決して大物ぶった態度は取らない。他人行儀ではなく、人間味のあるチームだ。パフルキェヴィチが三人の友人とともにヨーロッパリーグのレンヌ戦に訪れた際にはチケットに関して問題が発生したが、「クラブにメールで連絡するのは簡単だった。一〇分もしないうちに問題を解決してもらえた。しかも、ポーランド語で」と彼は書いている。シャフタールは、ただその場にしがみつき、導かれることを求めていたわけではない。彼らは現在地を見定め、経路を探っていた。「欧州カップの試合を開催するにあたっては、クラブ（レギア）の職員の多くが関与していた。未来に向けて価値ある経験になることだ」とパフルキェヴィチは結論づけている。

感謝を示す感動的なコレオグラフィー

　オレンジを身に纏った男たちは、ワルシャワに舞台を移したチャンピオンズリーグの戦いを幸先よくスタートさせたわけではなかった。ライプツィヒの場合と同じく、セルティックも立ち上がりからシャフタールを押し込む展開。そして今回は、シャフタールに亀裂が生じる。開始一〇分を過ぎたところで、旗手怜央が中盤から抜け出し、シャフタールのゴールエリア内へボールを送り込む。

スライディングでクリアを試みたアルテム・ボンダレンコは意図しない形でトルビンの後ろへボールを送り込んでしまい、アウェーチームがリードを奪った。一方的な展開だった。そして、ムドリクの出番だ。

またしてもスダコフとの連携だった。ムドリクが走り出そうとするのを感じたスダコフは、セルティックの右SBヨシプ・ユラノヴィッチの内側から絶好のパスを通してムドリクのコースへと通す。一旦抜け出したムドリクが追いつかれることは決してない。足を緩めることもなく、得意の形から一直線にペナルティエリアへ向かうと、高いコースへの強烈な左足シュートでジョー・ハートを破ってネットを揺らした。猛スピードのまま何の迷いもなく最高の判断を下すWGを見ていると、彼が特別な才能の持ち主であることは明らかだった。試合の流れなどお構いなしに、何もないところから同点弾を生み出すことができるような類いの才能だ。

中立の視点から見れば、ムドリクは見ていて興奮できる選手であり、紛れもない稀有な才能だ。しかし、それだけではない。よりカウンター志向となった今の新たなシャフタールにとって特に有用な選手だった。シャフタールがボールを支配する姿を誰もが見慣れていたが、今は別の戦い方が必要な新チームとなっている。相手のプレッシャーにさらされるようになったチャンピオンズリーグの試合で、ムドリクこそがボールの出しどころだった。

記者のイリーナ・コジウパによれば、ムドリクは別の意味でも象徴的な存在であり、長らく定着していたある種の見方を変えたのだという。「ピッチ上での結果どうこうではなく、このシーズンにはウクライナの人々がシャフタールのことをすごく意識し始めた」と彼女は言う。「それまではずっと、ディナモのほうが人気が高かった。『ウクライナのチームなのか、ブラジルのチームなのか』

という疑問があった。ウクライナ人はいつも影に隠れていた。それまでは、ムドリクがいなかった。前の年にも彼はチャンスを掴むため頑張っていたが、もしブラジル人たちがまだチームにいたとすれば、彼がピッチ上で自由なプレーを存分に見せることはもっと難しくなっていたはずだった」

ムドリクのゴールはシャフタールを落ち着かせ、勝ち点一を獲得して好発進を固めるのに十分な一点となった。グループ突破を夢見ることさえできるようになった。結果もさることながら、彼らの不屈の精神に説得力があった。「大きな意味のあることだ」とヨヴィチェヴィッチは語る。彼は一六強進出の可能性を見据えながらも、客観視しようとしていた。「どの試合でも、我々は優位が予想されるチームではない。セルティックが優位、ライプツィヒが優位、レアル・マドリードが優位だ。我々ではない。ウクライナの人々が、我々のことを誇りに思ってくれているのは知っている。四〇〇〇万人の人々が我々の心の中にいる。このスタジアムに来てくれた皆さんに感謝したい。（今夜は）彼らの声が聞こえた。我々はとても誇らしく思う」

レアル・マドリードを迎える次のホームゲームは大一番だった。スペインの首都で行われた一度目の対戦では、シャフタールは勝負できる力があることを示し、相手のプレッシャーに耐え続けて惜しくも一対二で敗れた。しかし、その夜にレギアの本拠地を訪れた観客の多くは、互角の戦いを見るつもりで来たわけではない。シャフタール関係者の間では、チャンピオンズリーグのミニシーズンチケットを購入した現地ファンは、その大半が前年王者のレアルを見たかっただけなのではないかという強い疑念もあった。とはいえ、誰が彼らを責められようか。試合日の午後、スタジアムから徒歩圏内のホテルにチェックインしようとした私は、若いポーランド人のレアルサポーターで埋まったロビーを通り抜けていくことになった。少年たちも父親たちも、カリム・ベンゼマやヴィニシウス・ジュニオールらを間近で目にする夢を叶えるため、地方から首都へと集まってきていた。しかし、シャフタールが気に病むことはない。ショーに参加できるだけでも、すでに大きな意味があるのだ。

だがこれは、ワルシャワのサッカーファンとシャフタールの関係が本当に深まり始める瞬間となった。試合前には美しいコレオグラフィーが披露される。赤、白、黄色、青の紙を持った何千人もの人々がモザイクを構成し、ピッチを挟み込むスタンドいっぱいにウクライナとポーランドの国旗がつなぎ合わされた図柄を描き出した。両国の独特な友好関係を表し、感謝を示すものだった。その光景を遠くから眺めるのも感動的だったが、南側スタンドから響いてきた「シャフタール」のチャントはさらに選手たちの胸を高まらせたに違いない。

クリミア大橋爆撃の衝撃

選手たちは、心や意識が別の場所へ向いていたとしても仕方のない状況ではあった。月曜日にはキーウ、リヴィウ、クレメンチュク、ハルキウ、その他の地域で爆撃が行われた。試合前日の朝には、選手たちの多くが不安を抱えながら携帯電話をスクロールさせ、友人や親戚たちの状況をWhatsAppで確認する時間を過ごしていた。ブルキナファソ人FWのトラオレは、レアル・マドリードとの試合後に打ち明けてくれた。「正直に言うしかない。昨日は選手たちにとって本当にひどい一日だった。彼らがかわいそうでならなかった。そういう状況に対処した上で試合に備えなければならなかった。昨日はみんな本当に大変で胸が痛んだ」

クラフトンはシャフタールに密着し、リスナーたちに舞台裏の様子を伝えていたが、このときは居心地が悪かったと認めている。「爆撃が行われたあの朝には、自分が報道をしているというより邪魔をしているだけに感じられ始めた。だが実際にはそうではない。そういう場面こそが最も力強く訴えかけるものであり、何らかの形で報道するべき最も重要な瞬間だからだ。あの試合に関する報道後の反響は覚えている。関心度ははるかに高まった。前の週まではあまり注目されていなかったかもしれないが、再び爆撃が行われたことで、突然のように誰もがまたウクライナに目を向けるようになったからだ」

二月二四日と同じく、すべてはタイミングだった。普通とは程遠い生活ではあっても、表面的に規則正しく過ごすことは可能だった。しかし、レアル戦の三日前にはクリミア大橋で爆発が起こり、ウクライナにとっては成功、ロシアにとっては損害だと捉えられていた。反撃が近づいていた。「キーウは、四カ月、五カ月、六カ月の間、本格的な被害を受けてはいなかった」とクラフトンは振り返る。「そしてクリミア大橋で起きたことに、ウクライナの人々は大いに興奮していた。ロシア側の破壊工作なのか、ウクライナ側がやったことなのか、何が起きたにせよプーチンが打撃を受けたことに盛り上がっていた。誰かに言われた言葉を覚えている。『何かが起ころうとしている。彼らはこれをただ受け入れるつもりではない』と」

ワルシャワにいたクラフトンは、キーウへ行くことを予定していた。「Twitterをチェックしていると、キーウで爆発が起きていた。私は『ニューヨーク・タイムズ』のセキュリティチームと話をしていたところだった。私の乗る電車は午前一〇時半か一一時頃にワルシャワからキーウへ向かう予定だったと思う。『どうすればいい？』と訊ねると、折り返し電話するので少し待つようにと言われた。（それから電話があり）『爆発はちょうど君が乗るはずの電車が到着する駅の傍で起きた』と言われた。タラス・シェフチェンコ公園だ。誰もがショックを受けたと思う。戦争が本当に自分たちの目の前にあると思えたからだ」

ウクライナにいるクラブスタッフにとっては、確かにその通りだった。クラフトンはさらに言う。「その朝、キーウのシャフタール事務所に行った者は、文字通り爆発が迫ってくるのを見ることができた。そして地下へ隠れたり、地下鉄駅に避難したり、そういうことになる。私はその電車に乗らなかったので、シャフタールのチームと一緒にホテルでの朝食を摂りに行っただけだった。そのとき初めて、私は自分がただ邪魔をしているだけだと感じた。好奇心というレベルは越えていた。彼らは本当に、家族の安否さえもわからなかった。みんな何度も携帯電話をとにかくスクロールして、悲壮な様子でニュースを探していた。その中の一人、ステパネンコの家族はその日に国内のある地域から別の地域へ移動することになっていて、彼は家族が今どこにいるのか確かなことがわからなかった。他の者たちも、さらに爆撃が起きそうだとか、そういう話を読んでいた。身体の弱い高齢者が親族の中にいる者もいた。子どももいた。とにかく恐ろしいことだった。その朝にヨヴィチェヴィッチに会ったが、私がいったい何をするつもりなのかと彼は考えていた」

最も力強い記者会見

精神の落ち着きを取り戻したヨヴィチェヴィッチは、いつものリーダーらしい男に戻った。「彼は記者会見へ向かった」とクラフトンは語る。「おそらくあの日は彼にとって、最も力強い記者会見のひとつだったと思う。何が起こっているのか、レアル・マドリードと対戦するという事実をどう利用するか、そういう話をしていた。試合を通して行われる報道によって、メッセージを本当に大きく拡散できると」

ヨヴィチェヴィッチはメディアに向けて語った。「誰にもそれぞれ異なる人格がある。我々の大半はウクライナに家族がおり、この状況について不安を抱いている。しかし、それでも試合が中止されることはない。来週何が起こるかはわからないが、オレクサンドリーヤが今日の試合を取りやめたことは知っている。それは当然だろう。サッカーより大事なものがあるときに、誰がサッカーのことを考えられるだろうか。だが我々は明日の試合を中止することはできない。ピッチに出なければならない。そこへ出て、我々がお互いに戦う姿を、ウクライナ国民のために戦う姿を見せなければならない」

状況を把握し、若者たちを率いるリーダーになれる彼の感覚は、ヨヴィチェヴィッチにとってごく自然なものだといつも感じられた。しかし、決して冷めきっているわけではない。おそらくは報道が行われることも踏まえた上で、彼はメディアをシャフタール・ファミリーの内側へ招き入れた。「彼はとてもエネルギーにあふれている」とコジウパは観察する。「そして、シャフタールのスタッフは彼の仕事に満足している。彼は誰にでもすごくストレートに話しかけて、『やあ、調子はどう？』といつも言ってくる。私たちジャーナリストに対してもいつもそうだった。一言二言声をかけて、いつも笑顔でいる。チャンピオンズリーグの最終戦のあと私たちが記者会見に行かなかったときは、彼が本当に悲しそうにしていたのを覚えている。『なぜ君は会見に来なかったのか？』と訊かれた。記者会見に出て質問をすることを監督に感謝されるなど、あまり起こることではない」

彼は自分のメッセージを確かに選手たちに伝えた。「明らかに（選手たちは）抵抗したいという感覚に染まっていた」とクラフトンは同意する。「実際に、私はステパネンコに言った。『選手たちは試合をしても構わないのか？　プレーしたくないと言ってもほとんどの人は理解してくれると思うが』と。彼は、私がおかしくなったとでも思っているかのような目で見ながら答えた。『戦争へ行く人たちもいる。私たちはサッカーの試合をしに行くことができる。行かなければならない。これが私たちの貢献の仕方だ。国内にいるわけではない。このワルシャワの素敵なホテルで、ある意味では楽をできている』。理屈は通るが、ある種の狂気でもあった。GKコーチ（クーロ・ガラン）はトルビンと一緒にいるのが見えた。彼はひたすらベンゼマやヴィニシウスやモドリッチやクロースのビデオをチェックしていた。このドネツク出身の二一歳のGKは……すべてを受け入れたかのようにそれを見ていた。試合では彼はおそらく一〇本くらいセーブをしたと思うが、失点の場面ではひとつミスをしてしまった」

クラフトンは、その夜に漂っていた雰囲気にも衝撃を受けた。真の一体感があった。このような機会ではあったが、ポーランドにはそれまで以上にウクライナと協調する覚悟が必要だという感覚もあった。クラフトンは言う。「ポーランドの地理的な位置関係を考えると、自分の家が燃えているなら隣人が助けなければならないといったようなものだった。炎は自分の家にも燃え移ってくるからだ。ポーランドとポーランド人は、おそらくそのように捉えていたと思う。あらゆる部分の中でも、それは本当に興味深い要素だったと思える」。ワルシャワ市内のムードも試合に融合していた。新たな爆撃が行われたあと、住民たちは街中へ繰り出し、ロシア大使館前で抗議活動を展開していた。「ワルシャワのロシア大使館は、シャフタールの滞在するホテルから約九〇メートルほどしか離れていない」とクラフトンは強調する。抵抗の精神が結集していた。

ワルシャワが真のホームになった一日

試合当日のシャフタールの空気は、当然ながら重苦しいものだった。だが試合開始のホイッスルが鳴ると、スイッチが入る。それまでの数日間の出来事に加え、試合の重要度も相まって、観客席の感情は昂っており、かつてないほどの強い一体感が漂っていた。とはいえ、試合自体の意味はさほど問題にならなかったようだ。シャフタールは単に不屈であるだけでなく、大胆不敵でもあった。レアル・マドリードも相手の勇敢さに気圧された様子で、なかなか試合を組み立てられずにいた。

レアルに戦いを挑んだのはムドリクだけではなかったが、衝撃の先制点につながる道を拓いたのはやはり彼のドリブルであった。内側へ突破を仕掛け、外からボフダン・ミハイリチェンコが駆け上がってくるコースへとボールを通す。ファーポストにうまく入ったクロスをオレクサンドル・ズブコフが頭で落としてネットに収め、シャフタールはあらゆる意味で予想外のリードを奪った。スタンドから上がった歓喜の叫び声は、肺だけでなく心臓からも吐き出されたものだった。

それ以上の展開もあり得たかもしれない。絶好の場面はトラオレに訪れた。スダコフとズブコフが流れるような華麗なカウンターを繰り出し、ウクライナ人であるレアルのセカンドGKアンドリー・ルニンとトラオレが一対一の形を迎える。ドリブルでかわしていこうとするストライカーをルニンは止めたが、こぼれ球はトラオレへの絶好球となる。トラオレはゴールライン上のDFの頭上へ巧みにボールを浮かせようと試み、それは成功したが、ボールはクロスバーの上部をかすめて外れていった。観客席全体から大きなため息が漏れ、誰もが両手で頭を抱えた様子は、彼らが完全に引き込まれていることを示していた。眺めていたヨヴィチェヴィッチは両手で口を覆った。

二二歳のトラオレは並外れた若手選手だ。アヤックスの育成組織出身であり将来を嘱望される彼は、他の多くの外国人たちとは異なり、二〇二二年の侵攻後も残ることを選んだ。「負傷中に支え続けてもらったからだ」と理由を語っている（前十字靭帯断裂から復帰したばかりであり、レアル戦は一年以上ぶりの先発出場だった）。前年王者に対して彼が見せたパフォーマンスは、チーム全体と同じく見事なものだった。リュディガーの同点弾さえなければ、カルロ・アンチェロッティの率いるスター軍団から衝撃的な勝利を挙げていたはずだ。彼らの勇敢さ、懸命さ、野心的な姿勢は観客をシャフタールの味方につけ、彼らを共感者からサポーターへと変えていった。後半の終盤に入った時間帯に見せた猛烈な守備面の奮闘は、状況が状況でなければ、「（船の）ハッチを密閉する」という軍事由来の決まり文句で表現されていたことだろう。DF陣もMF陣も、塹壕を死守するかのように抵抗していた。シャフタールが現在置かれている、そして過去八年間に何度も経験してきた現実世界の状況を考えれば、そういった比喩的表現をサッカーに用いることがいかに大げさで馬鹿げたことであるかを思い知らされる。トラオレは試合後に現地のファンに向けて言った。「彼らにありがとうと言いたい。本当にチームを後押ししてもらえて、普段以上の力やエネルギーを見せることができた」。選手たちは、尊敬と評価は得られていると感じていたが、今では本物の愛情が育まれてきたと感じられる。ワルシャワの人々とシャフタールの間に強い絆があるといえるのなら、その絆が生まれたのはこの日だった。ワルシャワが真のホームになった一日だった。

シャフタールですべてを経験してきた者たちにとってさえ、初めてのことだった。パルキンは言う。「私にとっても、（クラブで過ごした）過去二〇年以上で目にした中でも最大の驚きだった。二〇年間で私の見た最高のサッカーだった。シーズン開幕から年末まで、ウクライナ国内リーグでもチャンピオンズリーグでも素晴らしい戦いができていた。選手たちのことが、彼らの戦いぶりが誇らしかった。相手はレアル・マドリードなのだから……。我々はチームの半分を失い、コーチングスタッフ全員を失った。ほとんどすべてを失い、ほとんどゼロからスタートした。そして、彼らが最後まで戦っていたことは理解している」。だが、すでに述べたように、単なる努力だけではなかった。関わり合いを生み出し、刺激を与えることこそが重要だった。パルキンは、シャフタールで素晴らしいサッカーを見続けてきた男だ。その彼にとって今回こそが最上級だった。彼はクラブで最高の審美眼を持つ男ともそれを共有しようとしたほどだった。「会長と話をして、今の我々がプレーしているサッカーは素晴らしいと伝えた。今の選手たちの戦いぶりが、と。レアル・マドリードが相手であれば守らなければならないが、守り方だけを言っているのではない。我々は、サッカーをしている。本当に良いサッカーをしている。つまり私にとって、半年間プレーできなかったあとに訪れたこの時期、物語のこの部分は本当に信じられないようなものだ。理解もできない。我々はこのまま続けていくのだと思う」

若さゆえの無頓着さ

若いウクライナ人たちが迅速にトップへ登り詰めてきたこと、トップチームにふさわしい力を見せてきたことは、それだけでも称賛に値する。その週に母国から慌ただしくもたらされたニュースのことを思えばなおのことだ。「彼らの意識に何があるかは理解している」とパルキンは強調する。「毎日たくさんのSMSが送られてきて、あらゆるニュースを知らされる。ほとんどがネガティブなニュースで、死にそうな思いだ」と言い、手のひらを胸に叩きつける。「彼らがピッチに出てプレーするのは、感情面でも精神面でも、信じられないほど難しいことだとわかっている」

チャンピオンズリーグの夜にはスタジアムの巨大スクリーンに、このシーズンのUEFAの取り組みを告知する短い宣伝映像が流されていた。選手に対するオンライン上の誹謗中傷の危険性を訴えるものだ。これは意図せずして、シャフタールの若い選手たちが直面していることを思い起こさせるものだった。選手らを苦しめるオンライン上でのファンからの批判が陰湿なのは、避けようのないものだからだ。安全な自宅の中にいようとも、携帯電話の画面にまで追いかけてくる。シャフタールの若いメンバーにとっては、戦争のニュースがそれと同じだった。今起きていることの恐怖から逃れる術はない。

パルキンは、すべてがデジタル化された世代が戦時中に受けるストレスに不安を感じてはいるのだろうか。「選手のほぼ全員が、ウクライナ国内に親族がいることは理解していた」と彼は語る。「場所も状況もさまざまだが、彼らはそのことを心配している。正直に言えば、チームがチャンピオンズリーグで戦い始めたときも、ウクライナ国内リーグで戦い始めたときでさえも、私はあまり大きな期待はしていなかった。『みんな、とにかくプレーしよう』と言っただけだった。政府は我々に、欧州（の大会）で戦うため国を離れる許可を出してくれているからだ。そして、前線にいようが自宅にいようが、国中がその試合を見る。誰もが見ている」。シャフタールがトルコで滞在するカリナンのカフェバーの席で彼と話していると、店内BGMにロンドンのソウル歌手オマーの一九九〇年の名曲「ゼアズ・ナッシング・ライク・ディス」が流れてきた。別の場所では、ほとんど何も気にすることなく世界が進み続けていることが思いだされるようで心が痛んだ。

それは、時には必要なことでもある。おそらく若さゆえの無頓着さだけが、このシーズンにワルシャワで、そしてとりわけあの忘れがたいレアル・マドリード戦でシャフタールを機能させたものだったのだろう。「男性ホルモンに満ちていると思う」とクラフトンは微笑む。「反骨心もあるが、『何であれ自分がやることのために戦う。国のため、家族のために戦っていく』という、若く男らしいメンタリティもあるのだろう。良い意味でそう考えているし、それが大きかったと思う。気晴らし（を見つけられたこと）も大きかったと思う。率直に言って彼らの多くは、もしサッカー選手になっていなければ、軍隊にいたのではないだろうか」

選手たちは自分たちの感情を、自分自身を、そして自分が背負っているものを世界と分かち合うチャンスを掴んだ。クラフトンはさらに言う。「実際に、彼らはそういう話をされたと思う。これは、さまざまな聞き手に自分たちのメッセージを広め、さまざまな人々とつながることができる素晴らしいチャンスなのだという話を」。彼らはまさにそれを見事に実現させた。「あと一〇秒でレアル・マドリードを倒せるところだったし、ライプツィヒでは勝利を収めた。ウクライナの反抗心、才能、闘争心を物語るものだ。それはただ、武器を取ることとはやり方が異なるだけだ。サッカーという手法を用いることで、いつも世界中の大勢の聴衆を相手にすることができる」

孤独で一途で軍隊的であるかのように見えた生活を通して、彼らは実際には、多くの同胞たちから奪い取られてしまった人生の素朴な楽しみをある程度得ることができた。クラフトンは振り返る。「試合が終わってホテルに戻り、午前一時半頃のことだ。ムドリクと、彼の親友スダコフがいた。

二人はホテルを出て、ライプツィヒの街を一時間くらいただ散歩してきた。私が戻ってきたとき、彼らに訊ねた。『何をしているんだ？　なぜ午前一時半にライプツィヒで散歩を？』。彼らはまず、こう答えた。『単純に、試合後のアドレナリンで眠れなかった。でも、ただ自由な気分で街中を歩けると思えるのもいいものだ。何かから逃げていると感じることなく、街の空気を吸えるだけで。ただ自由なんだ』。若い彼らがそのときそんなことを言うのは、とても力強いことだった。そこには逃避の感覚と同時に、若者らしい冒険心もあったのだと思う。仲間たちと一緒にバスに乗って欧州中を周ることができる。少し不完全ではあっても、同時にすごく楽しめることでもある」

歴史上初めてウクライナ全体のチームに

我々はお気に入りのサッカー選手たちのことを、またあまり好きではない選手のことも、よく知っているように感じている。彼らは画面上やタイムラインのあらゆる場所に姿を見せるからだ。だが、そうではない。我々は、彼らの性格や立ち居振る舞いの中から、自分たちの受け取り方に最もよく一致するように見える側面だけに目を向けることを選んでいるのだ。現在のウクライナでは違う。もはやフェンスの上に座って眺めていることはできない。普段ならサッカー選手の特徴として見られることは少ない政治的見解が、今は大きな意味を持っている。コジウパの読者らは、「この選手はどういう立場なのか、どれほどウクライナ寄りなのか」を知りたがっている。

シャフタールはこれに適応しており、その変化は非常に肯定的に受け止められている。コジウパは言う。「今シーズンはまったく違っていた。シャフタールはほぼ世界的な存在になった。おそらくすべてのウクライナ人が、このチームの魔法にかかっていることだろう。すでに言ったように、チーム内には若いウクライナ人がたくさんいて、インタビューではほとんどウクライナ語を話しているのだから」

クラブの新たな代弁者となった彼らが、率直で感受性に富んでいることも見逃されてはいない。コジウパは指摘する。「選手たちは例えば、『ウクライナ軍のおかげでサッカーをするチャンスをもらえているのだから、ピッチ上で彼らのために戦う』といったことを言う。監督もウクライナ語で話をする。シャフタールの首脳陣は、現実世界の困難な状況の中で良い判断を下してきた。ウェブサイトからロシア語版を削除したのは大きな一歩だった。チャリティマッチもたくさん開催し、ウクライナで起きていることについて、正しく強いメッセージを世界へ発信した」

現在では、彼らの地位は明らかに変わっている。このあまりにも困難な状況下で、彼らのとってきた威厳ある行動も理由のひとつだ。そしてもちろん、チャンピオンズリーグがもたらしたシャフタールの知名度のおかげでもある。コジウパはさらに続ける。「彼らは国全体にとって、ナショナルチームのような存在となっている。そしておそらく、今のシャフタールは歴史上初めてウクライナ全体のチームになった。過去にはずっとドンバスのチーム、一地域のチーム、一都市のチームだった。地域の代表になりたいと思っていた。しかし今年は、おそらくウクライナ全土を代表している。だからこそ私は、ウクライナ人全員から愛されるようになったという意味で、これこそが彼らにとって最大の、最も貴重な勝利だと思う」

変化のスピードは速く、深いものだった。ジャーナリストのアンドリュー・トドスは語る。「（ウクライナは）とても誇らしく感じている。どういうことかというと、実際問題として、シャフタールは今ではシャフタールと呼ばれている。もはやシャフタール・ドネックとはあまり呼ばれていない。確かにクラブは、ドネックで働くすべての人々やあらゆる物事との間に、非常に密接なつながりや絆を持っている。しかしそれ以上に、人々が誇らしさを感じるナショナルクラブになった」

今のところ、適切な監督を招聘できたことが大きな意味を持っている。ヨヴィチェヴィッチには、ポルトガル代表を率いたルイス・フェリペ・スコラーリと似た感覚がある。優れた煽動家である彼は驚くべきトリックを用いて、自分が率いることになった国の人々が本物の旗を、あるいは比喩的な意味での旗を振るように仕向けることができた。シャフタールは軸の取り方を心得ており、それをかつてないほど巧みに実現している。

「彼らは適応している」とトドスは続ける。「そして、ドネックを離れて以来彼らは、おそらくそれを非常にうまくやってきたと感じられる。そうしなければならなかったからだ。生き残るために適応するようなものだ。彼らには資金やあらゆるものが揃っているという事実、消えたり死んだりすることなく続けていくことができたという事実があるのは明らかだ。例えば、ディナモは過去一年間だけでチームとして信じがたいほど萎んでしまったように感じられる。士気やモチベーションといった面でもそうだ。一方で、シャフタールは二〇一四年以降も、本格的な窮地に追い込まれた過去一年間も勢いを保ち続けてきた」

集まりつつあるしかるべき関心と配慮

しかし、いかなるクラブも孤立した存在ではない。シャフタールはあらゆるレベルで素晴らしい仕事をしてきたが、彼らをさらに高く引き上げたのはワルシャワとの結びつきだった。「ポーランドは、ウクライナの人々、ウクライナからの避難民が最初に出会い、すごく助けてもらった国だ」と、ステパネンコは強調する。「もちろん、ワルシャワには大勢のウクライナ人が住んでいる。チャンピオンズリーグのグループステージで各チームと対戦した際には、大勢のウクライナ人が試合を見に来て、素晴らしいサポートをしてくれた。私たちは本当に彼らのためにプレーしている。今のチームは本当に若いチームで、九五％がウクライナ人だ。シャフタールにとっては予想できなかった状況だ。闘争心があり優れた選手たちがいると示すことができたので、シャフタールに、自分たちの国に、国民に誇りを持つことができる」

では、彼のような古参選手は、現在のシャフタールの受け止められ方が以前とは変わっていると感じるのだろうか。「その通りだと思う。今では、ウクライナ国内でより多くの人々がシャフタールを応援してくれている。以前は、サポーターの大部分はウクライナの東部や南部の人たちだった。だが今は、ウクライナ全土にシャフタールのサポーターが増えていると思う。クラブは草の根サッカーや社会組織の面で素晴らしい仕事をしてきたからだ。そのことが、クラブが素晴らしい結果を残す助けになった。今年になって、チャリティ基金やチャリティマッチの開催など、シャフタールは戦時下にあるウクライナ国民を大いに助けてきた。シャフタールは、欧州全体に向けてウクライナを代表する存在になっている。会長もウクライナのために大きな貢献をしてきた。人々はそれを見ていると思うし、シャフタールがウクライナのために何をしているかを見ていると思う」

ステパネンコとチームメイトたちは自分たちの立ち位置も、それがいかに重要なものになり得るかも十分に認識している。シャフタールの成長は緩やかではあるが意図的なものであり、強く必要とされていたものだった。「サッカーが世界で最も重要視されるスポーツであることはわかっている」と彼は言う。「前回のワールドカップ決勝は四〇億人が観戦した。だから、サッカーを通じてメッセージを発信することは大きな力になる。ウクライナの選手たちが国を代表して旗を振り、ウクライナ国内の状況について語るのを誰もが見ている。何が起こっているかを他国の人々に理解してもらう助けができることは重要だ。欧州他国やアメリカ、カナダから支援を得られることにつながる。サッカーは現実世界で大きな力を持っている」

クラフトンは、彼のポッドキャストシリーズを制作する際にもこのことを痛感させられた。チャンピオンズリーグ出場クラブの舞台裏に潜入したいという願望から始まったシリーズだったが、はるかに大きなものへと入り込んでいくことになった。人間的興味を交えたサッカーの話としてスタートしたものが、雪だるま式に別の何かへと大きくなっていった。単にチャンピオンズリーグの知名度だけではなく、シャフタールのピッチ内外での取り組みや努力によるものだ。それは、彼らが一〇年近くにわたってやらなければならなかったすべてのことに積み重ねられてきた努力だった。彼らはそれまで以上に努力する他なかった。今回は、このクラブと選手たちが対処しなければならないことに、ようやくしかるべき関心と配慮が集まっている。

結局彼らは、目的地へ辿り着くことはできなかった。リュディガーのゴールがシャフタールにとっては高くついた。グラスゴーで行われたセルティックとのリターンマッチで、ムドリクから絶好のお膳立てを受けたダニーロ・シカンが無人のゴールに決められなかったミスも。サッカー人生において一度だけ起こるような、予期することなどできない事象だった。グループステージ最終戦でライプツィヒをホームに迎え、シャフタールはこの試合に勝てば一六強へ勝ち進むことができる状況。

しかしライプツィヒは、二カ月足らず前に対戦した頃とはまったく別のチームとなっていた。マルコ・ローゼ新監督のもとで躍動する彼らは、シャフタールに一片の希望の光すら与えることはなかった。結果は四対〇でライプツィヒの勝利。それ以上の点差になってもおかしくはなかった。シャフタールの奇跡はそこまでだった。

それから数カ月後、アンタルヤのホテルのバーに座って眺めていたワイドスクリーンのテレビには、得意のクロスを送り込むトニ・クロースの姿が映し出された。レアルは国内の格下マジョルカに対し、終盤に同点ゴールを狙っていた。またもリュディガーが頭で合わせ、またしても彼は接触プレー後に地面に倒れ込む。今回は、ボールがファーポストの外へ逸れていった悔しさと不満によるものだ。チャンスをものにできず、アンチェロッティのチームは、このときばかりは敗北を喫することになった。

それでも、シャフタールはすでにひとつの勝利を手にしていた。あの一〇月のワルシャワの夜についてパルキンは語る。「スタジアムを訪れた人々の九〇％は観光客だと考えていた。だが我々の戦う姿、我々の素晴らしいサッカーを見た彼らは、シャフタールを応援し始めた。あの九〇分間、彼らは我々のファンになってくれた」

一〇章

希望

「戦争とサッカーについて。一年前のこの日の夜、私は子どもたちに絵本を読み聞かせ、もう眠りに落ちていた妻を抱きしめた。そしてニュースを読みながら、大統領のその日の演説を待っていた。数時間後、ロシア連邦とベラルーシの国境近くに住む両親から電話がかかってきた。両親は泣きながら、爆発音が聞こえること、ロシアの攻撃が始まったことを伝えてきた。両親は午後にはすでに占領地の中にいて、最悪の事態も覚悟していた。今日私たちはレンヌで、ロシア連邦の本格侵攻開始から一年を迎え、全員がこの特別な瞬間を噛み締めていた。ウクライナとウクライナ国民のため、軍隊にいる仲間たちのため、国を守るすべての人々のために、我々は勝利し、心意気を示し、(ヨーロッパ)リーグ(一六強)に進まなければならなかった。この試合とこのシャフタールは、国全体を反映している。我々は決して諦めず、お互いのために、必ず最後まで戦う。信じられないような感情、言葉では表せない素晴らしい感情。長年サッカーに携わる仕事をしてきて、それを感じたのは初めてだった。今日の勝利の価値を誰もが理解していた。そして、我々はそれを成し遂げた。これは、ウクライナとウクライナ国民について、我々の闘争心と勝利の気質について、世界中に思いだしてもらう新たな機会だ。欧州での試合の一つひとつが、ウクライナの助けになる。よくやった、シャフタール。試合を通して熱心にチームを応援し続けたファンたちのために、よくやってくれた。試合後に『よくやった』と聞こえてくるのは素晴らしいことだ。いつの日か我々は、その賛辞をドンバス・アリーナで聞くことができると私は信じている」

——オレフ・バルコフ(シャフタールメディアオフィサー、二〇二三年二月二四日、レンヌでUEFAヨーロッパリーグの試合に勝利を収めた翌日未明のツイート)

新星ムドリクという「ボーナス」

ワルシャワは、シャフタールにとって良いホームだった。だが、最初から問題になるとわかっていたのは、「いつまで?」ということだ。

もう少し長くなることは決まった。UEFAチャンピオンズリーグ・グループステージ第六節のRBライプツィヒとのホームゲームに敗れたことは残念ではあったが、欧州での冒険の終わりを意味するものではなかった。ジャーナリストのアダム・クラフトンが言うように、「どこかに当たればよかった」のだ。別のシーズンであれば、チャンピオンズリーグでグループ三位に終わり、クリスマス以降にUEFAヨーロッパリーグへ移るというのは、最低限の結果だと捉えられただろう。

だが今回は違う。これは本物の快挙だった。

ライプツィヒに敗れた一一月二日当日の夜、シャフタールのソーシャルメディアアカウントは、「予選突破―我々はシャフタールだ!」とタイトルをつけたチーム画像を投稿した。それは、多くのクラブがファンとのコミュニケーションに用いているような、よくある公式情報の断片のようなものではなかった。彼らは本気だった。隠されたり矮小化されたりするべきものではなく、認められ、称えられ、祝福されるべき何かだった。二週間も経たないうちに、クラブはもうレギア・ワルシャワの本拠地で行う次の試合のチケット販売を宣伝し始めた。ヨーロッパリーグベスト32の1stレグ、相手は上昇気流に乗るフランスのレンヌである。

レンヌがポーランドの首都にやって来る二月一六日を迎えるまでには、水面下で大きな動きが起こっていた。シャフタールが三カ月間の中断期間を経て国内での戦いを再開するのはまだ一週間以上先だったが、クラブにとってウインターブレイクは事実上存在しなかった。クラブ首脳陣は常に動き続けていた。どのような条件下で再開されるかもわからないまま、シーズン後半戦に向けた準備を整えていく。また始まる移動続きの日々にも備えていた。欧州で続いていく戦いのため可能な限りの補強をしてメンバーを揃えるのは、喜びでもあったが義務でもあった。

最大の問題はミハイロ・ムドリクだった。彼の名声は、今やお馴染みとなった快足と同じくらいのスピードで高まってきた。スムーズでエレガント、そして目まぐるしいスピードで。ライプツィヒとの開幕戦以降、彼はチャンピオンズリーグで出場するたびに実にスリリングなプレーを見せ続けてきた。あれほどの若さ（一月五日で二二歳になる）で、比較的経験の浅い（シャフタールのトップチームでの公式戦出場は通算四四試合）選手が、あれほど自信満々に説得力のあるプレーを見せられるのは、まったく驚くべきことだった。

ライプツィヒ戦、セルティック戦、そしてレアル・マドリード戦で披露されたあのパフォーマンスは、二重の意味で喜ばしいものだった。非凡な才能がトップへの確かな道を突き進んでいるのを目にすると、心が躍る。加えて、ムドリクの存在はクラブにとってボーナスのようなものだという感覚があった。彼はシャフタールで、ここまでプレーを続けると期待されていたわけではなかった。夏の移籍市場では、バイヤー・レヴァークーゼンとブレントフォードが彼に関心を抱き続けており、シャフタールは二五〇〇万ユーロ前後の移籍金を希望しているといわれていた。本人はレヴァークーゼン行きを望んでいたが、彼らはシャフタールの期待する金額を提示できず、移籍は実現しなかった。ムドリクは残留し、誰もがそうなったことを喜ぶ結末となった。

二〇二三年一月、ムドリクの売却がついに決まった。噂されたアーセナルへの移籍ではなく、チェルシーである。ロンドンSW6の金満クラブは、移籍金だけでも最大一億ユーロ（各種ボーナス条項が最終的にすべて達成された場合）を約束することになった。わずか五カ月前に彼につけられていた値札の約四倍である。ウクライナ史上最高額選手となった選手本人にとっても、また本格侵攻後にウクライナとロシアの外国人選手たちの契約を差し止めたＦＩＦＡの裁定によって厳しい立場に追い込まれていたクラブにとっても、ひとつの勝利だった。

普通のシーズンであれば、ムドリクの移籍金がそれほど高騰することはなかっただろう。だが普通のシーズンでもなければ普通の状況でもなかった。チームが大幅な縮小を強いられたことで、ムドリクは不動の先発メンバーに定着した。閃きやスピード、センスの際立つ選手であり、最も何かを起こしてくれそうな選手だった。それが顕著に目を引いたのは、シャフタールは非常に立派な戦いを見せていたとはいえ、以前のような華やかさには欠けるチームとなっていたからこそだ。「彼はほとんど異質な存在だった」と、クラフトンは指摘する。ムドリクが花開くための種は、夏にグラスゴーで撒かれていた。ウクライナ代表の試合に交代出場で投入されたＷＧはラスト一八分間とアディショナルタイムにプレー。前月にメンヒェングラートバッハで行われたチャリティマッチには出場していた（ゴールも決めていた）が、代表での公式戦出場はこれが初めてだった。

この日はオレクサンドル・ジンチェンコも目を引いていた。英国の観客たちにとっても、ちょっとした新発見だった。マンチェスター・シティの控え左ＳＢとして見知っていた選手ではあったが、その才能や統率力に大きな衝撃を受けた。しかしムドリクが登場すると、彼は別の形で主役として目立ち始めた。そして、秋になりシャフタールが欧州の舞台に登ってもそれは続いていく。脇役となることが見込まれていたシャフタールだが、自らの力で注目を勝ち取っていった。

ムドリクの仲間たちもその一因だった。シャフタールはチームに次々と空いていく穴を埋めようとしており、そこにはウクライナ人選手を起用するしかなかった。ベルギーのメヘレンで低調な時期を過ごしていたマリアン・シュヴェドを呼び戻した。彼はセルティックでも苦戦していたが、イゴール・ヨヴィチェヴィッチの古巣であるカルパティ・リヴィウでは活躍を見せていた。ドネック時代にクラブのユースアカデミーに在籍していたオレクサンドル・ズブコフも、ハンガリー王者フェレンツヴァーロシュから戻ってきた。クラブはギリギリのところで仕事をしており、ウクライナ・プレミアリーグで戦い慣れた実直な選手たちを加えていた。ミルチェア・ルチェスクやパウロ・フォンセカ時代のベストメンバーに入ることはできなかったかもしれないような選手たちが、現状では最善のメンバーだ。

この新たなチーム構成は、ムドリクにとって有利に働いた。チャンピオンズリーグでは、相手のプレッシャーに耐えて素早くカウンターを繰り出すことがチームの狙いだった。大胆で能動的なサッカーがますます主流となっていく時代にあって、大会の常連チームたちとは一線を画す戦い方だ。事実上、ムドリクは突然のように自らのクラブチームの鍵を手渡される形となった。シャフタールが攻撃を繰り出すたびに、彼らの反抗の物語は欧州のライトなサッカーファンの耳にまで届き、ブロンドの髪をなびかせるスピードの鬼は注目を集めずにはいられない。メインステージに立った彼は、音量を最大限にまで高めることを迷いはしなかった。

個人的な勝利とビジネス的な勝利

準備は万端だった。アウェーでライプツィヒと対戦した大会初戦から、ムドリクは衝撃的なパフォーマンスを披露。すでに彼に関心を抱いていた者たちの関心をさらに掻き立て、まだ関心を抱いていなかった者たちからも突然のように注意を引きつけた。シャフタールの戦術は、チームの置かれた状況の産物ではあったが、若きスターアタッカーを舞台中央へ押し出すものとなった。彼にはすでに欧州のビッグクラブから関心が集まっていた。アーセナルは夏の終わり頃に獲得を打診していた。さらなる活躍を続け、スポットライトを全身に浴びて知名度が高まっていくと、彼への関心は強まる一方でしかなかった。ビッグゲームで何度も披露する好パフォーマンスは、ムドリクの、そしてシャフタールの未来に素晴らしい影響をもたらすものだった。

シャフタールが当初望んでいたのは、イングランドからの関心だったに違いない。実際に関心は持たれていた。そして、多少の競争もあった。今もそれはある。冬が近づくにつれ、アーセナルはさらに熱心な誘いをかけてきた。「彼らはムドリクと交渉し続けていた。それが彼のマーケットを拡大させた。チェルシーが割り込んできたのはちょっとした驚きだった」とクラフトンは語る。二〇二一年チャンピオンズリーグ王者のチェルシーは突然のようにレースに参加してきた。シャフタールによれば、チェルシーとアーセナルが最終的に提示した金額にほとんど差はなかったが、支払いの早さが違っていたとのことだ。それはシャフタール側にとって決定的に重要なポイントだった。

クラブは主張を貫き、最終的に報われた。ダリヨ・スルナは語る。「チェルシーとの交渉初日に、我々は一億ユーロを要求した。そして交渉の最終日まで、何ひとつ変えることはなかった」。ブルーズが二三年一月に大型補強を行ったという事実を指摘し、単純な話だったに違いないと考える者もいるだろう。だがそうではない。移籍市場最終日にはワールドカップ優勝メンバーのエンソ・フェルナンデスがベンフィカからスタンフォード・ブリッジへ連れてこられたが、その交渉の両側の関係者に訊いてみるといい。最終的にギリギリで合意に至る前には、移籍金に関して二転三転する交渉が行われていたのだ。

これはスルナにとって個人的な勝利であり、クラブにとってビジネス上の勝利でもあった。チェルシーがクリスタル・パレスに一対〇の勝利を収めた一月一五日の試合のハーフタイム、新加入のムドリクがサポーターに紹介されると、スポーツディレクターのスルナはまるで誇らしげな父親のようにスタンフォード・ブリッジのピッチ上で彼に付き添った。ムドリクの肩にはウクライナ国旗がかけられ、穏やかな風にたなびいていた。予想外の形での公表となったが、旗を掲げた姿のムドリクを見ると、彼があれほど短く濃密な時間でクラブと母国のために成し遂げたことが改めて思いだされた。スポーツの面でも知名度の面でも利益面でも、まさに旋風のようだった。

「私が付き添ったのは、彼が一人だったからだ」とスルナは言う。「そして、緊張しているようにも見えた。『ミシャと一緒に行ってくれないか?』と言われて、行くことにした。私は二歩だけ進んで、あとは横に離れた。私の時間ではなく、ミシャの時間だったからだ。私はただ、彼がその二、三歩を踏み出す助けがしたかっただけだ。あとは彼のためのステージだ」。マシュー・ハーディング・スタンドのファンが新加入選手に声援を送る中、スルナはしばし思索にふけった。「誇らしくはあったが、心の奥底では戦争のことや何もかもが悲しかった。ウクライナの歴史上おそらく最高の選手の一人を、チェルシーに売ろうとしている。彼は我々と一緒にいるべきだが、この状況ではこうせざるを得ない」

それはひとまずの安堵であると同時に、二〇〇九年から一四年にかけての絶頂期も、その後に何度か欧州で見せた躍進も、ますます再現が難しくなりつつあることを思い知らせるものだった。スルナも認めている。「会長は喜んではいなかった。彼は本当に、毎年のようにチャンピオンズリーグ準々決勝まで進みたいと思っていたからだ。それを実現するには、チームにムドリクが四人くらい必要だ。彼を売却するのは、本人のためには喜ばしいし、金銭的にも良かった……しかし重要な選手を失ったという点では喜べなかった。だが我々は戦時中に一人の選手を一億ユーロで売却したのであり、戦争がなければ彼の値段はおそらく一億二〇〇〇万や一億五〇〇〇万になっていたといえるだろう。普通の状況であれば、彼のような選手を二人か三人獲得してレベルを維持したいところだった」

そのレベルを取り戻したいという野心は強く燃えている。スルナとセルゲイ・パルキンは今でも、次世代のスターを懸命に探し続けている。彼らの電話はいつも忙しく鳴っている。しかしパルキンも認めるように、たとえ展望や決意があろうとも、現在は才能ある選手を手に入れようとしても障害がある。「単純に、来たくないという者もいる。怖がっているんだ」

したがって、自前の選手を育てることは単に望ましいだけでなく、新たなモデルに不可欠なことでもある。ムドリクは、今後しばらく次世代への道標であり続けるだろう。「ウクライナの選手たち全員にとって良いサインだ」とスルナは熱弁する。「ムドリクだけではないからだ。未来に向けたトップレベルのタレントは大勢いる。我々はすでに若手選手全員とプロ契約を交わしている。ウクライナのこの世代の選手たちは素晴らしい。トップレベルのブラジル人タレントと、ウクライナ人タレントの間に差はない。唯一の違いは国籍だけだ。ムドリクは他にもたくさんいる」

シャフタールは彼らを必要とするだろう。試合をするためにも、移籍市場においても。ムドリクをイングランド・プレミアリーグに売却するにあたり、シャフタールは強気の交渉を行ったし、そうする資格があった。FIFAは侵攻後にウクライナとロシアにいる外国人選手たちの利益を守ろうとするつもりで措置を取ったが、その予想外の波及効果によりパルキンもスルナも窮地に追い込まれていた。選手に契約を一時停止とする選択が与えられたことで、シャフタールは人材面でも財政面でも手詰まりの状況に置かれた。だが実際には、それ以上の問題があった。

七〇〇〇万ユーロの未払金

シャフタールは過去一〇年以上にわたってハイクラスのタレントを抱えており、ドネツク脱出以降もそれは変わらなかった。多くのスター選手たちを失うのは耐え難いことだったが、単にスポーツ面の運営に関する部分だけではない。パルキンとシャフタールはFIFAをスポーツ仲裁裁判所（CAS）に提訴し、四〇〇〇万ユーロの損失の可能性があると主張したが、それも控えめな見積もりだった。

「FIFAはウクライナのサッカーを破壊している」と、パルキンは率直に言う。「想像できるだろうか。去年のある一日で、一五人の外国人たちが去って行った。そして、我々にできることは何もない。彼らを売ることもできない。レンタルに出すこともできない。売却できなければチームに戻すということもできない。各クラブは私に電話をかけてきて、『この選手の代金をいつ払ってくれるのか？』と言ってくるからだ。つまり、彼らは我々の選手たちを放出させる一方で、我々の業務上の負債を何とか解決する手助けは誰もしてくれない。ただ我々が孤独死するのを放っておくだけではないか。もしチャンピオンズリーグのグループステージに直接出場できなかったり、もしムドリクを売れていなかったりすれば、破産だ。完全に破産だ。我々は存在していなかっただろう。壊滅的な状況なのだから」

選手の利益と権利を守ることが極めて重要であることに異論を唱える者はほとんどいないだろう。だがＦＩＦＡは、いつも通り大上段に構え、ウクライナに残されたクラブがこの前例のない状況の中でどのように存続していくかについては、ほとんど考えも配慮もしなかった。シャフタールは選手獲得の投資として、最大七〇〇〇万ユーロに達する未払金を抱えていた。その中には、すでに彼らの支配下にない選手もいる。通常であれば、クラブは一人の選手の移籍金を数年間かけて支払う。例えば一五〇〇万ユーロで選手を獲得すれば、その後の三年間に五〇〇万ユーロずつ分割払いを行うといった形だ。パルキンが何度も説明してくれたように、過去に実行した取引による他クラブへの債務は、戦争が起こったからという理由だけで消えることはない。

二〇二二年一月にアヤックスからの大型補強として獲得したダヴィジ・ネレスがおそらく好例だろう。「彼は一試合もプレーすることはなかった」と、パルキンは肩をすくめる。「レアル・マドリードへ行ったヴィニシウス（ヴィニシウス・ジュニオールではなく、ヴィニシウス・トビアス）と同じだ。彼も一試合も出場しなかった。ダヴィジ・ネレスは、ペドリーニョの未払金と交換する形となった。その年にベンフィカに最大一六〇〇万ユーロを支払うことになっていたからだ」。ペドリーニョは二一年に一八〇〇万ユーロでベンフィカから獲得した選手であり、シャフタールで一九試合に出場した。しかし、ベンフィカの会長であるマヌエル・ルイ・コスタがお互いに納得できる条件を探ることに前向きでなければ、シャフタールの状況ははるかに悪化していたかもしれない。「ダヴィジ・ネレスをベンフィカに譲り渡し、彼らはペドリーニョに対する我々の未払金を帳消しにしてくれた」とパルキンは語る。「選手の代理人とベンフィカがこの取引を受け入れてくれたのはよかった。彼らは単純に『よし、ダヴィジ・ネレスをタダでもらおう』と言ってきてもおかしくはなかった。我々はペドリーニョの移籍金を支払った上で、さらにダヴィジ・ネレスを譲り渡すこともあり得た」

シャフタールの選手を獲得したいと考えていた各クラブが、この状況を利用したと彼は考えているのだろうか。「それは完全にその通りだ。彼らは状況をすべて理解していた。我々には生き残っていくため、借金を返済するため、職員や選手たちの給料を支払うための金が必要だった。（マノール・）ソロモンに関しては、すでに移籍契約を交わしていた。あと二日あれば契約のサインを交わして完了できるところだった。そこでＦＩＦＡ（の裁定）が出てきて、終わりだ」。新規定に従ってテテと契約したリヨンや、同様にソロモンを獲得したフラムなどのクラブが、誠意を持って交渉していたのか、あるいはＦＩＦＡが抜け道を提供するまで時間を稼いでいたのか、パルキンに確かなことはわからない。一部の代理人が状況を利用しようとしていたことは間違いないと彼は考えている。

悪名高き移籍規定付随条項第七項

六月初旬の時点では、リヨンはテテを完全移籍で獲得するためシャフタールと交渉を行っている様子だった。テテはフランスメディアに向けて入団発表を行った三月三一日に、「もちろん（六月三〇日以降も）リヨンに残りたい。何人かが今そのために動いてくれている」と話していた。二〇二二年六月二一日には、FIFAがウクライナとロシアの外国人選手の契約差し止めを延長することを決めた。「この規定により、選手や監督たちには練習をして試合をして給与を受け取る機会が与えられ、またウクライナのクラブを保護するとともに、外国人選手・監督のロシアからの出国を容易にすることができる」とFIFAの声明には記されていた。

七月はじめには、テテが前年と同じ条件で二〇二二―二三シーズンもリヨンに残留することが発表された。その期間を終えれば、二三年一二月三一日に満了する彼とシャフタールとの契約は残り六カ月となる。選手たちの契約は凍結されるのではなく、一時停止される規定となっていた。テテはシャフタールで一〇八試合に出場して三一得点、一五アシストを記録し、イングランド・プレミアリーグの複数のクラブから誘われ続けていた選手だ。契約が残り六カ月になれば、その彼の価値は、一九年の獲得時にグレミオに支払われた一七〇〇万ユーロより大幅に低下することになる。

結局、彼とリヨンとの契約は成立しなかった。チームは低迷し、二〇二二年一〇月にはピーター・ボスの後任として元PSG指揮官のローラン・ブランが新監督に就任。テテはブランの戦術改革にフィットせず、袂を分かつことが両者にとって最善だと考えられた。一月の移籍市場終了まであと二日となったところで、テテは再び移籍。今度はプレミアリーグのレスター・シティへ行くことになった。そしてシャフタールは、この取引から一セントたりとも利益を得てはいない。クラブ最高のブラジル人の一人だった彼は、一年間のうちに二度巣立っていったが、フェルナンジーニョやフレッジのような報酬を残していくことはなかった。テテがリヨンとの一時的な契約を打ち切り、一六年のイングランド王者と同様の契約を交わすため、レスターはリヨンに（シャフタールではなく「リヨンに」）三〇〇万ポンドの補償金を支払った。形式上はシャフタールの保有選手であり続けているテテだが、実際にはクラブはこの価値ある資産に対してもはや一切の支配力を有してはいない。

テテがキング・パワー・スタジアムの通路で青と白の新たなユニフォームに袖を通し、腕組みをして笑顔で立っている写真がメディアに出回るまで、シャフタールは彼の移籍について知りもしなかった。「テテがクラブを移っても、我々は何も知らないままだ」とスルナは、怒りで声を半オクターブ高めながら話してくれた。「我々は彼の獲得に一七〇〇万ユーロを支払った。どういう理屈なのか説明してほしい。彼はタダで出て行って、我々にとっては一七〇〇万ユーロの損失となったのだ」。クラブは最も余裕のない時期にその金額を失うことになる。FIFAは二〇二三年五月二六日に、今や悪名高いものとなった移籍規定の付随条項第七項を延長することを発表した。ウクライナとロシアのクラブに所属する外国人選手は、これで二四年六月三〇日まで契約を差し止めることが可能となり、さらに頭の痛い事態となることが予想される。

燻り続けるFIFAへの嫌悪感

FIFAに対するスルナの怒りは爆発寸前だ。「『我々はウクライナと一緒だ、ウクライナを助けるために何でもする』などと言っているが……」と彼はつぶやく。二〇二二年二月末に、シャフタールの選手たち（特にブラジル人）がキーウから脱出できるように自ら手を尽くしてくれたアレクサンデル・チェフェリンに対しては、スルナは手放しで称賛している。「彼はUEFAの会長であることを示した。UEFAの会長であるということは、クラブを守る、チームを守るということだ。FIFAの会長も同じようにするべきだが、彼は何もしていない。まったく何も。我々は何百万ユーロも失った。家もアパートメントも失った。友人を亡くした者もいる。金を失い、今こそFIFAに守ってもらう必要があったが、彼らは何もしてくれなかった。何もだ。私は元サッカー選手として、また二〇年間ウクライナで過ごしてきた男として、このことを決して忘れはしない。いつかは戦争が終わるだろう。そのときにどうなるか。人生は続いていく。FIFAの誰かがウクライナを訪れたとすれば、どんな歓迎を受けることになるだろうか。人生は長いものだ。金をくれと言っているわけではない。ただ守ってほしいだけだ。彼らは我々のことなど気にかけていない。心が痛む。ウクライナのことなど気にかけていない。今ウクライナのことを気にしてくれないということは、反対側にいるということだ」

もしウクライナがカタール・ワールドカップの出場権を獲得していたとすれば、いったいどうなっていただろうか。そして、どこにでも上からの立場で顔を出すジャンニ・インファンティーノFIFA会長が、ほとんど考慮も配慮もしなかった国と直面することになっていたとすれば。「とても、とても面白いことになっていただろう」とスルナは言う。「彼にとっては恥ずべきことだろう。シャフタールのことだけを言っているのではない。（ウクライナ・プレミアリーグは）七〇人から一〇〇人ほどの選手を失った。二一世紀にもなって、尊重できるようなことではない。もしチェフェリンがFIFAの会長だったとすれば、すべてが違っていただろう」

一月一三日、CASがシャフタールの訴状について裁定を下した。一件は、ウクライナとロシアの外国人選手が契約を差し止めることを認めるFIFAの裁定に反対するもの（ゼニト・サンクトペテルブルクを中心としたロシア・プレミアリーグの八クラブも裁定に反対し、別の法定代理人を通した個別の訴えを起こしていた）。もうひとつは移籍金収入の逸失に対して五〇〇〇万ユーロの賠償を求めるものだったが、どちらの訴えも棄却された。

パルキンは、ウクライナが必要としているものをFIFAが単純に理解していないとは考えていない。「彼らはすべて理解している。馬鹿な人間たちではない。ゲームをしている。FIFAの首脳陣は、ロシア政府と非常に良好な関係にある」。彼はインファンティーノを名指しすることなく話を続ける。インファンティーノ会長は二〇一九年に、ロシアのウラジーミル・プーチン大統領から友好勲章を授与された。インファンティーノは全面侵攻について「皆と同じように大きなショックを受けている」と公言しながらも、勲章を返上することはなかった。同じ声明の中で彼は、ロシアをFIFAの主催大会から締め出さなければならないことが残念であるとして、「紛争」が終結すれば「我々は最初の一日目に（ロシアへ）行き、再びサッカーをする。それがこの国に必要なことだと私は考えているからだ」と述べている。パルキンが怒りを露わにするのも無理はない。

パルキンは嫌悪感を示しながら熱弁する。ウクライナに対する冷遇が続いていることについて。ウクライナ国民がハイヤ・カード（ファンがカタール・ワールドカップのスタジアムに入場するための許可証）の認定を受けるのが「ほとんど不可能」であったことについて。そして「ゼレンスキー大統領はワールドカップ決勝の前に演説を行うことを望んだ」が、拒絶されたことについて。「彼らは金のことしか考えていない」。いつもは冷静沈着なパルキンが苛立ち始めた。無理もないことだ。

一連の訴訟手続きを通して敬意の欠如を感じ取り、パルキンは明らかに怒りを募らせていた。彼によれば、シャフタールがCASに出廷した日、FIFA側は代表者として上級幹部を派遣しようともせず、代わりに派遣されてきたのは「副・副・副」部長にあたる人物だった。パルキンは何度もインタビューを受け、クラブ側の主張を冷静ながらも毅然と述べ、理性と説得力を込めた形でシャフタール（およびウクライナ）の代表を務めることに慣れている。だが今回ばかりは、彼もこれ以上話を進めることはできない。「もう続けたくはない」と、テーブルの上に静かに手を置きながら彼は言う。不屈の精神も疲れ果てていた。

誇り高き進軍の非常な結末

シャフタールの強みは、誰かが助けを必要としていれば、誰かが隣から手を差し伸べてくれることにある。ヨヴィチェヴィッチのエネルギーは、クラブの信条に完璧に一致するものだった。アンタルヤでのトレーニングキャンプの終盤に彼は、欧州の大会はもちろんのこと国内リーグでも結果を出したいのであれば、トレーニングセッションや練習試合で見せたプレーよりも「もっと、はるかに良く」なる必要があるとチームに警鐘を鳴らした。その言葉は選手たちに伝わった。

シャフタールは、ＵＥＦＡの大会の枠内では以前よりも知られた名前となっている。だからこそ、現在のこの状況下では、いつも格下の評価を受けることを改めて思いだしておく必要がある。チャンピオンズリーグから一段下がってヨーロッパリーグでノックアウトステージを戦うことになっても、それは同じだった。対戦相手のレンヌは、オーナーであるアルテミス社から資金提供を受けて野心的な道を歩み、毎年続けて欧州の大会に出場を果たすようになってきているチームだ。アルテミス社は、『フォーブス』誌によれば推計四二〇億ドル以上の資産を持つフランソワ・ピノーが設立した投資会社である。二〇二二年の夏には八二〇〇万ユーロ以上を補強資金として投じた。劇的な状況変化がない限り、シャフタールが今後二、三年間で使うであろう合計額を上回るほどの金額だ。PSGの育成組織出身で高い評価を受けるアルノー・カリムエンドらを補強した他、ベテランGKのスティーヴ・マンダンダ、トッテナム・ホットスパーのジェド・スペンスとジョー・ロドンなどをレンタルやフリー移籍でチームに加えた。全員が高給取りの選手ばかりだ。

だからこそ、1stレグの前半にシャフタールの見せた戦いぶりは驚きだった。単に気迫がこもっていただけでなく、積極性と創造性にもあふれていた。彼らは前半で二点のリードを奪う。シャフタールの全盛期にも通用したであろう流れるような展開からドミトロ・クリスキフがフィニッシュ。さらにアルテム・ボンダレンコがギリギリのところでPKを決めた。レンヌもカール・トコ・エカンビが後半に決めて第二戦につなげたが、追いつくには至らなかった。本格侵攻からちょうど一年を迎える日の前日、シャフタールは2ndレグのためフランス西部へ向かった。前半にラシナ・トラオレが決めたゴールは、ミコラ・マトヴィエンコがごくわずかなハンドを犯していたと判定されて認められず。トコ・エカンビが再び決めて勝負は延長戦にもつれ込み、さらにイブラヒム・サラーの勝ち越しゴールがシャフタールに重くのしかかるかに思えた。

だが延長戦の終了間際、ジャニュエル・ベロシアンが不運なオウンゴール。ハルキウでのルベン・アギラールと同じく、運命の欠片が作用していた。一八歳の誕生日から一週間も経っていなかったベロシアンは涙を抑えられなかった。そしてPK戦でアナトリー・トルビンが三本をストップしたあと、この日がシャフタールでのデビュー戦だったケヴィン・ケルシーが決定的なキックを叩き込む。一八歳のFWであるケルシーはクラブでプレーする初めてのベネズエラ人であり、大半の欧州主要リーグの移籍期限である一月三一日にシャフタールが獲得を発表していた選手だった。クラブの起業家精神は生き続けている。時計の針が午前〇時を回ると、シャフタールは母国の自由が奪われた日から一年が経過したことを意識させられた。強く心が痛む瞬間だった。

記者会見場に足を踏み入れると、彼らは大義のために戦う戦士たちであるだけでなく、大事な人生を抱えた現実の人間たちであることを思いださせられた。「(選手たちを) 誇りに思う」とヨヴィチェヴィッチは言う。「欧州の大会がなければ、我々がワルシャワへ行くこともない。個人的なことを言えば、もし今夜で敗退していた場合、私は少なくとも六月まで家族に会えないところだった」。彼は明らかに感極まっていた。

ウインターブレイクが明けたばかりにもかかわらず、チームは心身ともに疲れているように感じられた。トルコでのキャンプは決して楽なものではなかった。アンタルヤではウクライナのサッカー選手たちとロシア人観光客 (そして言うまでもなく、いくつかのロシアのチームも) が入り交じり、ひどく気まずいムードが生み出されていた。ミナイがホテルでロシアのシンニクと衝突するといった出来事は、ロシアのいくつかの都市からも観光客を受け入れ続けているリゾート地の緊張感を如実に表すものだった。感情面の負担は大きかった。

シャフタールは三月に入ってもワルシャワで戦い続けることになり、一六強の第一戦ではエールディヴィジ首位のフェイエノールトと一対一のドロー。しかし、終盤のエセキエル・ブジャウデのゴールで追いつかれるまでリードしていたとはいえ、シャフタールは大いに苦しめられた。ヨヴィチェヴィッチは試合後に、彼のチームが持つ粘り強さを強調していた。「自分たちの望むような試合ができておらず、最初の一分から苦戦を強いられたとしても、我々は勝負を続けられる。今日はメンバー構成に問題を抱えていた。五人の選手が不在だった。プレッシャーも感じていた。試合に入り、試合をコントロールするのは非常に難しかった。今日は内容以上の結果を得られたと思う。もっと良いプレーができることは、これまでに何度も見せてきた。本来の自分たちであれば、自分たちのなりたい姿になれる。優位が予想されるのは相手側だが、我々も夢を見ることができる」

ロッテルダムでシャフタールの見せたサッカーは、短時間に限ればその言葉通りだった。おそらくは、クリスマス以降に欧州の大会で見せた最も支配的な戦いぶりだった。だが残念ながら、その前に〇対二のリードを奪われてしまっていた。さらにDFユヒム・コノプリャがハンドを取られてしまった時点で、勝負としては終わった。昨今では、一定しないさまざまな基準でハンドが取られて試合が台無しにされることも多いが、これはいつの時代であれ間違いなくハンドを取られるプレーだった。コノプリャ本人もそのことはすぐに理解できた。このPKをオルクン・コクチュが決めて〇対三。フェイエノールトは意気消沈するシャフタールをハーフタイム以降も蹂躙し、最終的に一対七のスコアで試合を終えた。グループ最終節のライプツィヒ戦の完敗と同じく、誇り高き進軍は最後に非情な結末を迎えた。

フォンセカに残り続ける精神

スポーツ的な意味では、順調な日々の中に時折ひどく悪い日が散見されることは二〇一四年以来何度かあった。不安定な状況や慌ただしい移動の連続、人員の流出などのすべてが少しばかり限度を越えてしまったかのように感じられるような日だ。記者のイリーナ・コジウパは語る。「ヨヴィチェヴィッチが以前に言ったように、今季はとても感情的になるシーズンだ。素晴らしい試合がある一方で、敗れるときはいつも一点差というわけにはいかない。こういう大敗があるのも、おそらくある意味では理屈に適っていることなのだろう」

クラブの国際的地位は、他の場所で来季まで維持されることになる。パウロ・フォンセカは、旧友や元同僚たちに会ってシャフタールを応援するため、妻とともにロッテルダムを訪れていた。「結果を考えれば、残念ながら私はあまり幸運をもたらせなかったようだ。しかし、友人たちや、今もクラブにいる者たちと会えたのは素晴らしいことだった」。彼は現在、ポルトガルサッカー連盟（FPF）とともに難民のための財団運営に携わっている。サッカーが人道的対応の最前線にあるというだけでなく、シャフタールの精神が、クラブを去ってから長い時間が過ぎた者たちの中にも残り続けていることが示されている。

「とても大変な日々だった」と彼は言う。「毎日のように、向こうで何が起こっているかを探ろうとしている。私たち、特に妻はこのことで非常に苦しめられた。しかし、何らかの形で力になれると思って取り組んできた。特にポルトガルにやって来たたくさんの人々を支援しており、サッカー連盟のプロジェクトにも協力している。FPFのフェルナンド・ゴメス会長は、私たちがウクライナを脱出する上で大きな助けになってくれた。今回のことが起こったとき、彼は私に真っ先に連絡してきてくれた人たちの一人だった。私がウクライナを脱出するためにどんな協力ができるかと訊いてきた。何人かに電話をかけると言ってくれて、その中でウクライナサッカー連盟のアンドリー・パヴェルコ会長がすぐに何とかしてみると言ってきた。そしてホテルにいた私たちを、パヴェルコが手配した人物が国境まで車に乗せていってくれて、国境を越える手助けをしてくれた」

ポルトガルへの安全な帰国経路が確保されたあともフォンセカとゴメスは連絡を取り続け、何が起こっていたかを伝え合った。そして、ここで話を終わらせてはならないと考えた。「私がポルトガルに戻ると、会長はいつも連絡をくれて、私と妻を招いて『どのクラブもひとつの家族』と呼ばれる活動のアンバサダーにしてくれた。クラブが雇用を生み出すことを通じて、ポルトガルにやって来た子どもたちや家族を助け、子どもたちがサッカーをプレーできるようにし、彼らをクラブと社会に溶け込ませる助けとなる活動だ。連盟による素晴らしい取り組みだった。彼らは多くの家族を助け、私よりもはるかに大きな役割を果たした。リタ・フェロ・ロドリゲス（ポルトガルのテレビ司会者）も、ポルトガルでサッカーを通じて多くの家族と大勢の子どもたちを助ける素晴らしい仕事をしていた」

フォンセカがシャフタールで過ごした過去は記憶され、尊重されている。それが大きな意味を持つことは彼自身も認識している。「シャフタールの人たちとは、とても密接なつながりを持ち続けている。私はウクライナとシャフタールで、とても、とても幸福だったからだ。妻もそうだったと思う。彼女も広報部の代表として会長のために働いていた。私たちはシャフタールといつも深くつながり続けている。最終的には、クラブや人々に対してどのような形でサポートを示すかということだと思う。一緒に仕事をしていた人たちに（ロッテルダムで）再会できたのは、私にとって特別な瞬間だった。素晴らしいことだったが、そのときは何より彼らをサポートすることこそが大事だった」

コジウパにとっては、欧州でのシーズンはロッテルダムで始まりロッテルダムで幕を閉じた。「世界を見渡す助けになる」と彼女は、母国の困難から解放され精神的な休息を与えられたことに感謝しながら考えにふける。「何も四六時中戦争の中にいるわけではない。旅をして、チャンピオンズリーグの素晴らしい試合を観戦するだけでなく、人々や各国や各都市がウクライナを支援してくれる様子を目にする機会が得られたことを本当にうれしく思っている」。自分たちの殻から外へ踏み出したとき、味方でいてくれる人たちの気持ちの動きを理解し、希望は本当にあるのだと理解することができる。「どの街を旅しても、美術館や政府の建物の近くの窓には、いつもウクライナの国旗が掲げられていた。私たちは孤独ではない、と言われているようだった。どの国へ行っても、素晴らしい支援をしてもらえている。だから、いろいろな国の様子を自分の目で見ることができた時間に本当に感謝している。自宅にいる時間以上に他国を旅している時間が長かったと思う」

ウクライナサッカーが生き残る方法

時には弱さこそが、強さと同じくらい重要となる場合もある。ただ突き進むのではなく、集団の一員として助けを受け入れることが。少なくともスポーツ面に関しては、シャフタールが成功を続けていくためには、ライバルとなり得るチームも同じく成功できることが必要だ。二〇一九年にジョー・パーマーに言われた言葉を思いだす。「私にとって難しかったのは、我々がほぼいつも勝ち続けていたという事実だ」と彼は微笑んでいた。「私はよく、『実際に負けることもあったほうがいい』と言っていた。クラブの人たちは『何を言っているのか、どうかしている！』と答えていたが、そうではない。競争があるのは大事なことだ。観客を呼び込むためには、面白い試合になりそうだと思わせる必要がある。毎週末五対〇で勝っていたら、つまらないだろう？」

しかし、我々がシャフタールやウクライナの未来について話しているのはそういったことではない。エンターテインメントの危機を感じ取ることの重要性や、コンテンツの質や、もっとうまい言葉で表現したいという話をしているのではない。生き残る方法について話しているのだ。

シャフタールには英雄的な資質が十二分にあるが、単純に、一クラブだけでウクライナのサッカーを維持していくことはできない。ウクライナ・プレミアリーグの王者がチャンピオンズリーグのグループステージに直接出場できることは、シャフタールだけでなくウクライナのあらゆるチームにとって不可欠なことだ。金銭的な報奨のためにも、戦う舞台を得るためにも、宣伝効果の上でも、メッセージを発信し続けるためにも。しかし、本稿執筆時点でウクライナはUEFAの国別ポイントランキングで一四位に位置している。二〇二一年から二四年までの期間を対象とするUEFA大会出場リスト（どの国がチャンピオンズリーグ、ヨーロッパリーグ、カンファレンスリーグにいくつの出場枠を得られるかを決定する一連の基準）の計算式に照らし合わせると、これではウクライナ王者がチャンピオンズリーグのグループステージに直接出場することはできない。予選三回戦から大会に出場しなければならず、つまり二ラウンドの計四試合を勝ち抜かなければグループステージに出場することさえできない。

それは容易なことではない。試合自体に勝たなければならないという問題だけでなく、シーズンに向けたクラブの考え方やプラン全体に不確定要素がもたらされるためだ。少なくとも二パターンの異なる予算を組まなければならない。チャンピオンズリーグに出場する場合の予算と、それが実現できなかった場合のヨーロッパリーグ用の予算だ。収益の差は非常に大きく、クラブの補強戦略にも多大な影響を及ぼすことになる。

シャフタールの関与が及ぶ範囲の外に存在する要因もある。二〇二二―二三シーズンのディナモ・キーウは、チャンピオンズリーグ予選で健闘を見せながらも、最終的にはヨーロッパリーグを戦って六試合で勝ち点一という非常に残念な成績に終わった。前年にヨヴィチェヴィッチに率いられ素晴らしいシーズンを過ごしていたドニプロ－1はカンファレンスリーグに落とされた末、ベスト32でAEKラルナカに惨敗を喫した。ヴォルスクラ・ポルタヴァは予選二回戦でAIKに敗れ、ゾリャ・ルハーンシクもその次のラウンドでルーマニアリーグ前年三位のウニヴェルシタテア・クラヨーヴァに敗れた。これらの結果はすべてUEFAポイントランキングに算定され、ウクライナの、そしてシャフタールの今後の大会参加に影響することになる。

状況は不安定だ。ウクライナがさらに順位を落とせば、ポイントランキング一五位の国の優勝チームはチャンピオンズリーグを予選二回戦からスタートさせなければならなくなる。つまり、緊張と不安に満ちた試合をさらに二試合、しかも最悪の時期に戦わねばならない。場合によってはシーズンが開幕していないこともあり得る時期だ。選手たちはまだ身体作りがピークに達しておらず、プレシーズン中のような調整不足から苦戦を強いられるかもしれない。今考えても仕方のないことではあるし、特にシャフタールの影響が及ばない部分に関してはなおさらだ。それでもパルキンと彼のスタッフは、最悪の事態を想定しながらも最高の展開を期待し、クラブが流れに取り残されることのないよう取り組みを続けていく。彼がよく言うように、「一週間ずつ計画を立てていく」ということだ。

それでも希望は失わない

一方でシャフタールは、少しでも明るい光を照らす力になることができる。コジウパは言う。「私たちの国は、まったく光のない地獄のようになることもある。戦争と爆撃はこれほど大きな痕跡を残し、多くの命が失われた傷を抱えている。大勢の人が命を落とした。ロシアが私たちから人生を奪ったという感覚がある。彼らが私たちの国をこの悪夢に突き落とした、と。しかし、シャフタールの物語のようなサッカーのおかげで、ある程度の期待や少しばかりの普通の生活を手に入れられる。兵士たちや、前線にいる人たちでさえも……。『戦争の中でサッカーをする場所なんてあるのか？』と訊いてみると、『イエス』と答える者もいた」

このクラブのこと、この魂を持ったクラブのことを思う気持ちの強さは無意味ではない。ミゲル・カルドーゾは、パルキンと前回話をした際に、クラブに戻って無償で手伝いたいと申し出たことを話してくれた。「私のことが必要なら、今私は失業中だ。自分の費用は自分で負担する。アカデミーの少年たちがいる場所へ派遣してもらえれば、クラブが必要とする数カ月間、無償で働かせてもらう。このクラブは私に多くのものを与えてくれたのであり、私が生きている限り恩があると感じ続けるからだ」

カルドーゾが経験したすべてのことは、今も完全に彼の中に生きている。特別な思い出について質問してみると、彼はこう答えた。「街全体の人たちが生きていく上で抱いている魂だ。私がシャフタールで過ごしたあらゆる場面が素晴らしい思い出となっている。ポルタヴァでの思い出は、一生忘れはしない。キーウで初めて過ごした時間の思い出もある。トップチームの信じられないような思い出だ。しかし、私が最も心の奥深くに抱いている思い出は、ドネツクの人々の思い出だ。だからこそ、毎日ひどく苦しんでいる。シャフタールはサッカーのプロジェクトではなかったからだ。シャフタールは社会的プロジェクトであり、その大半がサッカークラブとつながっていた。シャフタールは、サッカーを通じて人々を幸せにするという人々のビジョンであり、特に会長のビジョンだった」

リナト・アフメトフはその生きた証拠だ。彼はどれほどの大金を失おうとも、希望を失ってはいない。相当な慈善活動を継続している。「二月二四日以降、会長はすでに一億ユーロ以上の支援を行ってきた」とパルキンは語る。「軍を助けるため、難民を助けるため、人々を助けるために出費をしてきた。（彼と話をした二〇二三年二月の）三週間前には『マリウポリの守護者たち』と名づけた基金を設立し、医療活動、心理的ケア、家族の支援に協力するため二五〇〇万ドルの寄付を行った。それもまた新たな支援だ」

シャフタールが活動を続けていける状態にあることも、会長が築き上げたもののおかげであることをスルナが思いださせてくれた。欧州屈指の素晴らしいスタジアムのおかげでも、充実したトレーニングセンターのおかげでもない。精神面である。「我々はもう、ホームを失って八年になる」。スルナはそう言ってゆっくりとうなずく。「チャンピオンズリーグでは素晴らしい結果を出し、選手を売却することができている。それが私の言いたいことだ。会長から作り上げられたシステムだ。彼はクラブを買収したときからシステムを組み立て始めた。そしてこのシステムは、いかなる状況下でも存続していく」

「それが我々の最大の強みのひとつだ。非常に重要なものであり、私は毎日そのことをさらに強く実感している」と、ユーリー・スヴィリドフも語る。彼はパルキンの仕事を振り返った。「基本的に……これをやってくれたのはセルゲイだ。つまり彼は、自分を中心として、価値観や目標を共有する人々を集めてこのチームを構築した。ひとつの方向へ向かっていく力強いチームを持つことが大事だ。だからこそ、二〇一四年以降には、外からやって来たクラブ幹部は誰一人としていなかったと思う。全員がドネツク出身だ。我々は記憶を、価値観を、インスピレーションを、そしてドネツクに戻りたいという願いを共有している。それがさらに我々の力になる」

「今いる幹部たちは全員、九九%がドネツク出身だ」とパルキンも念を押した。「このチームはドネツクで組み上げられ、ドネツクで形成された。私は六、七年かけてこのチームを築いた。一人ひとり全員が我々のシステムに寄与している。今の我々は家族のようなものであり、誰一人として失いたくはないと思っている。長年一緒にやってきたのだから。私は彼らに、クラブという共通のDNAを持っているのだと言っている。幹部の何人かはもう一五年、おそらく二〇年一緒にやってきた。失敗することもあるし、失敗は誰にでもある。それが人生だ。だが私は、我々全員が一緒に居続けられるように何でもするつもりだ」

シャフタール対ディナモの変わらぬ風景

四月の第三週には、シーズン最後のウクライナ・クラシコでディナモとシャフタールが対戦。いつも重要な試合だ。しかしシャフタールのInstagramアカウントでは、キックオフ後に最初に行われた投稿で、試合に招待された傷痍軍人たちへの敬意が表された。「キーウで行われたディナモとの試合では、ウクライナを守ってくれる者たちとシャフタールのウルトラスがチームを応援してくれた。皆さんの支援と、我々の母国でサッカーができる機会に感謝を！」と書かれていた。今もこれからも、彼らは決して忘れはしない。

試合は巨大洞窟のようなオリンピイスキーではなく、より小さなヴァレリー・ロバノフスキーの、現在は荒れているピッチ上（それもまた苦難の時期を思いださせる）で開催された。私としては、キーウの第一印象が蘇るようだった。スタジアムを取り囲む豊かな緑。その木々を上から照らし出す、金属製ラクロススティックのような巨大で壮麗なセミアンティークの照明塔。隣接するドニプロ川から、低いピッチへ叩きつけてくるような強風。そしてエントランスの柱列の傍にはロバノフスキーのベンチがあり、彼の銅像が、足を止めて思索にふけることを誘うかのように座っている。

クラブの作成した試合ハイライトには、穏やかな音楽が添えられている。鋭く鳴り響く主審のホイッスルや選手間の掛け声を除けば、ほぼ静寂に包まれる映像に重ねるための編集として用いられ始めたものだ。しかし、それでもディナモ対シャフタールである。前半一二分に記録された先制ゴールがそのことを思いださせた。タラス・ステパネンコがミドルレンジから放ったシュートはＧＫルスラン・ネシュチェルトの手が届く寸前に曲がり、彼から逃げるようにバウンドしてネットの隅へ突き刺さった。シャフタールは盛大にゴールを祝ったが、残り一〇分となったところでディナモが予想外の同点に追いつく。オレクサンドル・アンドリエフスキーが遠距離から芸術的に曲げたゴールにより、リーグ首位のシャフタールがディナモを引き離す望みは打ち砕かれた。やはり大事な試合、いつでも大事な試合だ。

五月二八日、シャフタールがウクライナ・プレミアリーグ優勝を決めたのもやはり意味のあることだった。シーズン残り二試合となり、直接のライバルであるドニプロ－1をリヴィウに迎えた試合で勝ち点一を獲得すれば優勝決定という状況だったが、三対〇で勝利を飾った。試合終了が近づくと、シャフタールの控え選手たちや裏方のスタッフらが優勝を祝うためタッチライン際に集まる。

両チームが最後にもう一度攻防を繰り広げたところで、小競り合いが始まった。より大きな事柄を一番に考えなければならないような状況であろうと、エゴやプライドや強い欲望はやはり存在しているのであり、正しいものなのだということを思いださせられた。カテリナ・モンズル主審はシャフタールに二枚、ドニプロに四枚、計六枚のレッドカードを提示。混乱が収まったあと、トルビンが退場となり交代枠もすでに使い切ってしまっていたシャフタールは、フィールドプレーヤーの中からGKを探さなければならなかった。ヤロスラフ・ラキツキーが笑いながらグローブと紫色のGKユニフォームを身につけ、残りわずかな時間GKを務める。ベンチに集まった者たちは楽しげに見守っていた。そしてホイッスルが鳴り響き、ついに祝杯のときだ。

求める水準は変わらない

「すべての遠征、すべてのバス移動、すべてのトレーニングセッション、避難先で過ごしたすべての夜に価値があった。我々はウクライナチャンピオンだ」と、GKコーチのクーロ・ガランはInstagramで記した。優勝決定戦でまたも深い位置から左足の一撃を叩き込んだステパネンコは、クラブのTVチャンネルで「シャフタールに来てからの年月の中で最も難しいタイトルだった」と語った。二〇一〇年夏に、友人のセルゲイ・クリフツォフとともにメタルルフ・ザポリージャからやって来たときにまでさかのぼる話だ。「一一人のサッカー選手だけがいたのではない。一五人の選手、控え選手、コーチたち、テクニカルスタッフ、メディカルスタッフ、経営陣。全員でこのタイトルを勝ち取った」

ヨヴィチェヴィッチにとっては、まさに総決算だった。指揮官は十二分に称賛に値する仕事をしていたが、クラブは七月一日に彼との契約解除を発表した。クラブの公式声明では、彼の「ハイレベルなプロ意識」に対しても、彼らの共有した「美しい勝利と忘れられない感情の数々」に対しても感謝が述べられた。「ウクライナとウクライナ国民を支援するための積極的な市民的姿勢に特別な感謝を捧げる」とも付け加えられていた。ヨヴィチェヴィッチの後任にはすぐに、お馴染みの人物が据えられた。シャフタールの考えを理解しているパトリック・ファン・レーウェンがゾリャから戻ってきたのだ。アフメトフの決断は、戦力の乏しい他チームを相手に、あまりにも楽にタイトルを獲得できたことに基づいていたのかもしれない。だが歴史を考えてみれば、チームの美学に関する部分や、このクラブの過去のチームと比較して欠けている部分があるという認識によるものであった可能性のほうが高い。以前にピッチ上で重視されていたことは、今でも重視されている。シャフタールの求める水準は、異常な時期であろうとも変わることはない。

「シャフタールでプレーするのは特別なことだ」と、スルナは微笑む。「ジャジソンとも、フェルナンジーニョとも、ルイス・アドリアーノとも、過去のどのチームメイトと話をしても、彼らは本当にシャフタールに素晴らしい思い出を持っている。驚くほどに。そして私は、自分自身とすべての人々に向けて約束している。戦争が終わればシャフタールの元選手たち全員を呼んでフレンドリーマッチを、できればドネツクで開催したい。それが我々の夢だ。みんな来てくれることだろう」

彼は正しい。間違いなく集まるはずだ。ドネツク時代からクラブ経営の核となっている部分には大きな意味があり、クラブに魂を与えている。しかし、クラブが受け入れてきた者たちも極めて重要な存在だ。彼らは恩返しがしたい、クラブの名前を背負っていきたい、物語を共有したいという思いをすぐに抱くことになる。フェルナンジーニョも、ムドリクも、フォンセカも、カルドーゾも、他にも多くの者たちもだ。スルナの言うことは陳腐な決まり文句などではない。本当に彼の言う通りであり、シャフタールは家族なのだ。そして、クラブの健全な存続のために日々働いているにせよ、クラブの言葉や名前を外へ広げているにせよ、単に誇り高い歴史とのつながりを持ち続けているにせよ、全員がそれぞれの役割を担っている。今もクラブに残っている者たちは、現実への対処に多くの時間を費やして過ごしているからこそ、夢を持つ必要があり、夢を持つ資格がある。スルナもそうだ。自分たちの夢をつないでいくため何年も戦い続け、あらゆる常識的な期待や可能性を越えてきたシャフタールに、不可能があると言える者がいるだろうか。

謝辞

まずは、すべての始まりに立ち返らなければならない。何年も前に、シャフタールとウクライナについて調べるため私を現地へ派遣してくれたケヴィン・アシュビーとアンドリュー・ハスラムに感謝している。私の旅立ちと、シャフタールを題材とした映像製作を支援してくれたライアン・バクスターとジョナサン・フィッシャーにも感謝したい。本書の執筆案が本格的に生まれたのはそこからだった。

ニック・エイムズ、アダム・クラフトン、アンドリュー・トドス、イリーナ・コジウパは私との会話を通してさまざまな考えや専門知識、洞察を提供してくれた。インタビューに協力し、私を正しい方向へ後押ししてくれたポール・カミリン、カーメロ・ミフスド、ダニエル・ナヌ、エマヌエル・ロシュにも感謝を示したい。

当然ながらシャフタールの皆さん、特にユーリー・スヴィリドフの、協力的でオープンな精神に感謝している。

最後に、リトルブラウン社で私の編集者を務めてくれているエマ・スミスへ。本書の構想に対する彼女の限りない熱意、彼女の挑戦への意欲、そして本書を通してこの重要な物語を最高の形で届けられるようにしてくれたことに、大きな感謝を。編集を担当してくれたルシアン・ランドールにも。そして、最後ではあるが私の代理人メラニー・マイケル＝グリアーにも強く感謝しなければならない。彼女は私をいつも変わらずサポートし、ともすれば見落としてしまいがちな細部にまで注意を払ってくれた。

アンディ・ブラッセル

訳者あとがき

「二〇一四年にもし世界が今のような反応をしていれば、戦争はなかっただろう」と、シャフタールのセルゲイ・パルキンCEOは訴える。彼が言及しているのはサッカーに限った話ではないが、ウクライナやシャフタールを取り巻く出来事が世界でどう受け止められたかという点では、サッカーに関する部分についても同じことはいえる。

二〇二二年二月に起こったロシア軍によるウクライナへの本格侵攻がサッカー界にもたらした影響については、海外サッカーに関心のあるファンなら日本国内でもある程度は聞き及んでいることだろう。ロシア代表は欧州予選プレーオフ進出を果たしていたカタール・ワールドカップから締め出され、各クラブもUEFAチャンピオンズリーグなど国際大会への参加を禁じられた。一方でウクライナ代表や、シャフタールをはじめとするクラブが苦難に見舞われながらもプレーを再開し、継続していることも報じられてきた。

しかし、本書でも語られているように、シャフタールが二〇一四年からすでに大きな悲劇の渦中にあったことを本当に実感できていた者はどれほどいただろうか。

欧州サッカーのファンであれば、チャンピオンズリーグやヨーロッパリーグの常連であるシャフタールの戦いを毎年のように見てきたはずだ。しかし、主にピッチ内を俯瞰で映し出しピッチ上でのプレーを伝える試合中継だけでは、二〇一四年以前と以降の変化は意識的に読み取ろうとしなければ読み取りにくい。クラブが本来の本拠地を追われ、他の街や他国での試合開催を余儀なくされていることを情報としては伝えられても、その意味を本当に感じ取るのは難しい。

ある程度は無理のないことでもあるだろう。シャフタール主将のタラス・ステパネンコが語ったところによれば、クラブが二〇一四年以降に仮の本拠地としたウクライナ西部の人々でさえも、彼らがなぜ東部から移ってきたのか正確には把握していない者が多かったという。ましてや遠く離れた日本で、もともとあまり馴染み深い国ではなかったウクライナのサッカークラブが移転を強いられたことを強く気に留めた者が多くないのはむしろ当然の状況だといえる。

二〇一四年のそのときを迎える直前まで、シャフタールはまさに夢の時間を過ごしていた。かつて後塵を拝していたディナモ・キーウを抑えて国内に覇を唱え、欧州の舞台でも躍進。〇九年に開場した最新鋭のホームスタジアムに西欧からビッグクラブの数々を迎えて名勝負を演じ、そのドンバス・アリーナはＥＵＲＯ２０１２でも主要会場のひとつとなった。だからこそ、そのすべてをあまりにも無慈悲かつ理不尽な形で奪い取られてしまったクラブ関係者やファンたちの悲しみ、怒りは計り知れない。

いつの日か、というより一刻も早くシャフタールがドンバスに帰還し、満員の地元サポーターの前で美しいフットボールを披露する様子が世界中に届けられる日を願ってやまない。

二〇二四年四月　高野鉄平

シャフタールの軌跡
（ヴィシチャ・リーハが創設された1992年以降）

【国籍略語一覧】 ARG＝アルゼンチン、ARM＝アルメニア、BFA＝ブルキナファソ、BIH＝ボスニア・ヘルツェゴビナ、BLR＝ベラルーシ、BOL＝ボリビア、BRA＝ブラジル、BUL＝ブルガリア、CRO＝クロアチア、CZE＝チェコ、ECU＝エクアドル、GEO＝ジョージア、GER＝ドイツ、ISR＝イスラエル、ITA＝イタリア、KAZ＝カザフスタン、LTU＝リトアニア、LVA＝ラトビア、MEX＝メキシコ、MKD＝北マケドニア、NED＝オランダ、NGA＝ナイジェリア、PAR＝パラグアイ、POL＝ポーランド、POR＝ポルトガル、ROU＝ルーマニア、RUS=ロシア、SEN＝セネガル、SRB＝セルビア、SVN＝スロベニア、TAN＝タンザニア、TUR＝トルコ、UKR＝ウクライナ、VEN＝ベネズエラ

1992ヴィシチャ・リーハ3位＝プレーオフ（10勝6分1敗＝グループA2位）、ウクライナカップベスト4
監督：ヴァレリー・ヤレムチェンコ（UKR）
【主なIN】DFセルヒー・ポポフ（UKR／ニーヴァ・ヴィーンヌィツャ）
【主なOUT】なし

1992－93ヴィシチャ・リーハ4位（11勝12分7敗）、ウクライナカップR32敗退
監督：ヴァレリー・ヤレムチェンコ（UKR）
【主なIN】［夏］DFオレクサンドル・コヴァル（UKR／シャフタールⅡ）、MFヴァレリー・クリヴェンツォフ（UKR／シャフタールⅡ）、FWヘナディ・オルブ（UKR／シャフタール・マキイウカ）［冬］なし
【主なOUT】［夏］FWセルヒー・レブロフ（UKR／ディナモ・キーウ）［冬］DFイェフェン・ドラグノフ（UKR／タウリヤ・シンフェロポリ）、MFセルヒー・ポゴディン（UKR／ローダ）、MFセルヒー・シェルバコフ（UKR／スポルティング）

1993－94ヴィシチャ・リーハ2位（20勝9分5敗）、ウクライナカップベスト16
監督：ヴァレリー・ヤレムチェンコ（UKR）
【主なIN】［夏］なし［冬］なし
【主なOUT】［夏］なし［冬］なし

1994－95ヴィシチャ・リーハ4位（18勝8分8敗）、ウクライナカップ優勝、UEFAカップ予備予選敗退
監督：ウラジーミル・サルコフ（UKR）
【主なIN】［夏］MFセルヒー・コヴァリョフ（UKR／シャフタール・マキイウカ）、MFセルヒー・ポゴディン（UKR／スパルタク・モスクワ）、FWセルヒー・シシュチェンコ（UKR／メタリスト・ハルキウ）［冬］MFヘナディ・ズボフ（UKR／スタール・アルチェフスク）
【主なOUT】［夏］なし［冬］MFセルヒー・ポゴディン（UKR／CSKAモスクワ）

1995－96ヴィシチャ・リーハ10位（13勝6分15敗）、ウクライナカップベスト4、UEFAカップウィナーズカップR32敗退
監督：ヴァレリー・ルダコフ（UKR）
【主なIN】［夏］DFミハイロ・スタロスチャク（UKR／スパルタク・イヴァノ＝フランキウスク）、MFオレクサンドル・スピヴァク（UKR／チョルノモレツ・オデッサ）、FWアンドレイ・フェドコフ（RUS／クレミン・クレメンチュク）［冬］なし
【主なOUT】［夏］FWセルヒー・シシュチェンコ（UKR／ニーヴァ・テルノーピリ）［冬］DFセルヒー・ポポフ（UKR／ゼニト・サンクトペテルブルク）、FWセルヒー・アテルキン（UKR／クレミン・クレメンチュク）、FWヘナディ・オルブ（UKR／ロートル・ヴォルゴグラード）

1996－97ヴィシチャ・リーハ2位（19勝5分6敗）、ウクライナカップ優勝、UEFAインタートトカップGS敗退
監督：ヴァレリー・ヤレムチェンコ（UKR）
【主なIN】［夏］MFオレフ・シェライェフ（UKR／ゾリャ・ルハーンシク）、FWセルヒー・アテルキン（UKR／クレミン・クレメンチュク）、FWセルヒー・シシュチェンコ（UKR／ニーヴァ・テルノーピリ）、FWミハイル・ポツクヴェリア（GEO／ヴェルダー・ブレーメンⅡ）［冬］FWヘナディ・オルブ（UKR／ロートル・ヴォルゴグラード）
【主なOUT】［夏］FWアンドレイ・フェドコフ（RUS／クレミン・クレメンチュク）［冬］なし

1997－98ヴィシチャ・リーハ2位（20勝7分3敗）、ウクライナカップベスト16、UEFAカップウィナーズカップベスト8
監督：ヴァレリー・ヤレムチェンコ（UKR）
【主なIN】［夏］DFセルゲイ・ヤシュコヴィッチ（BLR／ディナモ・ミンスク）、MFイゴール・ザブチェンコ（UKR／ヒルニク）、MFアンドレイス・シュトルセルス（LVA／スコント・リガ）［冬］DFセルヒー・ポポフ（UKR／ゼニト・サンクトペテルブルク）、DFセルゲイ・ジュネンコ（KAZ／ロートル・ヴォルゴグラード）、MFアナトリー・ティモシチュク（UKR／ヴォリン・ルーツィク）
【主なOUT】［夏］FWセルヒー・アテルキン（UKR／レッチェ）、FWセルヒー・シシュチェンコ（UKR／クリウバス・クルィヴィーイ・リーフ）［冬］MFオレクサンドル・スピヴァク（UKR／スタール・アルチェフスク）、MFイゴール・ザブチェンコ（UKR／ムィコラーイウ）

1998－99ヴィシチャ・リーハ2位（20勝5分5敗）、ウクライナカップベスト4、UEFAカップ予選2回戦敗退
監督：ヴァレリー・ヤレムチェンコ（UKR）／アナトリー・ブイショヴェツ（RUS）
【主なIN】［夏］MFアレクシー・バカレフ（UKR／ロートル・ヴォルゴグラード）、FWアンドリー・ヴォロベイ（UKR／シャフタールII）［冬］DFヴォロディーミル・ミキチン（UKR／カルパティ・リヴィウ）、MFセルヒー・ナホルニャク（UKR／ドニプロ・ドニプロペトロウシク）、FWミハイル・ポツクヴェリア（GEO／ドニプロ・ドニプロペトロウシク）
【主なOUT】［夏］FWミハイル・ポツクヴェリア（GEO／ドニプロ・ドニプロペトロウシク）［冬］DFセルゲイ・ヤシュコヴィッチ（BLR／アンジ・マハチカラ）、MFオレフ・シェライェフ（UKR／ドニプロ・ドニプロペトロウシク）

1999－2000ヴィシチャ・リーハ2位（21勝3分6敗）、ウクライナカップベスト8、UEFAカップ1回戦敗退
監督：アナトリー・ブイショヴェツ（RUS）／ヴィクトア・プロコペンコ（UKR）
【主なIN】［夏］GKユーリ・ヴィルト（UKR／メタルルフ・ドネツク）、DFオレクサンドル・チジェフスキー（UKR／カルパティ・リヴィウ）、DFダイニウス・グレヴェカス（LTU／エクラナス・パネヴェジース）、MFオレフ・シェライェフ（UKR／ドニプロ・ドニプロペトロウシク）、MFヴィタリー・アブラモフ（KAZ／ロートル・ヴォルゴグラード）、FWセルヒー・アテルキン（UKR／レッチェ）、FWオレクシー・ビレク（UKR／シャフタールU-17）［冬］DFアレクサンダル・シュマルコ（RUS／ロートル・ヴォルゴグラード）、MFマリアン・アリウタ（ROU／シェリフ・ティラスポリ）
【主なOUT】［夏］DFセルゲイ・ジュネンコ（KAZ／メタルルフ・ドネツク）［冬］DFオレクサンドル・チジェフスキー（UKR／メタルルフ・ザポリージャ）、DFオレクサンドル・コヴァル（UKR／メタルルフ・ドネツク）、MFセルヒー・コヴァリョフ（UKR／引退）、MFセルヒー・ナホルニャク（UKR／瀋陽海石）、MFオレフ・シェライェフ（UKR／メタルルフ・ドネツク）、FWミハイル・ポツクヴェリア（GEO／スパルタク・ウラジカフカス）

2000－01ヴィシチャ・リーハ2位（19勝6分1敗）、ウクライナカップ優勝、UEFAチャンピオンズリーグGS敗退、UEFAカップR32敗退
監督：ヴィクトア・プロコペンコ（UKR）
【主なIN】［夏］DFイサック・オコロンクォ（NGA／シェリフ・ティラスポリ）、MFオレクシー・ガイ（UKR／メタルルフ・ザポリージャII）、MFヴィアチェスラフ・シェフチュク（UKR／メタルルフ・ザポリージャ）［冬］MFヤロスラフ・コーマ（UKR／カルパティ・リヴィウ）、MFアッサン・ンディアイェ（SEN／ジャンヌ・ダルク）、FWジュリアス・アガホワ（NGA／エスペランス）
【主なOUT】［夏］DFヴォロディーミル・ミキチン（UKR／ヴォルスクラ・ポルタヴァ）、MFアンドレイス・シュトルセルス（LVA／スパルタク・モスクワ）、FWヘナディ・オルブ（UKR／ヴォルスクラ・ポルタヴァ）［冬］DFアレクサンダル・シュマルコ（RUS／ロストフ）

2001－02ヴィシチャ・リーハ優勝（20勝6分0敗）、ウクライナカップ優勝、UEFAチャンピオンズリーグ予選3回戦敗退、UEFAカップ1回戦敗退
監督：ヴィクトア・プロコペンコ（UKR）／ネヴィオ・スカラ（ITA）
【主なIN】［夏］DFダニエル・チリタ（ROU／ラピド・ブカレスト）、DFダニエル・フロレア（ROU／ディナモ・ブカレスト）、DFムアメル・ヴグダリッチ（SVN／マリボル）、DFイゴール・ジュゼロフ（MKD／ハイドゥク・スプリト）、MFマリウシュ・レヴァンドフスキ（POL／ディスコポリア・グロジスク・ヴィエルコポルスキ）［冬］GKヴォイチェフ・コヴァレウスキ（POL／レギア・ワルシャワ）、DFプレドラグ・オココリッチ（SRB／オビリッチ）
【主なOUT】［夏］MFヤロスラフ・コーマ（UKR／カルパティ・リヴィウ）、MFヴァレリー・クリヴェンツォフ（UKR／メタルルフ・ドネツク）［冬］MFヴィアチェスラフ・シェフチュク（UKR／メタルルフ・ドネツク）

2002－03ヴィシチャ・リーハ2位（22勝4分4敗）、ウクライナカップ準優勝、UEFAチャンピオンズリーグ予選3回戦敗退、UEFAカップ1回戦敗退
監督：ネヴィオ・スカラ（ITA）／ヴァレリー・ヤレムチェンコ（UKR）
【主なIN】［夏］DFプレドラグ・パジン（BUL／北京国安）、DFダミアン・ロドリゲス（URU／ナシオナル）、FWブランドン（BRA／イラチ）［冬］DFネナド・ララトヴィッチ（SRB／レッドスター）、MFアドリアン・プカニッチ（UKR／シャフタールII）、FWミラン・ヨヴァノヴィッチ（SRB／ヴォイヴォディナ・ノヴィ・サド）
【主なOUT】［夏］GKユーリ・ヴィルト（UKR／メタルルフ・ドネツク）、DFダニエル・チリタ（ROU／ゼニト・サンクトペテルブルク）、DFイゴール・ジュゼロフ（MKD／メタルルフ・ドネツク）、MFマリアン・アリウタ（ROU／ステアウア・ブカレスト）、FWセルヒー・アテルキン（UKR／メタルルフ・ドネツク）［冬］DFムアメル・ヴグダリッチ（SVN／マリボル）、MFヴィタリー・アブラモフ（KAZ／ヴォルガル・アストラカン）

2003－04ヴィシチャ・リーハ2位（22勝4分4敗）、ウクライナカップ優勝、UEFAチャンピオンズリーグ予選3回戦敗退、UEFAカップ1回戦敗退
監督：ベルント・シュスター（GER）／ミルチェア・ルチェスク（ROU）
【主なIN】［夏］GKスティペ・プレティコサ（CRO／ハイドゥク・スプリト）、DFラズヴァン・ラツ（ROU／ラピド・ブカレスト）、DFフラヴィウス・ストイカン（ROU／ディナモ・ブカレスト）、DFボージャン・ネジリ（SRB／メタルルフ・ドネツク）、DFダリヨ・スルナ（CRO／ハイドゥク・スプリト）、MFズヴォニミール・ヴキッチ（SRB／パルチザン）、FWセルヒー・ザカルリュカ（UKR／メタルルフ・ドネツク）［冬］MFイゴール・ドゥリャイ（SRB／パルチザン）、MFティモフェイ・カラチェフ（BLR／シャフティオール・ソリゴルスク）、FWチプリアン・マリカ（ROU／ディナモ・ブカレスト）

【主なOUT】［夏］GKヴォイチェフ・コヴァレウスキ（POL／スパルタク・モスクワ）、DFネナド・ララトヴィッチ（SRB／ヴォルフスブルク）、DFプレドラグ・オココリッチ（SRB／オビリッチ）、DFイサック・オコロンクォ（NGA／ウルヴァーハンプトン・ワンダラーズ）、DFダミアン・ロドリゲス（URU／ドラドス）［冬］DFボージャン・ネジリ（SRB／メタルルフ・ドネツク）、MFティモフェイ・カラチェフ（BLR／イリチヴェツ・マリウポリ）、MFアッサン・ンディアイェ（SEN／ジャラーフ）、FWミラン・ヨヴァノヴィッチ（SRB／ロコモティフ・モスクワ）

2004－05ヴィシチャ・リーハ優勝（26勝2分2敗）、ウクライナカップ準優勝、UEFAチャンピオンズリーグGS敗退、UEFAカップベスト8
監督：ミルチェア・ルチェスク（ROU）
【主なIN】［夏］GKヤン・ラシュトゥフカ（CZE／バニーク・オストラヴァ）、DFトマシュ・ヒュブシュマン（CZE／スパルタ・プラハ）、DFコスミン・バルカウアン（ROU／ディナモ・ブカレスト）、DFネナド・ララトヴィッチ（SRB／ヴォルフスブルク）、MFティモフェイ・カラチェフ（BLR／イリチヴェツ・マリウポリ）、MFジョアン・バチスタ（BRA／ガラタサライ）、MFマツザレム（BRA／ブレッシャ）［冬］DFデニス・クラコフ（UKR／シャフタールII）、DFイヴァン（BRA／アトレチコ・パラナエンセ）、DFペドロ・ベニテス（PAR／セロ・ポルテーニョ）、MFアレクシー・バカレフ（UKR／ルビン・カザン）、MFエラーノ（BRA／サントス）、MFジャジソン（BRA／アトレチコ・パラナエンセ）
【主なOUT】［夏］DFセルヒー・ポポフ（UKR／メタルルフ・ザポリージャ）、DFミハイロ・スタロスチャク（UKR／シンニク・ヤロスラヴリ）、DFダイニウス・グレヴェカス（LTU／イリチヴェツ・マリウポリ）、MFオレクシー・ガイ（UKR／イリチヴェツ・マリウポリ）、MFヘナディ・ズボフ（UKR／イリチヴェツ・マリウポリ）、FWセルヒー・ザカルリュカ（UKR／イリチヴェツ・マリウポリ）、FWミラン・ヨヴァノヴィッチ（SRB／ロコモティフ・モスクワ）［冬］DFダニエル・フロレア（ROU／メタルルフ・ザポリージャ）、DFプレドラグ・パジン（BUL／山東魯能）、MFアドリアン・プカニッチ（UKR／イリチヴェツ・マリウポリ）、MFティモフェイ・カラチェフ（BLR／ヒムキ）

2005－06ヴィシチャ・リーハ優勝（23勝6分1敗）、ウクライナカップベスト16、ウクライナスーパーカップ優勝、UEFAチャンピオンズリーグ予選3回戦敗退、UEFAカップR32敗退
監督：ミルチェア・ルチェスク（ROU）
【主なIN】［夏］DFヴィアチェスラフ・スヴィデルスキー（UKR／サトゥルン・ラメンスコエ）、DFトルガ・セイハン（TUR／トラブゾンスポル）、DFレオナルド（BRA／サントス）、MFアレクシー・バカレフ（UKR／ルビン・カザン）、MFヴィアチェスラフ・シェフチュク（UKR／ドニプロ・ドニプロペトロウシク）、MFフェルナンジーニョ（BRA／アトレチコ・パラナエンセ）［冬］GKボグダン・シュスト（UKR／カルパティ・リヴィウ）、DFドミトロ・チフリンスキー（UKR／シャフタールII）、FWイェフェン・セレズニョフ（UKR／シャフタールII）
【主なOUT】［夏］GKスティペ・プレティコサ（CRO／ハイドゥク・スプリト）、DFイヴァン（BRA／アトレチコ・パラナエンセ）、DFペドロ・ベニテス（PAR／セロ・ポルテーニョ）、MFズヴォニミール・ヴキッチ（SRB／ポーツマス）、MFジョアン・バチスタ（BRA／コンヤスポル）［冬］DFデニス・クラコフ（UKR／イリチヴェツ・マリウポリ）、DFヴィアチェスラフ・スヴィデルスキー（UKR／アルセナル・キーウ）、DFネナド・ララトヴィッチ（SRB／ゼムン）、MFアレクシー・バカレフ（UKR／ラーダ・トリヤッチ）

2006－07ヴィシチャ・リーハ2位（19勝6分5敗）、ウクライナカップ準優勝、UEFAチャンピオンズリーグGS敗退、UEFAカップベスト8
監督：ミルチェア・ルチェスク（ROU）
【主なIN】［夏］GKスティペ・プレティコサ（CRO／ハイドゥク・スプリト）、DFオレクサンドル・クチェル（UKR／メタリスト・ハルキウ）、DFヴィアチェスラフ・スヴィデルスキー（UKR／アルセナル・キーウ）、MFオレクシー・ガイ（UKR／イリチヴェツ・マリウポリ）、MFセルヒー・トカチェンコ（UKR／メタルルフ・ドネツク）、MFズヴォニミール・ヴキッチ（SRB／パルチザン）、FWエマニュエル・オコドゥワ（NGA／アルセナル・キーウ）［冬］FWルイス・アドリアーノ（BRA／インテルナシオナウ）
【主なOUT】［夏］GKヤン・ラシュトゥフカ（CZE／フラム）、DFトルガ・セイハン（TUR／ガラタサライ）、FWイェフェン・セレズニョフ（UKR／アルセナル・キーウ）［冬］GKスティペ・プレティコサ（CRO／スパルタク・モスクワ）、DFヴィアチェスラフ・スヴィデルスキー（UKR／チョルノモレツ・オデッサ）、DFフラヴィウス・ストイカン（ROU／メタリスト・ハルキウ）、DFレオナルド（BRA／サントス）、MFアナトリー・ティモシチュク（UKR／ゼニト・サンクトペテルブルク）、MFセルヒー・トカチェンコ（UKR／チョルノモレツ・オデッサ）、FWジュリアス・アガホワ（NGA／ウィガン・アスレティック）、FWエマニュエル・オコドゥワ（NGA／メタルルフ・ドネツク）

2007－08ヴィシチャ・リーハ優勝（24勝2分4敗）、ウクライナカップ優勝、UEFAチャンピオンズリーグGS敗退
監督：ミルチェア・ルチェスク（ROU）
【主なIN】［夏］GKアンドリー・ピャトフ（UKR／ヴォルスクラ・ポルタヴァ）、GKユーリ・ヴィルト（UKR／メタルルフ・ドネツク）、DFヴォロディーミル・イェゼルスキー（UKR／ドニプロ・ドニプロペトロウシク）、MFセルヒー・トカチェンコ（UKR／チョルノモレツ・オデッサ）、MFイウシーニョ（BRA／サンパウロ）、MFウィリアン（BRA／コリンチャンス）、FWオレクサンドル・フラドキー（UKR／ハルキウ）、FWクリスティアーノ・ルカレッリ（ITA／リヴォルノ）、FWネリ・カスティージョ（MEX／オリンピアコス）［冬］DFレオナルド（BRA／サントス）
【主なOUT】［夏］DFヴィアチェスラフ・スヴィデルスキー（UKR／ドニプロ・ドニプロペトロウシク）、MFエラーノ（BRA／マンチェスター・シティ）、MFマツザレム（BRA／サラゴサ）、FWアンドリー・ヴォロベイ（UKR／ドニプロ・ドニプロペトロウシク）、FWチプリアン・マリカ（ROU／シュトゥットガルト）［冬］MFセルヒー・トカチェンコ（UKR／メタルルフ・ドネツク）、MFズヴォニミール・ヴキッチ（SRB／FCモスクワ）、FWオレクシー・ビレク（UKR／ボーフム）、FWクリスティアーノ・ルカレッリ（ITA／パルマ）、FWネリ・カスティージョ（MEX／マンチェスター・シティ）

2008－09ウクライナ・プレミアリーグ2位（19勝7分4敗）、ウクライナカップ準優勝、ウクライナスーパーカップ優勝、UEFAチャンピオンズリーグGS敗退、UEFAカップ優勝
監督：ミルチェア・ルチェスク（ROU）
【主なIN】［夏］DFアルテム・フェデツキー（UKR／ハルキウ）、DFミコラ・イシュチェンコ（UKR／カルパティ・リヴィウ）、FWイェフェン・セレズニョフ（UKR／アルセナル・キーウ）、FWマルセロ・モレーノ（BOL／クルゼイロ）［冬］FWネリ・カスティージョ（MEX／マンチェスター・シティ）
【主なOUT】［夏］GKドミトロ・シュトコフ（UKR／引退）［冬］FWブランドン（BRA／マルセイユ）

2009－10ウクライナ・プレミアリーグ優勝（24勝5分1敗）、ウクライナカップベスト4、UEFAチャンピオンズリーグ予選3回戦敗退、UEFAヨーロッパリーグR32敗退
監督：ミルチェア・ルチェスク（ROU）
【主なIN】［夏］DFヴァシル・コビン（UKR／カルパティ・リヴィウ）、DFヤロスラフ・ラキツキー（UKR／シャフタールII）、DFレオナルド（BRA／ヴァスコ・ダ・ガマ）、FWジュリアス・アガホワ（NGA／カイセリスポル）［冬］MFアレックス・テイシェイラ（BRA／ヴァスコ・ダ・ガマ）、MFドウグラス・コスタ（BRA／グレミオ）
【主なOUT】［夏］GKボグダン・シュスト（UKR／メタルルフ・ドネツク）、DFドミトロ・チフリンスキー（UKR／バルセロナ）、DFアルテム・フェデツキー（UKR／カルパティ・リヴィウ）、FWイェフェン・セレズニョフ（UKR／ドニプロ・ドニプロペトロウシク）、FWネリ・カスティージョ（MEX／ドニプロ・ドニプロペトロウシク）、FWマルセロ・モレーノ（BOL／ヴェルダー・ブレーメン）［冬］DFヴォロディーミル・イェゼルスキー（UKR／ゾリャ・ルハーンシク）、DFレオナルド（BRA／グレミオ・バルエリ）

2010－11ウクライナ・プレミアリーグ優勝（23勝3分4敗）、ウクライナカップ優勝、ウクライナスーパーカップ優勝、UEFAチャンピオンズリーグベスト8
監督：ミルチェア・ルチェスク（ROU）
【主なIN】［夏］DFドミトロ・チフリンスキー（UKR／バルセロナ）、DFセルヒー・クリフツォフ（UKR／メタルルフ・ザポリージャ）、MFタラス・ステパネンコ（UKR／メタルルフ・ザポリージャ）、MFヘンリク・ムヒタリアン（ARM／メタルルフ・ドネツク）、FWエドゥアルド・ダ・シウヴァ（CRO／アーセナル）、FWマルセロ・モレーノ（BOL／ウィガン・アスレティック）［冬］なし
【主なOUT】［夏］MFマリウシュ・レヴァンドフスキ（POL／セヴァストポリ）、MFイゴール・ドゥリャイ（SRB／セヴァストポリ）、MFイウシーニョ（BRA／サンパウロ）、FWオレクサンドル・フラドキー（UKR／ドニプロ・ドニプロペトロウシク）、FWジュリアス・アガホワ（NGA／セヴァストポリ）［冬］なし

2011－12ウクライナ・プレミアリーグ優勝（25勝4分1敗）、ウクライナカップ優勝、UEFAチャンピオンズリーグGS敗退
監督：ミルチェア・ルチェスク（ROU）
【主なIN】［夏］GKオレクサンドル・リブカ（UKR／オボロン・キーウ）、MFアラン・パトリッキ（BRA／サントス）、FWイェフェン・セレズニョフ（UKR／ドニプロ・ドニプロペトロウシク）、FWデンチーニョ（BRA／コリンチャンス）［冬］GKボグダン・シュスト（UKR／イリチヴェツ・マリウポリ）、MFイウシーニョ（BRA／インテルナシオナウ）
【主なOUT】［夏］DFミコラ・イシュチェンコ（UKR／イリチヴェツ・マリウポリ）［冬］MFジャジソン（BRA／サンパウロ）、FWマルセロ・モレーノ（BOL／グレミオ）

2012－13ウクライナ・プレミアリーグ優勝（25勝4分1敗）、ウクライナカップ優勝、ウクライナスーパーカップ優勝、UEFAチャンピオンズリーグベスト16
監督：ミルチェア・ルチェスク（ROU）
【主なIN】［夏］FWマルコ・デヴィッチ（UKR／メタリスト・ハルキウ）［冬］DFイスマイリ（BRA／ブラガ）、FWピリプ・ブドキフスキー（UKR／イリチヴェツ・マリウポリ）、FWマイコン・オリヴェイラ（BRA／ゾリャ・ルハーンシク）、FWタイソン（BRA／メタリスト・ハルキウ）
【主なOUT】［夏］GKオレクサンドル・リブカ（UKR／無所属）、GKユーリ・ヴィルト（UKR／引退）、FWイェフェン・セレズニョフ（UKR／ドニプロ・ドニプロペトロウシク）［冬］MFウィリアン（BRA／アンジ・マハチカラ）、FWマルコ・デヴィッチ（UKR／メタリスト・ハルキウ）、FWデンチーニョ（BRA／ベシクタシュ）

2013－14ウクライナ・プレミアリーグ優勝（21勝2分5敗）、ウクライナカップ準優勝、ウクライナスーパーカップ優勝、UEFAチャンピオンズリーグGS敗退、UEFAヨーロッパリーグR32敗退
監督：ミルチェア・ルチェスク（ROU）
【主なIN】［夏］DFオレクサンドル・ヴォロヴィク（UKR／メタルルフ・ドネツク）、MFディミトロ・グレシュキン（UKR／シャフタールII）、MFベルナルジ（BRA／アトレチコ・ミネイロ）、MFフェルナンド（BRA／グレミオ）、MFフレッジ（BRA／インテルナシオナウ）、MFウェリントン・ネン（BRA／フルミネンセ）、FWアントン・シンデル（UKR／タウリヤ・シンフェロポリ）、FWファクンド・フェレイラ（ARG／ベレス・サルスフィエルド）［冬］FWデンチーニョ（BRA／ベシクタシュ）
【主なOUT】［夏］DFラズヴァン・ラツ（ROU／ウェストハム・ユナイテッド）、MFオレクシー・ガイ（UKR／チョルノモレツ・オデッサ）、MFディミトロ・グレシュキン（UKR／イリチヴェツ・マリウポリ）、MFヘンリク・ムヒタリアン（ARM／ボルシア・ドルトムント）、MFアラン・パトリッキ（BRA／インテルナシオナウ）、MFフェルナンジーニョ（BRA／マンチェスター・シティ）、FWピリプ・ブドキフスキー（UKR／セヴァストポリ）、FWマイコン・オリヴェイラ（BRA／イリチヴェツ・マリウポリ）［冬］GKボグダン・シュスト（UKR／メタリスト・ハルキウ）

2014−15ウクライナ・プレミアリーグ2位（17勝5分4敗）、ウクライナカップ準優勝、ウクライナスーパーカップ優勝、UEFAチャンピオンズリーグベスト16
監督：ミルチェア・ルチェスク（ROU）
【主なIN】［夏］GKルスタム・フザモフ（UKR／イリチヴェツ・マリウポリ）、DFイヴァン・オルデッツ（UKR／イリチヴェツ・マリウポリ）、DFマルシオ・アゼヴェド（BRA／メタリスト・ハルキウ）、FWオレクサンドル・フラドキー（UKR／カルパティ・リヴィウ）、FWマルロス（BRA・UKR／メタリスト・ハルキウ）［冬］MFダヴィド・タルガマーゼ（GEO／イリチヴェツ・マリウポリ）
【主なOUT】［夏］DFドミトロ・チフリンスキー（UKR／ドニプロ・ドニプロペトロウシク）、DFトマシュ・ヒュブシュマン（CZE／バウミト・ヤブロネツ）、DFヴァシル・コビン（UKR／メタリスト・ハルキウ）、FWアントン・シンデル（UKR／チョルノモレツ・オデッサ）、FWエドゥアルド・ダ・シウヴァ（CRO／フラメンゴ）、FWファクンド・フェレイラ（ARG／ニューカッスル・ユナイテッド）［冬］なし

2015−16ウクライナ・プレミアリーグ2位（20勝3分3敗）、ウクライナカップ優勝、ウクライナスーパーカップ優勝、UEFAチャンピオンズリーグGS敗退、UEFAヨーロッパリーグベスト4
監督：ミルチェア・ルチェスク（ROU）
【主なIN】［夏］DFヴァシル・コビン（UKR／シャフティオール・ソリゴルスク）、MFヴィクトル・コヴァレンコ（UKR／シャフタールII）、MFマクシム・マリシェフ（UKR／ゾリャ・ルハーンシク）、FWエドゥアルド・ダ・シウヴァ（CRO／フラメンゴ）、FWファクンド・フェレイラ（ARG／ニューカッスル・ユナイテッド）［冬］なし
【主なOUT】［夏］MFダヴィド・タルガマーゼ（GEO／オレクサンドリーヤ）、MFドウグラス・コスタ（BRA／バイエルン・ミュンヘン）、MFフェルナンド（BRA／サンプドリア）、MFイウシーニョ（BRA／無所属）、FWルイス・アドリアーノ（BRA／ミラン）［冬］MFアレックス・テイシェイラ（BRA／江蘇蘇寧）

2016−17ウクライナ・プレミアリーグ優勝（6勝2分2敗＝上位リーグ、19勝3分0敗＝1stリーグ）、ウクライナカップ優勝、UEFAチャンピオンズリーグ予選3回戦敗退、UEFAヨーロッパリーグR32敗退
監督：パウロ・フォンセカ（POR）
【主なIN】［夏］DFボグダン・ブトコ（UKR／アムカル・ペルミ）、MFヴィクトル・ツィガンコフ（UKR／シャフタールII）、MFダヴィド・タルガマーゼ（GEO／オレクサンドリーヤ）、FWイェフェン・セレズニョフ（UKR／クバン・クラスノダール）［冬］MFアラン・パトリッキ（BRA／フラメンゴ）、FWアンドリー・ボリャチュク（UKR／シャフタールII）、FWグスタヴォ・ブランコ・レシュク（UKR／カルパティ・リヴィウ）、FWオレクサンドル・ズブコフ（UKR／シャフタールII）
【主なOUT】［夏］FWオレクサンドル・フラドキー（UKR／ディナモ・キーウ）［冬］MFダヴィド・タルガマーゼ（GEO／無所属）

2017−18ウクライナ・プレミアリーグ優勝（8勝0分2敗＝上位リーグ、16勝3分3敗＝1stリーグ）、ウクライナカップ優勝、ウクライナスーパーカップ優勝、UEFAチャンピオンズリーグGS敗退、UEFAヨーロッパリーグベスト16
監督：パウロ・フォンセカ（POR）
【主なIN】［夏］DFダヴィド・ホチョラヴァ（GEO／チョルノモレツ・オデッサ）、FWイヴァン・ペトリャク（UKR／ゾリャ・ルハーンシク）［冬］DFミコラ・マトヴィエンコ（UKR／ヴォルスクラ・ポルタヴァ）、DFヴィタリー・ミコレンコ（UKR／シャフタールII）、DFドドー（BRA／コリチーバ）、MFディミトロ・グレシュキン（UKR／ゾリャ・ルハーンシク）、FWオラレンワジュ・カヨデ（NGA／マンチェスター・シティ）
【主なOUT】［夏］DFオレクサンドル・クチェル（UKR／カイセリスポル）、DFヴァシル・コビン（UKR／ヴェレス・リウネ）、FWアンドリー・ボリャチュク（UKR／マリウポリ）［冬］DFマルシオ・アゼヴェド（BRA／PAOK）

2018−19ウクライナ・プレミアリーグ優勝（8勝2分0敗＝上位リーグ、18勝3分1敗＝1stリーグ）、ウクライナカップ優勝、UEFAチャンピオンズリーグGS敗退、UEFAヨーロッパリーグR32敗退
監督：パウロ・フォンセカ（POR）
【主なIN】［夏］DFオレフ・ダンチェンコ（UKR／アンジ・マハチカラ）、DFマルキーニョス・チプリアーノ（BRA／サンパウロ）、MFマイコン（BRA／コリンチャンス）、FWセルヒー・ボルバト（UKR／マリウポリ）、FWジュニオール・モラエス（BRA・UKR／天津権健）［冬］MFマノール・ソロモン（ISR／マッカビ・ペタフ・チクヴァ）、MFマルコス・アントニオ（BRA／エストリウ）、FWテテ（BRA／グレミオ）
【主なOUT】［夏］DFダリヨ・スルナ（CRO／カッリャリ）、DFドドー（BRA／ヴィトーリア・ギマランイス）、MFディミトロ・グレシュキン（UKR／無所属）、MFベルナルジ（BRA／エヴァートン）、MFフレッジ（BRA／マンチェスター・ユナイテッド）、FWグスタヴォ・ブランコ・レシュク（UKR／マラガ）、FWイヴァン・ペトリャク（UKR／フェレンツヴァローシュ）、FWオレクサンドル・ズブコフ（UKR／マリウポリ）、FWファクンド・フェレイラ（ARG／ベンフィカ）［冬］DFヤロスラフ・ラキツキー（UKR／ゼニト・サンクトペテルブルク）

2019−20ウクライナ・プレミアリーグ優勝（7勝2分1敗＝上位リーグ、19勝2分1敗＝1stリーグ）、ウクライナカップベスト16、UEFAチャンピオンズリーグGS敗退、UEFAヨーロッパリーグベスト4
監督：ルイス・カストロ（POR）
【主なIN】［夏］DFヴァレリー・ボンダル（UKR／シャフタールII）、DFドドー（BRA／ヴィトーリア・ギマランイス）、DFヴィトン（BRA／パウメイラス）、MFイェフェン・コノプリャンカ（UKR／シャルケ）、MFオレクサンドル・ピハリョノク（UKR／マリウポリ）、FWアンドリー・ボリャチュク（UKR／マリウポリ）、FWダニーロ・シカン（UKR／マリウポリ）［冬］GKアナトリー・トルビン（UKR／シャフタールII）、MFアルテム・ボンダレンコ（UKR／シャフタールII）、MFウェリントン・ネン（BRA／フルミネンセ）、FWフェルナンド（BRA／スポルティング）

【主なOUT】［夏］DFイヴァン・オルデッツ（UKR／ディナモ・モスクワ）、MFウェリントン・ネン（BRA／フルミネンセ）、FWオラレンワジュ・カヨデ（NGA／ガズィアンテプ）、FWフェルナンド（BRA／スポルティング）［冬］DFボグダン・ブトコ（UKR／レフ・ポズナン）、FWアンドリー・ボリャチュク（UKR／リゼスポル）

2020－21ウクライナ・プレミアリーグ2位（16勝6分4敗）、ウクライナカップベスト8、UEFAチャンピオンズリーグGS敗退、UEFAヨーロッパリーグベスト16
監督：ルイス・カストロ（POR）
【主なIN】［夏］DFヴィクトル・コルニエンコ（UKR／マリウポリ）、DFイリヤ・ザバルニー（UKR／シャフタールII）［冬］MFヘオルヒー・スダコフ（UKR／シャフタールII）、FWミハイロ・ムドリク（UKR／デスナ・チェルニヒウ）
【主なOUT】［夏］MFアルテム・ボンダレンコ（UKR／マリウポリ）、MFオレクサンドル・ピハリョノク（UKR／ドニプロ-1）、MFウェリントン・ネン（BRA／無所属）、FWダニーロ・シカン（UKR／マリウポリ）、FWオレクサンドル・ズブコフ（UKR／フェレンツヴァローシュ）［冬］MFヴィクトル・コヴァレンコ（UKR／アタランタ）、FWタイソン（BRA／インテルナシオナウ）

2021－22ウクライナ・プレミアリーグ1位（15勝2分1敗、その後打ち切り）、ウクライナカップベスト16進出（その後打ち切り）、ウクライナスーパーカップ優勝、UEFAチャンピオンズリーグGS敗退
監督：ロベルト・デ・ゼルビ（ITA）
【主なIN】［夏］DFユヒム・コノプリヤ（UKR／デスナ・チェルニヒウ）、DFマルロン（BRA／サッスオーロ）、MFアルテム・ボンダレンコ（UKR／マリウポリ）、FWダニーロ・シカン（UKR／マリウポリ）、FWラシナ・トラオレ（BFA／アヤックス）、FWペドリーニョ（BRA／ベンフィカ）［冬］FWセルヒー・ボルバト（UKR／デスナ・チェルニヒウ）、FWダヴィジ・ネレス（BRA／アヤックス）
【主なOUT】［夏］DFダヴィド・ホチョラヴァ（GEO／コペンハーゲン）、DFマルキーニョス・チプリアーノ（BRA／シオン）、MFマクシム・マリシェフ（UKR／無所属）、FWセルヒー・ボルバト（UKR／デスナ・チェルニヒウ）、FWデンチーニョ（BRA／セアラ）［冬］DFヴィタリー・ミコレンコ（UKR／エヴァートン）、DFヴィトン（BRA／インテルナシオナウ）、MFイェフェン・コノプリャンカ（UKR／クラコヴィア）、MFアラン・パトリッキ（BRA／インテルナシオナウ）、MFマイコン（BRA／コリンチャンス）、FWダニーロ・シカン（UKR／ハンザ・ロストック）、FWマルロス（BRA・UKR／アトレチコ・パラナエンセ）、FWテテ（BRA／リヨン）

2022－23ウクライナ・プレミアリーグ優勝（22勝6分2敗）、ウクライナカップ中止、UEFAチャンピオンズリーグGS敗退、UEFAヨーロッパリーグベスト16
監督：イゴール・ヨヴィチェヴィッチ（CRO）
【主なIN】［夏］DFボグダン・ミハイリチェンコ（UKR／アンデルレヒト）、DFルーカス・タイロル（BRA／PAOK）、MFイェホル・ナザリナ（UKR／ゾリャ・ルハーンシク）、FWイヴァン・ペトリャク（UKR／フェヘールヴァール）、FWマリアン・シュヴェド（UKR／メヘレン）、FWダニーロ・シカン（UKR／ハンザ・ロストック）、FWオレクサンドル・ズブコフ（UKR／フェレンツヴァーロシュ）、FWオラレンワジュ・カヨデ（NGA／スィヴァススポル）［冬］GKドミトロ・リズニク（UKR／ヴォルスクラ・ポルタヴァ）、DFヤロスラフ・ラキツキー（UKR／アダナ・デミルスポル）、DFジョルジ・ゴチョレイシヴィリ（GEO／サブルタロ）、FWアンドリー・ボリャチュク（UKR／メタリスト・ハルキウ）、FWケビン・ケルシー（VEN／ボストン・リーベル）
【主なOUT】［夏］DFドドー（BRA／フィオレンティーナ）、DFイスマイリ（BRA／リール）、DFマルロン（BRA／モンツァ）、MFマノール・ソロモン（ISR／フラム）、MFマルコス・アントニオ（BRA／ラツィオ）、FWセルヒー・ボルバト（UKR／コロス・コヴァリフカ）、FWアンドリー・ボリャチュク（UKR／メタリスト・ハルキウ）、FWダヴィジ・ネレス（BRA／ベンフィカ）、FWフェルナンド（BRA／レッドブル・ザルツブルク）［冬］DFセルヒー・クリフツォフ（UKR／インテル・マイアミ）、DFイリヤ・ザバルニー（UKR／ボーンマス）、MFヴィクトル・ツィガンコフ（UKR／ジローナ）、FWミハイロ・ムドリク（UKR／チェルシー）、FWオラレンワジュ・カヨデ（NGA／ウムラニエスポル）

2023－24ウクライナ・プレミアリーグ1位（16勝4分2敗）、ウクライナカップ決勝進出、UEFAチャンピオンズリーグGS敗退、UEFAヨーロッパリーグプレーオフ敗退　※2024年4月15日時点
監督：パトリック・ファン・ルーウェン（NED）／ダリヨ・スルナ（CRO）※暫定／マリノ・プシッチ（BIH）
【主なIN】［夏］GKアルトゥール・ルドコ（UKR／レフ・ポズナン）、DFドミトロ・チフリンスキー（UKR／イオニコス）、DFスタヴ・レムキン（ISR／ハポエル・テル・アヴィヴ）、DFイラクリ・アザロヴィ（GEO／レッドスター）、DFノヴァトス・ミロシ（TAN／ズルテ・ヴァレヘム）、DFペドリーニョ（BRA／アトレチコ・パラナエンセ）、MFエギナウド（BRA／ヴァスコ・ダ・ガマ）、MFニュウェルトン（BRA／サンパウロU-20）、MFデニル・カスティージョ（ECU／LDUキト）［冬］MFマルロン・ゴメス（BRA／ヴァスコ・ダ・ガマ）、FWケヴィン（BRA／パウメイラス）
【主なOUT】［夏］GKアンドリー・ピャトフ（UKR／引退）、GKアナトリー・トルビン（UKR／ベンフィカ）、DFヴィクトル・コルニエンコ（UKR／ヴォルスクラ・ポルタヴァ）、DFボグダン・ミハイリチェンコ（UKR／ディナモ・ザグレブ）、DFルーカス・タイロル（BRA／ポリッシャ・ジトーミル）、FWアンドリー・ボリャチュク（UKR／メタリスト・ハルキウ）［冬］MFデニル・カスティージョ（ECU／パルチザン）、FWイヴァン・ペトリャク（UKR／ポリッシャ・ジトーミル）

ブックデザイン＆DTP　今田賢志
カバー写真　Getty Images
編集　石沢鉄平（株式会社カンゼン）

流浪の英雄たち
シャフタール・ドネックはサッカーをやめない

発行日　2024年5月21日　初版
著　者　アンディ・ブラッセル
訳　者　高野 鉄平
発行人　坪井 義哉
発行所　株式会社カンゼン
〒101-0021
東京都千代田区外神田2-7-1 開花ビル
TEL 03（5295）7723
FAX 03（5295）7725
https://www.kanzen.jp/
郵便為替 00150-7-130339

印刷・製本　中央精版印刷株式会社

ISBN 978-4-86255-725-4　Printed in Japan

定価はカバーに表示してあります。
ご意見、ご感想に関しましては、kanso@kanzen.jpまで
Eメールにてお寄せ下さい。お待ちしております。